ANTJE DERTINGER

DIE DREI EXILE DES ERICH LEWINSKI

Bleicher Verlag

Die Deutsche Bibliothek – CIP-Einheitsaufnahme

Dertinger, Antje:
Die drei Exile des Erich Lewinski ; [Biographie] / Antje
Dertinger. – 1. Aufl. – Gerlingen : Bleicher, 1995
  ISBN 3-88350-034-8

© 1995 Bleicher Verlag, Gerlingen
Alle Rechte vorbehalten
Herstellung: MZ-Verlagsdruckerei GmbH, Memmingen
Umschlaggestaltung: Christa Gnädig, unter Verwendung
eines Farbholzschnittes von Walter Nikusch
ISBN 3-88350-034-8

Inhalt:

VORBEMERKUNG:
»IN DEN BRIEFEN LIEGT SEINE SEELE«

Schriftsteller wollte er werden, vielleicht sogar Dichter. Aber Erich Lewinski lernte etwas Solides; er wurde Jurist. Als außerordentlich engagierter Rechtsanwalt verteidigte er bis 1933 Angeklagte der politischen Linken; als Richter setzte er nach Niederschlagung des NS-Regimes Maßstäbe für eine demokratische, für eine menschliche Justiz. Dazwischen lag die Zeit der Verfolgung, der Flucht, der Emigration des entschiedenen Nazigegners, Sozialisten und Juden Erich Lewinski.

In jenen Jahren gewann seine Neigung zum Schreiben eine zusätzliche Bedeutung, denn die Menschen, die ihm nahestanden, lebten, vertrieben aus Deutschland, auf drei Kontinenten. Da das Zeitalter der Telekommunikation erst lange nach Lewinskis Tod anbrach, halfen einzig Briefe, die Distanzen zu überbrücken.

Erich Lewinski liebte die schriftliche Darstellung, und er beherrschte sie souverän. Er schrieb, um Kontakte zu knüpfen und zu bewahren, um zu berichten und »im Gespräch zu bleiben«, um Kontroverses zu diskutieren und Vorträge zu formulieren, um Erinnerungen festzuhalten und manchmal auch, um Gedanken zu ordnen und Erfahrungen zu verarbeiten. Er war ein extrovertierter Mensch – auch im Umgang mit der Schreibmaschine. Seine Formulierung war präzise, plastisch und sehr persönlich. »In den Briefen liegt seine Seele«, stellte schon früh Lewinskis Schwester Eva fest.

Der größte Teil seiner Aufzeichnungen und Briefe ist, vom Zeitpunkt des ersten Exils an, erhalten. Da Erich Lewinski Durchschläge anzufertigen pflegte, existieren auch dann die Schreiben an die seit 1933 in alle Welt geflüchteten Verwandten, Freunde und Genossen vom Internationalen Sozialistischen Kampfbund noch, wenn die Adressaten die Briefe nicht aufgehoben haben. Es sind so eindrucksvolle, teils sehr subjektive Dokumente erhalten geblieben. Aus ihnen wird in dieser Biographie ausführlich zitiert.

Erich Lewinski starb 1956, seine Frau Herta 1979. Seitdem befinden sich die Papiere im Besitz ihres Sohnes Tom Lewinski in England.

Die auch von Erich Lewinski in der Weimarer Zeit besuchte Philosophisch-Politische Akademie ist die einzige Institution des durch Leonard Nelson gegründeten Internationalen Sozialistischen Kampfbundes (ISK), die nach dem Zweiten Weltkrieg wiedererstanden ist. Sie hat sich zur Aufgabe gemacht, das wissenschaftliche Werk des Philosophen zu vermitteln, kritisch zu diskutieren und seine Bedeutung herauszuarbeiten. Dazu gehört neben der Anregung philosophischer, pädagogischer und sozialwissenschaftlicher Literatur auch die Förderung biographischer Veröffentlichungen: Die Lebensbeschreibung Erich Lewinskis entstand im Auftrag der Philosophisch-Politischen Akademie, deren Vorstand für die außerordentlich angenehme Zusammenarbeit zu danken ist.

Die stärkste Unterstützung leistete Tom Lewinski. Er stellte schriftliche Äußerungen seines Vaters sowie Dokumente und Fotos großzügig zur Verfügung und war außerdem stets zu Auskünften und Hinweisen bereit. Aber nicht nur deshalb gebührt ihm Dank. Vielmehr erklärte sich Tom Lewinski damit einverstanden, die in Kopien und Reproduktionen überlassenen Unterlagen dem »Archiv der sozialen Demokratie« bei der Friedrich-Ebert-Stiftung in Bonn zu übergeben. Sie ergänzen dort den ISK-Bestand und stehen nach Drucklegung dieser Biographie zur Verfügung.

Antje Dertinger   Bonn, im Dezember 1994

DIE FLUCHT

Frühlingsanfang war eben gewesen; doch er verhieß nichts Gutes. Hitlers »Ermächtigungsgesetz« stand an. Am 23. März 1933 stimmte die Mehrheit der Reichstagsmitglieder der eigenen Entmachtung zu; einzig die sozialdemokratische Fraktion votierte geschlossen mit Nein. Es war jedoch nicht dieses schockierende Ereignis, das im Vordergrund stand, wenn Erich Lewinski später an die letzten Märztage des Jahres 1933 dachte; die wesentliche Erinnerung bildete vielmehr seine fast zeitgleich erfolgte Flucht. [1] In allerletzter Minute – und das ist wörtlich zu verstehen – rettete er sich, begleitet von seiner Frau und seinem kleinen Sohn, aus seiner Wahlheimatstadt Kassel ins Ausland.

Die Lewinskis waren Juden. Als Mitglieder des Internationalen Sozialistischen Kampfbundes waren Erich Lewinski und seine Frau Herta zudem engagierte Gegner des Nationalsozialismus – und damit den örtlichen NSDAP-Führern doppelt verhaßt. Lewinski war frühzeitig öffentlich gegen die Nationalsozialisten eingetreten; außerdem hatte er als stadtbekannter Rechtsanwalt Antifaschisten mit Engagement und Geschick vor Gericht verteidigt. [2] Dabei war ihm ein anderer damals in Kassel wirkender Jurist zum Intimfeind geworden – Roland Freisler, der später als Präsident des »Volksgerichtshofes« NS-Karriere machte.

Die Umstände der Flucht waren dramatisch. Die Lewinskis hatten keine Gelegenheit, auch nur das Geringste vorzubereiten. Seit Beginn der dreißiger Jahre erledigte Herta Lewinski in der Kanzlei ihres Mannes Büroarbeiten. Wenn Lewinski keine Gerichtstermine hatte und sich vormittags in seiner Praxis aufhielt, pflegten er und seine Frau zum Mittagessen von der Unteren Königstraße nach Hause in die Kaiserstraße zu gehen und anschließend gemeinsam in die Kanzlei zurückzukehren – auch am frühen Nachmittag jenes Märztages, der für die Lewinskis so dramatisch enden sollte.

Auf ihrem Rückweg in die Kanzlei wurden sie damals von einem SA-Trupp aufgehalten. Die Männer stellten sich ihnen auf dem Bürgersteig in den Weg und drohten unmißverständlich: »Wartet nur! Heute holen wir Euch!« [3] Doch sie beließen es zunächst bei der Drohung; das Ehepaar Lewinski konnte weitergehen. Es war Herta, die, kaum außer Hörweite der SA-Männer, entschieden erklärte, die Familie müsse Kassel sofort verlassen. Erich stimmte ihr ohne Zögern zu. [4] Der Nazi-Terror hatte in Kassel schon in den vorangegangenen Wochen lebensbedrohende Ausmaße angenommen.

Bereits am 7. März 1933 war das Gewerkschaftshaus durch SA-Leute gestürmt worden. Sie zertrümmerten die Einrichtung, verbrannten Traditionsfahnen und warfen die Mitgliederkartei durch die Fenster auf die Straße. Dies alles geschah »unter dem Schutze der Polizei«, wie die Kasseler Gewerkschaftsleitung den Reichspräsidenten mit einem telegraphischen Hilferuf wissen ließ; er hatte keinerlei Echo. [5] Zwei Tage später fanden erste gezielte Boykottmaßnahmen gegen Geschäfte jüdischer Besitzer statt; kurz darauf wurden deren Schaufensterscheiben eingeworfen. In Kassel wartete man nicht bis zum reichsweiten »Juden-Boykott« am 1. April 1933. Die NSDAP fühlte sich stark; sie hatte in der Stadt bei den Reichstagswahlen vom 5. März 1933 48,4 Prozent der Stimmen erhalten. Deshalb flatterte am Kasseler Rathaus schon am nächsten Tag die Hakenkreuzfahne; das Ergebnis der Kommunalwahlen vom 12. März wurde gar nicht erst abgewartet. [6]

Mit Sicherheit hatte ein weiteres Ereignis jener Märztage Erich Lewinski veranlaßt, seiner Frau sofort zuzustimmen, als diese ihren Entschluß zur Flucht aussprach. Viele Jahre später berichtete er darüber: »Als eindrucksvollstes Erlebnis stehen die Szenen im Gericht vor mir, die dem Tage meiner Flucht vorausgingen. Es war am 22. März 1933, als die Rechtsanwälte in SA-Uniformen mit Revolvern erschienen und den Oberlandesgerichtspräsidenten zwangen, die Hakenkreuzfahne aufzuziehen. Bitter war es für mich zu beobachten, daß die meisten Bekannten mich zu meiden begannen und schließlich sogar öffentlich zu zeigen suchten, daß sie nie engere Beziehungen zu mir hatten. Ich mußte es mir gefallen lassen, daß mich Oswald Freisler [7], einer der bekanntesten und rigorosesten Naziführer, auf das ärgste beleidigte und beschimpfte, ohne mich, außer mit scharfen Worten, wehren zu können. Als ich an diesem Tage das Gericht verließ, hatte ich das Gefühl, daß es mit der deutschen Justiz zu Ende war. Nie hätte ein solches Auftreten ohne Hinderung von seiten des Gerichts vor sich gehen dürfen. (...) Als Anwalt aller Anti-Nazis hatte ich bis zu diesem Tage versucht, für alle mir Gleichgesinnten einzutreten. Nun fühlte ich, daß meine Mission in Deutschland zu Ende ging«. [8]

Neben Karl Weinrich, dem gern sich als Biedermann gerierenden NSDAP-Leiter des Gaues Kurhessen, war, zusammen mit seinem Bruder Oswald Freisler, der Kasseler Rechtsanwalt Roland Freisler Initiator und Organisator vieler Aktionen gegen Juden und politisch Andersdenkende; Roland Freisler hatte, neben Weinrich, auch die SA-Trupps bei der Erstürmung des Gewerkschaftshauses angeführt. Freisler, ein demagogischer Redner schon damals, gehörte seit 1924 als NSDAP-Mitglied der Kasseler Stadtverordnetenversammlung an und war für viele an Mitbürgern begangene Verbrechen mitverantwortlich. Dazu gehörte auch der Mord an Max Plaut; er war in Kassel Anwaltskollege sowohl von Lewinski als auch von Freisler. Doch Plaut war Jude, und er war Anti-Nazi; er wurde zu Tode gefoltert, als die Lewinskis eben in Sicherheit waren. [9]

Davon erfuhr Erich Lewinski erst später. Doch verschiedene Anrufer hatten ihn gewarnt, hatten von Festnahmen in der Stadt berichtet, von schrecklichen Willkürmaßnahmen gegenüber jüdischen Bürgern, von Qualen, denen ausgesetzt war, wer in den Kasseler »Bürgersälen«, dem Hauptquartier der örtlichen Nazis, verschwand. »Da begriffen wir, daß wir wirklich fortgehen mußten«, erinnerte sich später Herta Lewinski. »Zwar hatten wir gelegentlich an die Möglichkeit gedacht, daß es so kommen würde; aber ernsthaft hatten wir das vorher nicht erwogen, und geplant hatten wir für diesen Fall gar nichts.« [10] Es mußte improvisiert werden, und zwar unauffällig und schnell.

Obwohl sie, aus Sorge, abgehört zu werden, verschlüsselt sprechen mußte, konnte Herta ihrer Mutter im nahen Grebenstein telefonisch klarmachen, daß sie dringend ihren Bruder Ernst sehen müsse. Erich Lewinski nahm inzwischen einige wichtige Papiere und etwas Geld an sich. Die Angestellten bat er zu behaupten, er habe beruflich in Hanau zu tun, falls jemand nach ihm fragen würde. Unterdessen sammelten sich mehr und mehr SA-Leute in der Unteren Königstraße, ganz besonders vor der Kanzlei. Es war beängstigend, und es schien eine Ewigkeit zu dauern, bis Ernst Voremberg, Erich Lewinskis Schwager, ankam. Doch plötzlich stand er im Büro. Sein Auto hatte er in einer abgelegenen Nebenstraße geparkt, nachdem ihm beunruhigende Aktivitäten braun uniformierter Trupps in der Stadt aufgefallen waren.

Durch einen Hinterausgang des Hauses, in dem sich die Kanzlei befand, erreichten sie unbemerkt das Auto. Erich und Herta Lewinski duckten sich in dem Fahrzeug, das Ernst Voremberg zügig zur Kaiserstraße, der späteren Goethestraße, fuhr. Die Lewinskis wollten sich in ihrer Wohnung nicht aufhalten; sie wollten nur ihren Sohn abholen, eventuell einige wenige Sachen packen, und dann gleich weiterfahren. Wohin – das wußten sie eigentlich nicht. Sie dachten an die Schweiz.

Ihr Sohn Theoluz – später, im englischen Exil, nannte er sich Tom – war nicht zu Hause, als seine Eltern dort ankamen. Das war an sich nichts Besonderes, in dieser Situation jedoch ein Schock; es ging um Minuten. Anna, das Hausmädchen, rief bei nahen Freunden der Lewinskis an, Theo und Grete Hüpeden. Mit deren Sohn Martin war Theoluz befreundet; Anna wußte, daß der Junge dort war. Sie erblaßte vor Schrecken, als sie vom Dienstmädchen der Hüpedens erfuhr, daß dort in diesem Augenblick eine Hausdurchsuchung stattfand; niemand durfte die Wohnung verlassen. Doch den Gestapo-Männern gegenüber besaß das Dienstmädchen der Familie Hüpeden die Schlagfertigkeit zu behaupten, Theoluz, dessen Namen sie umsichtigerweise verschwieg, sei irgendein Kind aus der Nachbarschaft; es werde von seinen Eltern zum Kaffeetrinken nach Hause gebeten. Nach kurzem Zögern ließ der angesprochene Gestapo-Mann den Jungen laufen.

»Diesen Tag vergesse ich nie«, berichtete er Jahrzehnte danach. »Als ich an jenem Nachmittag bei den Hüpedens war, klopfte es plötzlich an die Tür, und schon traten mehrere Männer ein. Es waren Nazis in Zivilkleidung (...). Wir mußten uns alle im Wohnzimmer versammeln, und die Männer begannen, die Wohnung nach Unterlagen zu durchsuchen, die Theo Hüpedens Anti-Nazi-Aktivitäten belegten. Als sie in Theos Schreibtisch eine verschlossene

Schublade entdeckten, wollten sie von Grete, seiner Frau, den Schlüssel bekommen. Zunächst sagte sie, daß sie ihn nicht habe; Theo, der nicht zu Hause war, müsse ihn bei sich haben. Da zog einer der Männer, ein Offizier, einfach einen Revolver aus seiner Tasche und erklärte Grete, er gäbe ihr dreißig Sekunden Zeit, den Schlüssel zu finden, sonst würde er die Schublade mit seiner Methode öffnen. – Unnötig zu erwähnen, daß sie den Schlüssel fand.« [11]

Tom Lewinski erinnerte sich einer weiteren Einzelheit jenes Nachmittags, an dem in der Wohnung der Familie Hüpeden das Unterste zu oberst gekehrt wurde:»Martin und ich standen an der Wand in der Nähe der Tür; einer der Männer bewachte uns. Plötzlich sagte Martin, der damals zehn oder elf Jahre alt war, zu diesem Mann: ›Haben Sie eigentlich eine Genehmigung zur Durchsuchung unserer Wohnung?‹ Der Mann, der, wie ich mich genau erinnere, einen langen grünen Lodenmantel trug, griff in die Innentasche dieses Mantels und zog daraus ein Stück seines Gummiknüppels hervor. ›Das ist meine Genehmigung, Junge‹, sagte er. ›Und jetzt halt deinen Mund; sonst werd' ich's dir zeigen!‹« [12]

Nachdem Theoluz aus der Wohnung seines Freundes entkommen war, schlug er den Weg nach Hause ein. Unterdessen saßen seine Eltern, nun versteckt unter einer Decke, bereits im Fond des Wagens von Ernst Voremberg. Anna das Hausmädchen der Familie Lewinski, fuhr mit ihrem Rad in gewissem Abstand vor dem Auto her, um die Flüchtenden vor unangenehmen Überraschungen zu schützen. An einer Straßenecke erblickte sie den Jungen. Sie setzte ihn auf den Gepäckträger ihres Rades und fuhr in stillere Nebenstraßen; das Auto folgte ihnen. An einer abgelegenen Ecke wurde angehalten. Erich und Herta Lewinski zogen ihren Sohn rasch in das Fahrzeug, versteckten ihn, der nichts begriff, ebenfalls unter der Decke, und weiter ging es. Tom hatte, rückblickend, den Eindruck, daß seine Eltern »sogar in diesem Augenblick noch keine klare Vorstellung davon (hatten), wohin wir gehen sollten. Sie wußten nur, daß wir fort mußten von Kassel.« [13]

Deutschland verlassen – das erschien den meisten Menschen jüdischer Herkunft als etwas Unvorstellbares. Dieses Land, so schrecklich der Terror dort auch wütete, war ihre Heimat. Einzig den zionistisch orientierten Juden war der Gedanke an Auswanderung nicht fremd; sie wollten ohnehin in Palästina ihren Staat gründen. Die Kasseler Zionisten bildeten, wie in vielen anderen Städten, eine kleine Gruppe. Sie erhielt jedoch nach Beginn der Nazi-Herrschaft unerwartet starken Zulauf; und einige prominente Kasseler Zionisten wanderten tatsächlich zu einem recht frühen Zeitpunkt nach Palästina aus. Die meisten blieben, warteten ab und hofften auch dann noch auf bessere Zeiten, als die »Nürnberger Gesetze« bereits ein Jahr in Kraft und sie, die Juden, weitgehend entrechtet waren; bis Ende des Jahres 1936 waren aus der im Mai 1933 2 301 Mitglieder starken Kasseler jüdischen Gemeinde erst 372 Juden ausgewandert. [14] Ein im Februar 1933 in Kassel geführter, alltäglicher Dialog zwischen Jakob, einem Juden, und Karl, einem Nicht-Juden, findet sich in der Lebensgeschichte des erst 1939 nach KZ-Haft emigrierten Kasseler Juden William Katz: »Jakob: ›Ich freue mich, daß du dich trotz des Tumultes im Land aufgerafft hast, uns zu besuchen (...). Hoffentlich betrachtest du diesen Besuch nicht als Kondolenzbesuch nach den Ereignissen des 30. Januar.‹ Karl: ›Im Gegenteil! Ich möchte dir und deinen jüdischen Freunden zureden, nicht den Kopf zu verlieren. Diese sogenannte Regierung kann nicht von Dauer sein. Zu viel Lüge und Gewalt sind damit verbunden!« [15]

Um den vermeintlich vorübergehenden Drangsalierungen durch die Handlanger der NSDAP zu entgehen, verzog eine Anzahl von Juden in Städte und Gemeinden, in welchen sie nicht bekannt waren. Bis 1937 das »J« in ihren Personalausweis gedruckt wurde, waren 752 Juden aus Kassel in andere deutsche Städte umgezogen. [16]

Ganz anders war die Situation von Menschen wie Erich Lewinski. Als Jude und sozialistisch orientierter Gegner des Regimes, zudem als öffentlich auch politisch agierender Anwalt stand er schon auf einschlägigen Listen der Nazis, ehe diese »die Macht ergriffen«. Kurz nach seiner Emigration erfuhr Erich Lewinski, »daß die Brüder Freisler nach mir fahndeten und mir dasselbe Schicksal beschieden sein sollte, wie einem anderen Anwalt, der auf Anordnung der Nazistellen in die ›Bürgersäle‹ gebracht und dort zu Tode geprügelt worden war«. [17]

Tatsächlich entging Erich Lewinski dem Schicksal Max Plauts in letzter Minute. Sein Schwager Ernst Voremberg fuhr die im

14

Von Asylland zu Asylland: Erich und Herta Lewinski fanden Zuflucht vor
den Nazis in Frankreich und in den USA, ihr kleiner Sohn in Dänemark
und in England. Vor Kriegsbeginn konnten sie sich immerhin gelegentlich
sehen. Dieses Foto machte Erich Lewinski von Frau und Kind 1935 in den
Tuilerien in Paris.

Fond des Wagens versteckten Flüchtlinge nach Frankfurt am Main, wo sie kurz nach Mitternacht ankamen. »Es ging zum Bahnhof«, berichtete Herta später, »und Erich sah nach, ob es irgendeinen Zug gab, der uns in Sicherheit bringen konnte, wo immer das sein mochte. Er kam bald zurückgelaufen und rief uns dabei zu, wir sollten uns beeilen, denn in vier Minuten führe ein Zug nach der Schweiz ab. Wir rannten zum Bahnsteig und sprangen in den Zug, als der gerade anfuhr.« [18]

Sie hatten viel Glück auf dieser Reise. Eine große Schwierigkeit allerdings bereitete ihr Sohn. Der erst siebenjährige Junge fand alles äußerst interessant, stellte viele Fragen und erzählte ausgiebig, was er in der Wohnung der Familie Hüpeden erlebt hatte. Erich Lewinski glaubte sich und seine Familie sicherer, wenn sie in einem Schlafwagenabteil weiterreisten, wo die aufgeregte Gesprächigkeit des Jungen weniger Aufmerksamkeit erregen würde. Der fragend angesprochene Schaffner wünschte zunächst die gültigen Visa für die Schweiz zu sehen. Lewinski gab vor, nicht gewußt zu haben, daß Visumspflicht für die Schweiz bestand. »Erich muß ihm ein sehr gutes Trinkgeld gegeben haben«, vermutete Herta Lewinski; »denn der Mann nahm unsere Pässe an sich, wies uns ein Abteil zu und sagte: ›Keine Sorge. Schlafen Sie gut. Morgen, in der Schweiz, werde ich Sie wecken.‹« [19]

»Natürlich machten wir kein Auge zu. Und als der Zug bei Basel, auf der deutschen Seite der Grenze, hielt, wagten wir kaum zu atmen. Wir hörten, wie die Grenzbeamten den Zug bestiegen und nach den Pässen fragten. Wir hörten sie im Nachbarabteil und hielten den Atem an. Ich legte meine Hand auf Toms Mund, damit er nichts sagte. Dann hörten wir die Leute auf dem Gang vor unserer Abteiltür. Der Schaffner aber sagte: ›Dies Abteil ist leer.‹ Es schien eine Ewigkeit zu dauern bis die Beamten weitergingen. Kurz darauf fuhr der Zug langsam über die Grenze in die Schweiz.« [20]

Die erste Flucht der Lewinskis war geglückt. Zwei weitere Male mußten sie vor ihren eigenen Landsleuten fliehen. Als »gelernter Flüchtling« pflegte sich Erich Lewinski später selbstironisch zu bezeichnen. [21] Zu lernen hatte er aber auch im Exil. Es dauerte vierzehn Jahre.

[1] In schriftlichen und mündlichen Äußerungen der Beteiligten wird sowohl der 23. 3. 1933 als auch der 24. 3. 1933 als Tag der Flucht genannt. Erich Lewinski selbst gab unter anderem in einem Schreiben an Rechtsanwalt Reichmann in Wiesbaden, Kassel, 22. 12. 1953, den 24. 3. 1933 als Fluchttag an, in einem Beitrag der *Kasseler Zeitung* vom 12. 9. 1947 den 23. 3. 1933. – Die unterschiedlichen Angaben sind unter Umständen darauf zurückzuführen, daß die am Nachmittag erfolgte Flucht möglicherweise am 23. 3. 1933 von Kassel aus begann und mit der Reise im Nachtzug Frankfurt-Zürich am 24. 3. 1933 glückte. [2] siehe Kapitel 6. [3] Herta Lewinski in Gesprächen mit ihrer Enkeltochter Kay Jones und deren Ehemann Peter Jones, Bandaufzeichnung, Holyhead, Großbritannien, 19. bis 24. Juli 1976, schriftlich zum großen Teil festgehalten in: Tom Lewinski: *What happened to the Lewinskis?*, unveröffentlichtes Manuskript, Holland-on-Sea, England 1987, S. 20 ff. [4] Ebd. [5] Vgl. Gerhard Beier: *Arbeiterbewegung in Hessen*, Frankfurt am Main 1984, S. 296 ff., sowie Jörg Kammler, Dietfrid Krause-Vilmar u. a.: *Volksgemeinschaft und Volksfeinde, Kassel 1933–1945, Eine Dokumentation*, Fuldabrück 1984, S. 50 ff. [6] Kammler, Krause-Vilmar u. a.: *Volksgemeinschaft...*, a. a. O., S. 59. [7] Oswald Freisler, Gauführer des »NS-Rechtswahrerbundes« in Kurhessen, war, wie sein Bruder Roland Freisler, Rechtsanwalt und ein ebenso fanatischer Nationalsozialist wie dieser. [8] *Kasseler Zeitung*, 12. 9. 1947. [9] Vgl.: Kammler, Krause-Vilmar u. a.: *Volksgemeinschaft...*, a. a. O., S. 230 ff., *Kasseler Neueste Nachrichten*, 4. 4. 1933; siehe auch Kap. 7. [10] Herta Lewinski, a. a. O. – Ihrem Bericht folgt auch die weitere Darstellung des Fluchttages. [11] Tom Lewinski: *What happened...*, a. a. O., S. 22. [12] Ebd. [13] Ebd., S. 23. [14] Kammler, Krause-Vilmar u. a.: *Volksgemeinschaft...*, a. a. O., S. 229. [15] William Katz: *Ein jüdisch-deutsches Leben*, Tübingen 1980, S. 101. [16] Kammler, Krause-Vilmar u. a.: *Volksgemeinschaft...*, a. a. O., S. 229. [17] *Kasseler Zeitung*, 12. 9. 1947. [18] Herta Lewinski, a. a. O. [19] Ebd. [20] Ebd. [21] Unter anderem in den *Hessischen Nachrichten*, 21. 11. 1953.

KINDHEIT IN OSTPREUSSEN

Während der langen Zeit der Emigration war die Familie Lewinski getrennt. Erich und Herta durchliefen andere Exilstationen als ihr Sohn.

Als der Junge zehn Jahre alt wurde, schickte sein Vater ihm – von Asylland zu Asylland – ein Buch; er hatte es selbst geschrieben. Voll Sehnsucht nach dem Kind und in Ungewißheit darüber, unter welchen Umständen er es wiedersehen würde, hatte Erich Lewinski die Geschichte seiner Herkunft aufgeschrieben, über seine Kindheit berichtet, seine Jugend dargestellt und seine Entwicklung zu dem Menschen geschildert, der schließlich vor den Nationalsozialisten hatte fliehen müssen. Erich Lewinski gab dem Buch keinen Titel, nur eine Widmung: »Für Theoluz, meinen Sohn.« [1] Der Vater wählte einfache Worte und einen Stil, den ein zehnjähriges Kind verstehen konnte.

Obwohl Erich Lewinski auf späteren Dokumenten zuweilen Kassel als seinen Geburtsort anzugeben pflegte [2], stammte er doch aus einer kleinen Kreisstadt tief in Ostpreußen. Sie hieß Goldap – heute polnisch Goldapa – wie das gleichnamige Flüßchen, an dem sie liegt, und hatte damals ungefähr 10 000 Bewohner, die überwiegend deutschstämmig und protestantisch waren. Goldap war, bis zu seiner schweren Beschädigung im Ersten und seiner fast vollständigen Zerstörung im Zweiten Weltkrieg, eine harmonisch gewachsene Ortschaft mit einem enorm großen rechteckigen Marktplatz, in dessen Zentrum das Rathaus, die Post, das Spritzenhaus, das Gericht, das Gefängnis und eine Kirche standen.

Sonntagsausflüge unternahmen die Goldaper gern in die nahe Rominter Heide im Norden; sie liegt heute im polnisch-russischen Grenzgebiet. Oft wanderte man auch in die südlich angrenzenden Seesker Höhen; sie gehören, wie die Ortschaft Goldap selbst, seit 1945 zur polnischen Woiwodschaft Bialystok. Ein beliebtes Ziel waren auch die vielen masurischen Seen, deren landschaftliche

Schönheit Goldap auch für weit anreisende Touristen interessant machte; sonst lebte der Ort im wesentlichen von der Holzindustrie. Zu den größeren Städten waren, gemessen an früheren Verkehrsverhältnissen, beträchtliche Entfernungen zu überwinden; Königsberg liegt ungefähr 120 Kilometer im Nordwesten, Danzig im Westen gar doppelt so weit entfernt. [3]

In der ostpreußischen Kreisstadt Goldap wurde Erich Lewinski am Neujahrstag des Jahres 1899 geboren.

Erichs Großväter von mütterlicher wie von väterlicher Seite waren arme Zuwanderer aus Polen gewesen. Als zehnjährige Jungen hatten die beiden Freunde Lewinski und Borowski ihre Eltern und ihre jeweils zahlreichen Geschwister verlassen müssen, um ihren Lebensunterhalt selbst zu verdienen. Die Jungen wanderten nach Ostpreußen, fanden Arbeit, ließen sich später in Wormditt nieder und gründeten dort Familien; sie blieben ein Leben lang Freunde. In diese Freundschaft wurden ihre Kinder einbezogen: Louis, der älteste Lewinski-Sohn, geboren 1874, heiratete Hulda, die 1877 geborene älteste Borowski-Tochter. Ihr erstes Kind war Erich Lewinski. Nach zweieinhalb Jahren bekamen Louis und Hulda noch einen zweiten Sohn, den sie Ernst nannten. [4]

Louis Lewinski war Textilkaufmann, ein angesehener Bürger der Kreisstadt Goldap. Sein großzügiges Wohn- und Geschäftshaus lag im Zentrum des Ortes, am Marktplatz. Das lebhafte Treiben auf diesem Platz – Wochen- und Viehmärkte, das Ausrücken der Feuerwehr, Kirmes und Zirkusgastspiele, Militärparaden zu Kaisers Geburtstag – prägte sich dem Kind Erich Lewinski unvergeßlich ein. Ebenso unvergeßlich blieben ihm die Ferienaufenthalte bei den Verwandten seiner Mutter. Nach Wormditt zu den Großeltern Borowski wurde in den Sommerferien gefahren. »Die Großeltern hatten einen schönen Hof, Wagen und Pferde, und viele schöne Fahrten durften wir Kinder da mitmachen. Die Großeltern haben uns sehr verwöhnt; sie haben uns sicher nie einen Wunsch abgeschlagen, mit dem Erfolg, daß Mutter dann nach den Ferien erst immer ein paar Wochen brauchte, bis sie uns wieder in Schuß hatte.« [5]

Die anderen Ferien verbrachten Erich und Ernst bei einer der drei Schwestern ihrer Mutter. Fanny lebte mit ihrem Mann in

Bialla, einem kleinen Ort unweit der Grenze nach Polen. Da sie keine eigenen Kinder hatten, wandten sie ihre ganze Großzügigkeit und Liebe den beiden Neffen zu. Die beiden anderen Schwestern der Mutter, Berta und Grete, besaßen in Danzig einen Konfitüren-Laden, der für die Kinder ebenfalls große Anziehungskraft besaß. Sonntagsausflüge wurden, oft in Begleitung befreundeter Familien, mit Pferd und Wagen in die Rominter Heide oder an einen der nächstgelegenen masurischen Seen unternommen. Später besaß Louis Lewinski außer seinem Stadthaus einen kleinen Gutshof in der Nähe von Goldap. Dort wurden die Wochenenden verbracht, wurde von dem reichlichen Obst geerntet, wurde in den Stallungen gespielt; und vor allem lernten die Jungen dort reiten. [6]

Zu seinem Vater hatte Erich Lewinski ein zwiespältiges Verhältnis. Er»bewunderte und liebte ihn sehr« [7], besonders wohl wegen der Großzügigkeit und immerwährenden Hilfsbereitschaft, die er den Menschen gegenüber an den Tag legte. Auch erlebte Erich den Vater als einen Mann, der gern und phantasievoll mit seinen Kindern und deren Freunden spielte, der die Musik liebte, heiter sein und»die Menschen um sich herum froh und vergnügt machen« [8] konnte. Andererseits war Louis Lewinski »aber ein ernster Mann, und eine leise Traurigkeit und Schwermut kam in den letzten Jahren seines Lebens, seit Kriegsbeginn, immer deutlicher zum Ausdruck, beherrschte ihn fast völlig. Sicher litt er da sehr unter den schrecklichen Verhältnissen, unter dem Krieg, dem beginnenden Antisemitismus, dem Elend, das er bei vielen Menschen sah. Und er war bestimmt sehr unglücklich darüber, daß er nicht recht wußte, was dagegen zu tun war.« [9] Etwas anderes, für das Kind Erich sehr Gravierendes kam hinzu: »Ich weiß, daß mein Vater mich nicht so liebte wie Ernst, wahrscheinlich weil er glaubte, daß Ernst, weniger heiter und offen als ich, in seiner Zartheit und Verschlossenheit mehr Freundlichkeit brauchte. Das hat mich mitunter gequält und manche heimliche Tränen gekostet. Ich glaube, zwischen meinem Vater und mir war immer etwas Fremdheit.« [10]

Erichs Verhältnis zu seinem jüngeren Bruder Ernst war distanziert, vielleicht wegen der Zurücksetzung, die er empfand und dem Bruder anlastete, vielleicht wegen der sehr unterschiedlichen Temperamente der beiden Geschwister. Auch als erwachsene Männer hatten Erich und Ernst Lewinski nie einen nahen brüderlichen Kontakt zueinander.

Ein einschneidendes, für Kinder kaum zu verkraftendes Ereignis war der Tod der Mutter. Hulda Lewinski starb 1906 an Krebs; sie war an ihrem Todestag 29 Jahre alt geworden. Erich war damals erst sieben, sein jüngerer Bruder viereinhalb Jahre alt. »Dann kam für uns Kinder eine Zeit, die nicht gut war. Verschiedene Frauen, verwandte und fremde, kamen ins Haus, um sich mit uns zu beschäftigen, uns zu erziehen.« [11] In der Rückschau fand Erich Lewinski, daß er und sein Bruder in »jener häßlichen Zeit (...) sicher etwas verkamen.« [12] Seinen Vater erlebte er damals als traurig, müde und hilflos, weil der sah, »daß es um uns Kinder nicht gut bestellt war und daß er ohne Frau uns nicht zu erziehen verstand«. [13]

Am Frühlingsanfang des Jahres 1909 heiratete der Witwer Louis Lewinski Charlotte Rosenkranz; sie war 30 Jahre alt und bis dahin als Erzieherin tätig gewesen. Ihre Eltern waren einst wegen des Antisemitismus in Polen nach Deutschland ausgewandert und hatten sich in Insterburg niedergelassen; dort war Charlotte 1878 geboren worden.

Die beiden Jungen, Erich und Ernst, reagierten sehr verschieden auf die Stiefmutter. Schon als der Vater von der bevorstehenden Heirat berichtete, zeigte sich Erich hocherfreut; er erinnerte sich später, »daß ich die neue Mutter schon lieb hatte, bevor ich sie kannte, und daß ich sie mit Sehnsucht und Begeisterung erwartete«. [14] Ganz anders verhielt sich der jüngere Bruder. Er empfing seine Stiefmutter »mit Zurückhaltung und wohl auch mit einer stillen Abneigung. Er hat später viele Jahre gebraucht, bis (...) er sich der Mutter mit großer Liebe eröffnen konnte, so wie ich es vom ersten Tag an tat.« [15]

Erich Lewinski besaß das glücklichere Naturell. Er war ein sinnenfroher, dem Leben ganz und gar zugewandter Mensch. Er war optimistisch und zupackend, auch in den Jahren der Verfolgung und des Exils.

Erich blieb seiner Stiefmutter ein Leben lang zugetan. Wenn in der Familie – bis in die übernächste Generation hinein – von »Mutti« die Rede war, dann war Charlotte Lewinski gemeint. Sie verstand zunächst, wie ihr älterer Stiefsohn sich erinnerte, »uns aus unserer Verwilderung zu lösen und Ordnung in unser Leben zu bringen«. [16] Ihre Begeisterungsfähigkeit empfand Erich als ansteckend; Charlotte gelang es leicht, in Erich den Sinn für Schönes zu wecken und zu fördern, für die Natur, für die Mitmenschen, für die Kunst, besonders für die Musik. »Wann hatten wir unsere schönsten Stunden zu Hause? Wenn Mutter sich mit uns ans Klavier setzte und mit uns Lieder sang (…), die herrlichen Lieder von Schubert, Schumann, Beethoven, Brahms.« [17]

Louis und Charlotte Lewinski bekamen in der kurzen Zeit ihrer Ehe vier Kinder, Eva, Hans, Rudi und Ruth, Halbgeschwister von Erich und Ernst Lewinski. [18] Wieder war es Erich, der dem ersten dieser Ereignisse, der Geburt seiner Schwester Eva, mit übergroßer Freude entgegensah. »Ganz erhöht« kam er sich vor und freute sich »im Voraus unbändig darauf. Als Eva dann da war, glaubte ich, so etwas Schönes nie gesehen zu haben, und mein ganzes Interesse wandte sich in vollem Maße diesem Kind zu. Mein größtes Glück war, wenn ich Eva in ihrem Kinderwagen ausfahren durfte.« [19] »Es gibt einige alte Familienfotos; sie zeigen, wie Erich mich in meinem Kinderwagen schiebt – er konnte überhaupt nicht stolzer aussehen« [20], bestätigte Eva später. Sie, die elf Jahre jüngere Halbschwester, stand Erich Lewinski unter allen Geschwistern am nächsten, auch später, als es um die politische Orientierung ging und um die politische Arbeit im Exil.

Das Ende der Kindheit begann für Erich Lewinski an einem herrlichen Frühsommerabend des Jahres 1914. Gut fünfzehneinhalb Jahre war er damals alt; doch intensiver als an spätere Ereignisse erinnerte sich Erich jenes Tages. »Mit großen Büschen von duftendem Jasmin, den mein Vater sehr liebte, kamen wir im Landauer nach Hause (…). Ich hatte beim Kutscher vorn auf dem Bock gesessen, selber eine Weile kutschiert, was ich immer gern tat, war dann müde geworden und etwas benommen von dem starken Duft dieses Sommerabends, den blühenden Getreidefeldern in ihrer endlosen flachen Weite und der stillen Dämmerung auf der einsamen Landstraße, von der nur der Hufschlag der Pferde widerhallte. Als der Wagen am Marktplatz hielt, kam ein Bekannter auf uns zu und erzählte uns, man habe eben erfahren, daß der Thronfolger von Österreich ermordet worden sei. ›Das bedeutet Krieg‹, sagte sofort mein Vater. Mir wurde seltsam zu Mut: ernst, traurig und voll spannender Erwartung.« [21]

[1] Erich Lewinski: *Für Theoluz, meinen Sohn*, unveröffentlichtes Manuskript, Paris 1936. – Die Vornamen von Tom Lewinski, dem einzigen Kind von Erich und Herta Lewinski, sind eigentlich Theodor Ludwig nach Theodor Hüpeden, einem engen Freund Erich Lewinskis, und Ludwig = Louis, dem Vater Erich Lewinskis. In der Familie wurden die Namen zu Theoluz zusammengezogen. Diese Namensgebung erwies sich später, im Exil, als zu schwierig; deshalb nannte sich Theoluz später Tom Lewinski (mündl. Auskunft von Tom Lewinski, Holland-on-Sea, Juli 1992). – Die Darstellung der Kindheit Erich Lewinskis folgt überwiegend dem für seinen Sohn geschriebenen Text.   [2] Kassel als angeblicher Geburtsort Erich Lewinskis findet sich u.a. auf seinem US-Fremdenausweis. [3] Erich Lewinski:»Für Theoluz...«, a.a.O., S.18ff. [4] Ebd., S.7, S.10 – Siehe auch die Familienübersicht im Anhang. [5] Ebd., S.23ff. [6] Ebd. [7] Ebd., S.16. [8] Ebd., S.15. [9] Ebd. [10] Ebd., S.15f. [11] Ebd., S.10. [12] Ebd., S.11. [13] Ebd. [14] Ebd. [15] Ebd., S.12. [16] Ebd. [17] Ebd., S.14. [18] Siehe Anhang: Familienübersicht. [19] Erich Lewinski: *Für Theoluz...*, a.a.O., S.13. [20] Eva Lewinski-Pfister, Otto Pfister: *To Our Children*, unveröffentlichtes Manuskript, Canoga Park, Kalifornien, USA, April 1979, S.2. [21] Erich Lewinski: *Für Theoluz...*, a.a.O., S.30.

DER KRIEG

Die Ereignisse der Jahre zwischen 1914 und 1918 – kriegsbedingte und familiäre – beendeten die Kindheit Erich Lewinskis abrupt und schmerzvoll.

Er glaubte anfangs an einen gerechten Krieg, in dem es um die Verteidigung von Volk und Vaterland ging; nichts anderes hatte er in der Schule gehört. Und auch zu Hause war man patriotisch gesonnen. »Als auf dem Marktplatz vor einer riesigen Menschenmenge ein Offizier der ›44er‹ (...) die Mobilmachungsordre verlas, da war es Vater, der als erster ein Hoch auf den Kaiser und das deutsche Heer ausbrachte.« [1] Diese positive Einstellung änderte sich bei Vater und Sohn bald.

Doch zunächst schien für Erich, den Jungen, alles ein Abenteuer zu sein. Goldap, sein Heimatort, liegt kaum zwei Dutzend Kilometer von der russischen Grenze entfernt, und entsprechend lebhaft waren die militärischen Aktivitäten, die er und seine Freunde auf dem Marktplatz des Städtchens, ganz besonders aber von einem ihrer Lieblingsplätze, der Höhe des Kirchturms, beobachten konnten – der Rauch brennender Grenzdörfer, von der Front herbeigebrachte Verwundete, erste Kriegsgefangene, der Trubel im truppengefüllten Ortszentrum, die Zelte der Soldaten draußen vor der Stadt.

Doch dann trat ein Ereignis ein, welches, so unbegreiflich es der ganzen Familie erschien, Erich schlagartig klar machte, daß der Krieg alles andere als ein patriotisches Abenteuer war; daß vielmehr mit seiner Hilfe, auch abseits von Schlachtfeldern, Kräfte freigesetzt wurden, an deren Existenz man in Goldap kaum je gedacht hatte.

Alle Juden seien Spione, hatte einer der Honoratioren der Stadt in die Welt gesetzt. Und Louis Lewinski, Erichs Vater, wurde festgenommen, von Soldaten abgeführt, ins nahe Gefängnis gebracht. Jeder, der Bürgermeister, der Landrat, hielt dies für eine ebenso unsinnige wie niederträchtige Verleumdung; aber das Sagen hatte in Kriegszeiten der Gerichtsoffizier. Den erreichten Erich Lewinski und seine Stiefmutter Charlotte erst, nachdem sie seinen Diener bestochen und eine Nacht wartend auf der Treppe im Wohnhaus des zuständigen Hauptmanns zugebracht hatten.

Kurz darauf wurde Louis Lewinski freigelassen. Noch lange danach erinnerte sich Erich mit Schaudern an die Rückkunft des Vaters:»Wie erschrecke ich über die Veränderung, die in den drei Tagen mit ihm vorgegangen ist: Statt des jugendlichen, lebendigen Vaters, den wir kennen, steht ein alter Mann vor mir mit völlig verstörtem Blick, das Haar an den Schläfen ganz weiß. Ich umarme ihn und ziehe ihn schnell ins Haus. Mutter kommt angelaufen, und da bekommt Vater einen so schrecklichen Weinkrampf und redet so wirres Zeug, daß wir alle denken, er habe im Gefängnis den Verstand verloren. Er hatte eine so furchtbare Erschütterung erlebt, konnte nicht begreifen, daß einem Menschen wie ihm, der sein ganzes Leben lang Anständigkeit der Gesinnung als das Höchste angesehen und für sich und andere Menschen erstrebt hatte, etwas derartiges passieren konnte, daß auch nur so ein Verdacht gegen ihn auftauchen konnte.« [2]

In der kleinen Stadt Goldap lebte damals eine assimilierte gebildete Minderheit von kaum mehr als zwölf jüdischen Familien. Sie fühlten sich im Ort anerkannt und geschätzt; jedenfalls berichteten dies später übereinstimmend die Kinder von Louis Lewinski.»Unsere beiden Großelternpaare waren nach Deutschland von Polen her gekommen, um der dortigen Judenverfolgung zu entrinnen. Sie beachteten, allerdings sehr liberal gesonnen, die jüdischen Bräuche; ihre Kinder erzogen sie in der Atmosphäre der deutschen Kultur«, [3] so berichtete später Eva Lewinski ihren eigenen Kindern, und sie erwähnte noch:»Einige der Geschwister meiner Mutter heirateten deutsche Partner, die keine Juden waren – eine Entscheidung, die damals allerdings recht ungewöhnlich war.« [4]

Die Lewinski-Kinder fühlten sich also als Deutsche jüdischen Glaubens und waren schockiert über die ihnen bis dahin fremden antisemitischen Ressentiments, die der Krieg bei einigen ihrer Mitmenschen freisetzte. Nicht lange nach der Verhaftung des Vaters war es Eva Lewinski, die als damals noch kleines Schulmädchen mit antijüdischen Einstellungen Gleichaltriger erstmals direkt konfrontiert wurde. Sie konnte diesen Vorfall niemals vergessen. »Eines Morgens in der Schulpause, draußen auf dem Hof, finde ich mich von allen ignoriert und vollständig alleingelassen. Ich kann nicht verstehen, was passiert sein könnte – keine Auseinandersetzung, keine Diskussion; bis gestern hatten wir noch gemeinsam gelacht und waren zusammen vergnügt. Dann, als wir in den Klassenraum zurückgegangen waren, spricht wieder kein Mensch mit mir. Aber auf meinem Tisch entdecke ich die gemeinste Karikatur, die ich je gesehen habe; sie stellt den häßlichen, bösen Juden dar, der den treuen, guten Deutschen zerstört. Bis der Lehrer hereinkommt, wird gekichert; ich höre antisemitische Verse, spöttische Bemerkungen und fühle mich vollkommen zurückgewiesen. Ich weiß nicht mehr, wie ich den Tag durchgestanden habe.« [5]

Die Familie Lewinski hatte jedoch keine Zeit, lange über den plötzlich spürbar gewordenen Antisemitismus nachzudenken. Schon am Tag nach der Freilassung Louis Lewinskis rückten die russischen Truppen vor, begannen die deutschen mit dem Rückzug. Die Bewohner Goldaps flüchteten; kaum jemand blieb im Ort. Da aber Charlotte Lewinski unbedingt bei ihrem Mann bleiben wollte, wurde dem fünfzehnjährigen Erich erstmals eine große Verantwortung aufgebürdet; er mußte die beiden kleinen Halbgeschwister Eva und Hans in Sicherheit bringen.

Erich Lewinski, fast noch ein Junge, erlebte seine ersten dramatischen Flucht-Erfahrungen. Zunächst ging es nach Insterburg, dann weiter nach Königsberg. Schließlich mußte auch der Vater Goldap, das Haus und sein Geschäft, verlassen. Er teilte sein Pferdefuhrwerk mit so vielen Menschen, daß es unter der Last zusammenbrach. Mit einem Flüchtlingszug der Bahn gelangte man nun nach Rastenburg, dann zu den Großeltern Borowski nach Wormditt, wo die Familie, einschließlich Onkel und Vettern, wieder beieinander war. Bald aber hieß es auch dort: Die Russen kommen! Die Familie flüchtete weiter nach Westen, teils in Fuhrwerken, teils mit der Bahn. »Als wir dann schließlich bei Tante Fanny in Danzig gelandet waren – siebzehn Menschen in einer kleinen Dreizimmerwohnung! –, müde und zerschlagen von den vielen Fahrten, waren wir trotz aller Unsicherheit über unser

Eine deutsch-jüdische Familie im Kriegsjahr 1917: Erich Lewinski als junger Soldat mit seinen Eltern Louis und Charlotte Lewinski (Mitte, sitzend) sowie mit den Geschwistern (v.r.n.l.) Eva, Ernst, Rudi und Hans.

Schicksal und das Schicksal unseres Hauses in Goldap froh, endlich wieder zur Ruhe zu kommen.«[6]

Die Schlacht bei Tannenberg, Ende August 1914, wendete das Blatt. Die Familie kehrte nach Goldap zurück. Sie fand ihr Haus unzerstört vor, wenngleich im Innern einigermaßen verwüstet. Die Räumlichkeiten wurden in den nächsten Wochen mit Einquartierung geteilt, Fliegeroffiziere, mit denen Erich sich anfreundete. Doch im Dezember 1914 ging es wieder auf die Flucht, nach Königsberg diesmal, zu Großmutter Lewinski. Dort, am Weihnachtsabend, erhielt Louis Lewinski durch einen der Offiziere, die er in seinem Haus beherbergt hatte, ein Luftbild von Goldap. »Vater sitzt unter einer großen Hängelampe; er nimmt das Bild und eine Lupe, betrachtet die Fotografie. Wir wagen kaum zu atmen (...). Da steht Vater auf, ohne etwas zu sagen, und verläßt das Zimmer. Wir hätten gar nicht mehr auf das Bild zu sehen brauchen; wir wußten jetzt, daß es nur noch Trümmer unseres Hauses zeigen würde.«[7]

Im grenznahen Goldap gab es mehrfache Wechsel von Besetzung und Befreiung. Als Erich Lewinski eben sechzehn Jahre alt geworden war, fuhr er mit der Buchhalterin des väterlichen Betriebs von Königsberg in seine Heimatstadt, um in irgendeinem unzerstörten Gebäude einen Laden einzurichten. Es fand sich ein Lokal, das zur Unterbringung cholerakranker russischer Soldaten und zuletzt als Pferdestall gedient hatte. Mit der Spitzhacke entfernte Erich in klirrendem ostpreußischen Februarfrost den Schmutz vom Boden. Das dort bald angebotene Warensortiment unterschied sich beträchtlich von den feinen Textilien, mit denen die Firma Lewinski in besseren Zeiten gehandelt hatte. Nun gab es »Dinge, die Soldaten brauchten: wollene Unterwäsche, Strümpfe, Mützen, Eßwaren, Rauchwaren, Briefpapier, Zuckerwaren und manches andere noch. Ein Pressefotograf, der unseren Laden für irgendeine Zeitung aufnahm, fand auch gleich eine Bezeichnung: erstes Kriegswarenhaus.«[8]

Erich Lewinski erlebte die folgenden Monate als »eine bunte Zeit«;[9] er wurde gefordert, mußte weitere Verantwortung übernehmen. Für den Laden des Vaters erledigte er unter den schwierigen Bedingungen des Krieges Einkäufe; das Geschäft florierte, und die Schule war, der nahen Front wegen, noch geschlossen. Oft reiste er unter zuweilen abenteuerlich anmutenden Gegebenheiten nach Insterburg oder Königsberg, zuweilen mit der Bahn, dann wieder als Anhalter. Offiziere, denen er bei diesen Gelegenheiten aus der Großstadt stets Champagner mitbringen sollte, hatten ihm ein Papier gegeben, das auswies, er unternehme »im Heeresinteresse wichtige Reisen«; [10] und so wurde Erich auf der Heimfahrt, bepackt mit großen Mengen der unterschiedlichsten Waren, sogar von Militärfahrzeugen mitgenommen.

Im August des zweiten Kriegsjahres wurde Rudi Lewinski geboren, das dritte Kind von Louis und Charlotte Lewinski. Erich konnte sich um den Halbbruder nicht in der Weise kümmern, wie davor um die anderen kleinen Geschwister. Er wurde, da Unterricht in Goldap des Krieges wegen noch immer nicht möglich war, nun zur Schule nach Danzig geschickt. Doch er genoß die Zeit dort.

In der großen Stadt »war ich glücklich, als ich gleich (...) ein paar junge Menschen fand, die klug und interessiert waren und schon teilnahmen an den Geschehnissen, die in der Welt vor sich gingen. Damals sind mir die Augen über manche Dinge aufgegangen; meine Zweifel an der Berechtigung des Krieges begannen wach zu werden. Vielerlei haben wir in diesem Kreis diskutiert, allerdings in der Hauptsache künstlerische Fragen. Auch die Politik interessierte uns; aber keiner verstand etwas Ordentliches davon«. [11]

Das letzte Jahr vor dem Abitur verbrachte Erich Lewinski wieder in Goldap. Ermutigt durch seine kulturellen Aktivitäten in Danzig, bildete er mit befreundeten Schülern einen Kreis, in dem man sich regelmäßig traf und über Literatur diskutierte. Die ihm dort zugewachsene Funktion beurteilte er in der Rückschau allerdings kritisch: »Ich war wohl zu jung und zu unreif, um die Rolle zu spielen, die mir da dann zufiel, die Rolle des Anregers und gewissermaßen Führers dieses Kreises von etwa zwanzig jungen Menschen«, die im übrigen, wenn sie gemeinsame Ausflüge unternahmen, »ausgelassener, lustiger (waren), als es eigentlich unsere Jahre und die Zeit zuließen, in der täglich Tausende von Menschen und darunter mancher Freund und Verwandte von uns, im Krieg getötet wurden. Aber wir waren es vielleicht gerade deshalb und in dem Gedanken, daß die Reihe nun an uns kam.« [12]

Die Reihe kam an Erich Lewinski im Frühjahr 1917. Er war achtzehn Jahre alt, hatte das Abitur hinter sich und war an der Fakultät für Rechtswissenschaften der Albertus-Universität Königsberg immatrikuliert. Die Entscheidung für das Jurastudium scheint aus Erwägungen erfolgt zu sein, die die Vernunft diktiert hatte; denn eigentlich überwogen bei Erich Lewinski damals künstlerische, vor allem literarische Interessen. »Was ich werden wollte, als ich jung war?« schrieb er später einmal: »Schriftsteller, Dichter.« [13] Nun aber war er Student der Rechtswissenschaften – und wurde zum Militärdienst eingezogen; die Ausbildung zum Soldaten erfolgte ebenfalls in Königsberg.

Er litt unter Stechschritt und Parademarsch, die, neben dem Umgang mit Waffen, ebenfalls geübt wurden. »Aber der weitere Gedanke, ob man etwas gegen solche Sinnlosigkeit machen könnte, kam mir damals noch nicht.« [14]

Ein Trost war für ihn, daß er das eben begonnene Studium nicht ganz aufgeben mußte; zweimal in der Woche hatte er Dienstbefreiung, um die Jura-Vorlesungen an der Universität zu hören. Trotz des Krieges und außerordentlich starker familiärer Belastungen, die noch auf ihn zukamen, absolvierte Erich Lewinski sein Studium sehr zügig. Er ging nach dem Krieg zeitweilig an die Universität Breslau, dann wieder nach Königsberg, legte ohne große Mühe sein Examen ab, wurde schon 1921 mit »Beiträge(n) zum Recht der Hypothekenübertragung« zum Dr. jur. promoviert [15] und war anschließend als Rechtsreferendar in Königsberg tätig.

Doch davor lagen das letzte Kriegsjahr und der Tod des Vaters.

Es war der Vorabend von Weihnachten 1917. Erich Lewinski hatte zum erstenmal Urlaub vom Kasernendienst in Königsberg bekommen und unterhielt sich zu Hause mit seinem Vater. Es war dies die einzige Gelegenheit, bei der er sich dem Vater nahe gefühlt hatte – und die letzte. Louis Lewinski erzählte seinem ältesten Sohn »von seinen Plänen für die Zeit nach Beendigung des Krieges. Immer schon hatte er sich für die Politik interessiert; nach dem Krieg wollte er sich aktiver als vorher in der Freisinnigen Volkspartei betätigen; ihm ahnte etwas von der Notwendigkeit, teilzunehmen am öffentlichen Leben. Vater war von großer

Gerechtigkeitsliebe und tiefem Mitgefühl für alles menschliche Leid erfüllt. Helfen, immer helfen, darin fand er seine größte Befriedigung. (...) Ich war stolz auf meinen Vater und glücklich, daß er endlich Vertrauen zu mir gefaßt hatte. Am nächsten Abend starb er.« [16] Über die Trauer um den Verlust hinaus hatte der Tod des Vaters für das Leben Erich Lewinskis weitreichende Folgen.

Erst sieben Jahre alt war Eva, das älteste Kind aus der zweiten Ehe von Louis Lewinski; das Sterben des Vaters war aus ihrem Erleben das gravierendste Ereignis während der Kriegsjahre. Sie erinnerte sich, an jenem Heiligen Abend des Jahres 1917 sein Schwächegefühl miterlebt zu haben, dann einen Hustenanfall und den Verlust des Bewußtseins, das er bis zu seinem Tod nicht wiedererlangte. Louis Lewinski starb an einem schweren Herzinfarkt. [17]

Auf die Familie kamen weitere schwere Zeiten zu. Charlotte Lewinski erwartete ihr viertes Kind, das seinen Vater niemals sah. Anfang Februar 1918 wurde Ruth Lewinski geboren. Die Mutter schwebte nach der Entbindung tagelang zwischen Leben und Tod. Und Erich war zum erstenmal in seinem Leben vollständig verzweifelt. »Wir standen noch so stark unter dem Eindruck von Vaters Tod, und wir wußten nicht, wie wir noch so ein Unglück ertragen sollten. (...) Ich habe damals gedacht, daß es für mich nun nichts mehr im Leben geben könne, was unüberwindlich sei.« [18]

Lewinski war damals neunzehn Jahre alt und um ebenso viele Jahre älter als seine eben geborene jüngste Halbschwester. Wie selbstverständlich empfand er Verantwortung für die gesamte Familie; sie lastete schwer auf ihm. Sein Bruder Ernst stand zwar bald auf eigenen Füßen; er begann nach dem Abitur eine Kaufmannslehre bei einer bedeutenden Firma in Berlin, für die er später nach Südafrika ging. Aber da war die mittellose Mutter, die nach dem Tod des Vaters das Geschäft in Goldap aufgegeben hatte. Verwandte, darunter einige Ärzte, halfen finanziell; Freunde luden die ganze Familie einmal wöchentlich zu einem großen Essen ein. Außerdem nahm Charlotte Lewinski zahlende Gäste in ihr Haus auf, und in jeder freien Minute arbeitete sie an Stickereien, die sie verkaufte. Doch es war hart für sie; Charlotte

Lewinski war derartige Lebensbedingungen nicht gewöhnt. Erich war zudem besorgt um die Zukunft der vier Halbgeschwister, das jüngste ein Baby, das älteste kaum acht Jahre alt. – In dieser Situation mußte er an die Front.

Ein Bruder seines Vaters, Fritz Lewinski, war Militärarzt und sorgte dafür, daß sein Neffe Erich dem Bataillon zugeteilt wurde, bei dem er selbst Dienst tat. Dort kämpfte Erich Lewinski gegen Soldaten jenes Landes, das ihm fünfzehn Jahre danach Zuflucht vor nationalsozialistischer Verfolgung bot. Seinem Sohn berichtete er später wenig über deutsche Schützengräben in Frankreich. Er teilte ihm vielmehr nur ein Ereignis mit, das ihn jahrelang belastete und an das er stets »nur mit Schrecken und Schmerz denken« konnte: [19]

Ein Bataillonskamerad hatte sich freiwillig zu jenem Transport an die Westfront gemeldet, dem Erich bereits zugeteilt worden war; er erklärte, mit Erich Lewinski zusammen eingesetzt werden zu wollen. Erich war seltsam berührt; er mochte den jungen Mann, der mit ihm ausgebildet worden war, doch er kannte ihn nicht näher. »Nach einiger Zeit hatten wir eine feste, gute Freundschaft geschlossen. Wir kamen zum selben Frontbataillon, er war beim zweiten, ich selber beim dritten Geschütz, und all' unsere Erlebnisse, die erste Schlacht, die ersten Verwundeten und Toten aus unserem Bataillon, wir hatten sie so gemeinsam wie unsere Feldpostpäckchen (...). In mancher schlaflosen Nacht, im Unterstand, im Quartier, mitten in den Schlachten, führten wir viele ernste Gespräche.« [20] Vor allem sprachen sie über Fragen der Religion, des Glaubens. Erich suchte damals den Glauben, »das heißt, ich wollte gern glauben, daß es einen Gott gäbe, ich wollte einen Halt haben«; [21] sein Freund Max war Atheist. An einem Augustabend des letzten Kriegsjahres philosophierten sie wieder miteinander über Glaubensfragen, als das zweite Geschütz einen sofortigen Einsatzbefehl erhielt, das dritte Geschütz dagegen erst für die darauffolgende Nacht. Max verabschiedete sich ahnungsvoll, doch mit tröstenden Worten von seinem Freund. Erich sah ihn noch einmal wieder – an einem Bauchschuß sterbend im Feldlazarett. Dank für die Freundschaft und die Frage nach Erichs Gott waren die letzten Worte des Freundes.

[1] Erich Lewinski: *Für Theoluz, meinen Sohn*, unveröffentlichtes Manuskript, Paris 1936, S. 31.　[2] Ebd., S. 36.　[3] Eva Lewinski-Pfister, Otto Pfister: *To Our Children*, unveröffentlichtes Manuskript, Canoga Park, Kalifornien, USA, April 1979, S. 1.　[4] Ebd.　[5] Ebd., S. 7.　[6] Erich Lewinski: *Für Theoluz*..., a.a.O., S. 46.　[7] Ebd., S. 50.　[8] Ebd., S. 51 f.　[9] Ebd., S. 52.　[10] Ebd., S. 53.　[11] Ebd., S. 58 f.　[12] Ebd., S. 60 f.　[13] Faksimile eines handgeschriebenen Textes von Erich Lewinski, *Hessische Nachrichten*, 17. 2. 1956.　[14] Erich Lewinski: *Für Theoluz*..., a.a.O., S. 63.　[15] Erich Lewinski: *Beiträge zum Recht der Hypothekenübertragung*, Inaugural-Dissertation zur Erlangung der Doktorwürde der Hohen juristischen Fakultät der Albertus-Universität zu Königsberg, Königsberg 1921.　[16] Erich Lewinski: *Für Theoluz*..., a.a.O., S. 16 f.　[17] Während von Erich Lewinski der Todestag des Vaters mit dem 24. 12. 1917 angegeben wird, nennt seine Halbschwester Eva dieses Datum als Tag des Herzinfarkts und erst den 27. 12. 1917 als Todestag ihres Vaters, vgl. Eva Lewinski-Pfister, Otto Pfister: *To Our Children*, a.a.O., S. 5.　[18] Erich Lewinski: *Für Theoluz*..., a.a.O., S. 64 f.　[19] Ebd., S. 67.　[20] Ebd., S. 68.　[21] Ebd.

DER NELSON-BUND

Erich Lewinski kam unversehrt, doch, wie viele junge Kriegsteil-
nehmer, völlig orientierungslos von der Front in die Heimat zurück. Neunzehn Jahre war er alt, ausgedienter Soldat und Student. »Ich wußte nicht recht, was ich nun anfangen sollte (...). Ich
lebte so etwas in den Tag hinein (...). Irgendeinen Inhalt, ein bestimmtes Ziel hatte mein Leben nicht (...). Alles interessierte
mich damals nur sehr oberflächlich (...). So kam es, daß ich von
der Revolution und den großen Veränderungen, die die Welt
durchmachte, wenig berührt war.« [1]

Zum Juristen-Beruf, in dem Lewinski später Hervorragendes
leistete, hatte er anfangs keine besondere Neigung. Lieber ver-
wirklichte er damals, unmittelbar nach dem Krieg, mit häufigen
Theater- und Konzertbesuchen seinen »Wunsch nach Freude und
behaglichem Leben«. [2] Trotzdem absolvierte er das rechtswissenschaftliche Studium in bemerkenswert kurzer Zeit. Lewinski
hatte Rücksicht zu nehmen auf Verwandte, die sein Studentenle-
ben mitfinanzierten; außerdem drängte es ihn, »Mutter und den
Kindern zu helfen«. [3] Dazu brauchte er eine fundierte Ausbildung und einen einträglichen Beruf. Erich Lewinski beschloß,
Rechtsanwalt zu werden.

1922 ging er nach Kassel; dort lebte als Inhaber eines großen
Warenhauses sein Onkel Max, einer der Brüder seines Vaters. Mit
Hilfe von Max Lewinski hoffte Erich, eine Wohnung für sich,
seine Mutter und ihre Kinder zu finden, ein Projekt, das sich erst
einige Jahre später verwirklichen ließ. Zunächst galt es ohnehin,
die Referendarzeit zu beenden und das zweite juristische Staatsexamen abzulegen.

Seine Freizeit verbrachte Erich Lewinski zunächst kaum anders als in Königsberg. Aber neben Konzert- und Theaterbesu-
chen interessierte ihn nun mehr und mehr auch die Politik. Auf
der Suche nach Orientierung machte er die Bekanntschaft vieler
Menschen; mit einigen von ihnen freundete er sich an. »Später

oder früher merkte ich, daß etwas fehlte, daß ich unbefriedigt
blieb, daß ich auch in der Freundschaft mit ihnen nur etwas
suchte, was mich erfüllen, was meinem Leben einen Sinn geben
konnte«. [4]

Auf seiner Suche nach Kontakten, nach Klarheit, nach einer
Aufgabe nahm Erich Lewinski auch an verschiedenen politischen
Veranstaltungen teil, darunter an der Kasseler Gründungsver-
sammlung des »Reichsbanner Schwarz-Rot-Gold«. [5] Dort
lernte er Theo kennen. Es wurde eine Freundschaft fürs Leben;
und Erich Lewinski fand, was er suchte.

Theodor Hüpeden, zwölf Jahre älter als Lewinski, hatte eine vollständig andere Herkunft als sein neuer Freund. Er war in Kassel
geboren worden und stammte aus einer religiösen methodisti-
schen Familie. Der Vater, Werkzeugmacher in einem Kasseler
Großbetrieb, hatte seinem einzigen Sohn eine gute schulische und
berufliche Ausbildung ermöglicht. »Die Mutter«, so schrieb später eine Freundin, »eine ernste und nachdenkliche Frau, gab ihrem Sohn jene Verhaltenheit und Herbheit auf den Lebensweg
mit, die für Theo Hüpeden charakteristisch war und die nur da
aufleuchtender, menschlicher Wärme, spontaner Herzlichkeit
wich, wo sein Vertrauen fest begründet, wo Erprobung und Be-
währung der Freundschaft den Boden bereitet hatte.« [6]

Erich Lewinski kam in den Genuß dieser Wärme und Herzlichkeit, aber auch vieler Einsichten, die sein älterer Freund schon
gewonnen hatte. Theo Hüpeden, der beruflich die Verwaltungs-
laufbahn eingeschlagen hatte, war früh politisch interessiert gewesen. Im Ersten Weltkrieg hatte er als Offizier gedient; wie viele
Männer seiner Generation war er, anders als Lewinski, mit der fe-
sten Überzeugung heimgekehrt, daß künftig jeder zur Kriegsver-
meidung, zur Schaffung von Frieden beitragen müsse. Hüpeden
wurde Sozialdemokrat, engagierte sich bei den Gewerkschaften
und war aktiv in der Volkshochschulbewegung. Seiner pazifistischen Überzeugung aber kam die Lehre Leonard Nelsons am
nächsten. Schon kurz nachdem sich Erich Lewinski mit Theo
Hüpeden angefreundet hatte, beschäftigte auch er sich mit dem
Werk des Philosophen.

Leonard Nelson, einziger Sohn einer begabten Malerin und eines musikalisch und literarisch interessierten Rechtsanwalts,

Vorbilder und Freunde: Willi Eichler, Leonard Nelson und Minna Specht
(v.l.n.r.) 1923 in Göttingen.

war 1882 in Berlin geboren worden. Schon als Schüler hatte er sich mit der Philosophie Kants und der Lehre Jacob Friedrich Fries' beschäftigt, über dessen Werk er nach Studien der Mathematik und Philosophie auch seine Promotion schrieb. [7]

Nelson aber entwickelte die auf Kant fußende Friessche Lehre weiter zu einem universellen Sittengesetz. Seine Basis ist das Vertrauen in die Vernunft des Menschen, sein Ziel die Schaffung einer sozial gerechten, einer menschenwürdigen Gesellschaftsordnung. Das Charakteristische an der Nelsonschen Lehre ist die Verknüpfung von Theorie und Praxis, von Philosophie und Tat: Wer Nelsons Ideen für sich akzeptiert, muß sie leben.

Aus den nach Kant und Fries weiterentwickelten ethischen Wertmaßstäben erarbeitete der in Göttingen lehrende Philosoph eine neue Pädagogik sowie seine rechtswissenschaftliche und seine politische Lehre.

Nelsons gesellschaftstheoretische Auffassungen waren entstanden in der Auseinandersetzung mit dem Marxismus, wie er damals in Deutschland durch die SPD vertreten wurde. Leonard Nelson bejahte den Klassenkampf, begründete ihn jedoch mit sittlichen Wertvorstellungen. Einen bedeutenderen Unterschied zur nicht-kommunistischen Linken stellte aber seine radikale Demokratiekritik dar. Praxisorientiert, wie seine Denkweise war, entwickelte er aus dieser Kritik das Führerschaftsprinzip; nicht nur für das Leben kleiner Gruppen, sondern auch im gesamten Staatswesen hielt er es für geboten. Daraus folgte, daß mit Hilfe der von Nelson entwickelten neuen Pädagogik eine zu Führungsaufgaben befähigte Elite herangebildet werden mußte. Leonard Nelson verstand sich als Sozialist; er lehnte jedoch, neben dem Demokratieprinzip, die marxistische Auffassung von einer geradezu naturgesetzmäßig verlaufenden gesellschaftspolitischen Entwicklung bis hin zur Vollendung der sozialistischen Revolution ab. Eine solche Einstellung, davon war er überzeugt, zwinge die Menschen in die Passivität; das Gegenteil aber, nämlich die Ausbildung von Handlungsbereitschaft jedes einzelnen, ist wesentlicher Bestandteil seiner Lehre. [8]

Seine unorthodoxen Auffassungen, seine Gesellschaftskritik, seine handlungsorientierte Lehre und seine eigene, daran ausgerichtete Lebensweise machten Leonard Nelson im wilhelminischen Deutschland zu einem Hochschullehrer, der aus der Sicht vieler seiner Kollegen Außenseiter war und blieb. Ordinarius wurde er nie; er mußte sich mit einer außerordentlichen Professur begnügen. Während des Ersten Weltkriegs distanzierte sich Nelson aufgrund seiner ausgeprägt pazifistischen Einstellung von den meisten der ihm verbliebenen Freunde aus dem universitären Bereich und aus der Freideutschen Jugend, bei der er zuvor aktiv gewesen war. Dies aber war keine Resignation – im Gegenteil.

Leonard Nelson schloß einen Kreis von Studenten, für die seine Lehre und sein Leben bereits Vorbildfunktion gewonnen hatten, zu einer Gesinnungs- und Erziehungsgemeinschaft zusammen. 1917, noch während des Krieges, gründete er den Internationalen Jugendbund (IJB). Sein Zweck war es, junge Menschen zu zielbewußter Mitwirkung bei der Gestaltung einer menschenwürdigen Gesellschaft heranzubilden. [9] Angesichts des Völkermordens im Krieg war Nelson zu der Überzeugung gelangt, daß die als gebildet geltenden Menschen versagt hatten, weil sie nicht in der Lage gewesen waren, die Gesellschaft nach vernunftgemäßen Maßstäben zu gestalten. Nun setzte er seine Hoffnungen auf junge Menschen, insbesondere auf Menschen aus der Arbeiterklasse, denen er das theoretische und praktische Rüstzeug für gesellschaftspolitisches Engagement vermitteln wollte.

Tatsächlich entstammte die Mehrheit der späteren IJB-Mitglieder dem Proletariat und dem Kleinbürgertum. Es wurde von ihnen verlangt, in den Parteien und den weiteren Organisationen der Arbeiterbewegung politisch zu wirken. Nelson selbst trat der Unabhängigen Sozialdemokratischen Partei bei, der einzigen, die seiner pazifistischen Einstellung entsprach.

Aus der Sicht seiner Anhänger wirkte nicht nur Nelsons Lehre, sondern die gesamte Persönlichkeit des Philosophen überzeugend. Er besaß eine charismatische Ausstrahlung; er war ein Mensch von absoluter Wahrhaftigkeit, der lebte, was er dachte. »Nicht als ob dieser große Lehrer, dieser kämpferische Philosoph seinem Schüler erst den Sinn für Ideale, für die Würde des Menschen (…) hätte wecken müssen; noch fehlte es an der Erkenntnis, daß diese sogenannte ›Gesellschaftsordnung‹ sehr in Unordnung war. Was aber Nelson vermochte«, so beschrieb es seine Mitarbeiterin Nora Platiel, »das war dies: Er steigerte die Einsicht in die

Notwendigkeit politischer Umgestaltung bei seinen Schülern zu einem Grad, daß sie bereit waren, ihr Leben zu ändern und Ernst zu machen mit dem Kampf gegen die Lauheit, die Trägheit des Herzens, die Feigheit und Bequemlichkeit – auch in uns selber.«[10]

Mit der Gedankenwelt dieses Mannes machte Theodor Hüpeden seinen jüngeren Freund Erich Lewinski vertraut. Der berichtete später seinem kleinen Sohn, welcher Wandel sich bei ihm, Lewinski, dadurch vollzogen hatte. »Fast ein Jahr lang las ich damals an freien Abenden mit Theo und zwei anderen Freunden (...) in den Schriften und Werken von Nelson. Ich fing an zu begreifen, daß mein Leben, daß das Leben jedes Menschen nur einen Sinn hat, wenn der Mensch sich eine Aufgabe stellt, die richtige Aufgabe, und wenn er danach sein Leben einrichtet. Ich begann, Welt und Wirklichkeit anders als vorher zu beobachten, sah, wie das Unrecht herrschte, wie die Armen ausgebeutet und unterdrückt wurden und wie wenige Menschen bereit waren, ihnen zu helfen in ihrem Kampf dagegen. Und da spürte ich eines Tages die Scham, bisher so in den Tag hinein gelebt zu haben, nur mit mir selber und meinen Neigungen beschäftigt und ohne etwas gegen diese Zustände getan zu haben. (...) Ich wußte, daß mein Leben nicht mehr so weiter gehen konnte wie bisher. (...) Von dem Tage an bekam mein Leben einen Sinn, und ich bemühte mich, es so einzurichten, daß ich mich vor niemand mehr zu schämen brauche«.[11]

Erich Lewinski hatte sich also ausführlich mit der Philosophie Leonard Nelsons beschäftigt; er fand darin, was er gesucht hatte. Und doch war es zunächst die Persönlichkeit des Lehrers, weniger dessen Ideenwelt, die seine neuen Anhänger spontan anzog. »Als ich zu Leonard Nelson ›ja‹ sagte und ihm meine Bereitschaft zur Mitarbeit anbot, war es nicht sein wissenschaftliches Werk, (...), dessen Tiefe ich nur dunkel ahnte, war es nicht seine politische Überzeugung, von der nichts Spontan-Werbendes, nichts Hinreißendes, Mitziehendes ausging. Es war eine Wirkung, die ohne ihr Zutun denen gelingt, die umgeben sind von einer Aura der Wachheit des Herzens, der Sauberkeit der Seele. Als ich ihn in einem mir damals völlig fremden Milieu zum ersten Mal erlebte, spürte ich etwas davon.«[12] Lewinski sah allerdings auch klar, daß man zu Nelson nicht nur Ja, sondern auch Nein sagen, daß er polarisierend wirken konnte; indirekt äußerte er sich darüber: »Gleichgültigkeit, Indifferenz ihm gegenüber gab es nicht. (...) Die Unbedingtheit, die Eindeutigkeit, mit der er Anforderungen stellte an die Menschen, die sich ihm anvertrauten, hatten etwas bezwingend Großartiges, wie es von den seltenen reinen Herzen ausgeht.« [13]

Bis zu seinem Tod hat Erich Lewinski die erste persönliche Begegnung mit Leonard Nelson nicht vergessen. »Trat man Nelson gegenüber, sah man seine Kompromißlosigkeit (...), dann schämte man sich der eigenen Lauheit; man begriff, daß seine oft hart scheinende Haltung, sein Rigorismus (...) nur die eine Seite seines Wesens darstellte, daß die andere Seite in einer großen Zartheit ruhte. Beide Seiten waren geboren aus einer glühenden Liebe zur Gerechtigkeit, die Nelsons Wesen, sein persönliches Wirken und Leben völlig bestimmte. Nichts Abstraktes lag darin, sondern die liebevolle Beziehung zum lebendigen Menschen«, dem nach Lewinski durch Nelson nicht mehr und nicht weniger abverlangt wurde, als »den anderen Menschen so zu achten, wie man selber geachtet zu werden wünschte. Akzeptierte man das, so folgte alles andere von selbst; die Einsatzbereitschaft wuchs, die Neigung zum Opportunismus wurde geringer.« [14] Daß es Nelson gelang, bei seinen Schülerinnen und Schülern diese Wirkung zu erzielen, führte Erich Lewinski auf die absolute Glaubwürdigkeit des Göttinger Philosophen zurück, auf die Unbedingtheit seines Lebens und auf seine außergewöhnliche pädagogische Befähigung.

Zur Vermittlung seiner Lehre und seiner daraus abgeleiteten Vorstellungen von einem sinnvollen, vernunftgeleiteten Leben besaß Nelson eine kongeniale Partnerin, seine engste Mitarbeiterin und Lebensgefährtin Minna Specht. Sie war 1879 auf Schloß Reinbek bei Hamburg geboren worden und bereits ausgebildete Lehrerin, als sie ihre berufliche Tätigkeit unterbrach, um Geschichte, Geographie und Philosophie zu studieren, sobald dies Frauen in Deutschland möglich war. Als sie bei Beginn des Ersten Weltkriegs ein Mathematikstudium in Göttingen anschloß, lernte sie Leonard Nelson kennen, dessen philosophische und vor allem pädagogische Vorstellungen ihren eigenen reformpädagogischen Überlegungen Richtung und Ziel gaben. Während die Nelson-

Schüler ihrem Lehrer in tiefer Verehrung ergeben waren, wurde Minna Specht von ihnen geliebt. Sie strahlte Güte und Wärme aus und besaß eine natürliche Autorität. Sie war eine leidenschaftliche Pädagogin, die ihren Beruf ausschließlich in der freien Erziehung, niemals als Beamtin ausübte. [15] Minna Specht war bereits an der Gründung des Internationalen Jugendbundes beteiligt gewesen. 1924 konnte Leonard Nelson den Plan zur Schaffung einer eigenen Schule verwirklichen. Er hatte das Landerziehungsheim Walkemühle bei Melsungen in der Nähe von Kassel erworben und Minna Specht mit dessen Leitung betraut.

Unter dem Dach des Hauses Walkemühle befanden sich zwei Schulen, die nach reichlich gegensätzlichen Prinzipien geführt wurden: In der Erwachsenenabteilung wurden unter äußerst strengem Reglement die angehenden Funktionäre des Internationalen Jugendbundes geschult; Ziel war ihre Befähigung zu politischer Führerschaft. In der Kinderabteilung des Landerziehungsheims fand statt, was zum Teil der wesentlich später so genannten »antiautoritären Erziehung« nahekam. Die Kinder sollten ohne autoritären Druck zu selbständigen, eigenverantwortlichen Menschen herangebildet werden. [16] Es gab neben Lehrern auch Helfer, die in verschiedenen Handwerken ausgebildet waren und ihre Kenntnisse an die Kinder weitergaben. Gehälter erhielt niemand. Jeder bekam, was er zum Leben benötigte; wer Vermögen besaß, gab es der Schule. Lehrer, Helfer und Schüler lebten unter geradezu spartanischen äußeren Verhältnissen in einer sozialistischen Gemeinschaft zusammen, verrichteten alle notwendige Alltagsarbeit gemeinsam und duzten einander.

Allein diese Lebensform besaß erzieherische Bedeutung. Sie stand in krassem Widerspruch zur traditionellen Schule, deren Ziel nach Auffassung Nelsons die Anpassung der Kinder an die durch Erwachsene bestimmte Gesellschaftsordnung war. Die Kinderschule der Walkemühle aber sollte ein Ort – Nelson nannte ihn »Freistatt« – sein, an dem die noch unverdorbenen Mädchen und Jungen vor gesellschaftlich bedingten Zwängen geschützt und dadurch befähigt werden, die in ihnen vorhandenen positiven Anlagen zu entwickeln: Selbstvertrauen, Mut, Vernunft, Wahrheitsliebe, Gerechtigkeitssinn. [17]

Die Mitglieder des Internationalen Jugendbundes, in den die kleinen Besucher der Nelsonschen Kinderschule hineinwachsen sollten, hatten rigorose Forderungen zu erfüllen: Vegetarische Lebensweise aus Achtung vor dem Leben der Tiere; Verzicht auf Alkohol und Nikotin, weil Drogen aller Art die geistigen und körperlichen Kräfte schwächten; Kirchenaustritt, da nach Auffassung Leonard Nelsons nicht nur die marxistische Revolutionserwartung, sondern auch die christliche Lehre zu Passivität verleite; Teilnahme an intensiver philosophischer und politischer Schulung, für die die »Sokratische Methode« eingeführt wurde, die Erkenntnissuche durch den Dialog. [18]

Erich Lewinskis Sohn besuchte die von Minna Specht nach der Nelsonschen Pädagogik geleitete Kinderschule. Das selbstbestimmte Lernen und Arbeiten machte ihm Freude. Trotzdem war Tom Lewinski der kritischste unter jenen ehemaligen Schülern, die nach Jahrzehnten über ihre Eindrücke vom dem Landerziehungsheim befragt wurden. Den größten Fehler, so meinte Tom Lewinski, habe die Schule durch ihre Abschottung nach außen gemacht, jene Abschottung, die von Nelson als Schutz vor den repressiven, die Kinder deformierenden Einflüssen der Gesellschaft gedacht war: »Wir waren gemeinsam isoliert und zu sehr abgeschnitten vom Alltag um uns herum. Wir sind aufgezogen worden in einer eigentümlichen Atmosphäre von Idealismus, irgendwie abgehoben von der Wirklichkeit. Nachdem ich die Schule verlassen hatte, brauchte ich eine Menge Zeit, um zu begreifen, daß Theorie und Praxis nicht immer Hand in Hand gehen.« [19] Seine positivste Erfahrung war die Erziehung zu geistiger Selbständigkeit: »Sich alles selbst erarbeiten, Zusammenhänge begreifen, also: denken lernen.« [20]

Die jungen Erwachsenen besuchten die Walkemühle zu Lehrgängen, bei denen es sich häufig um Drei-Jahres-Kurse handelte. Inhaltlich unterstützt und wissenschaftlich fundiert wurden die Kursinhalte durch die 1922 gegründete Philosophisch-Politische Akademie, die mit einem eigenen Haus auf dem Walkemühle-Gelände auch Arbeits- und Übernachtungsmöglichkeiten bot. Die Entwicklung von Charakterstärke und Willenskraft zur Ausbildung von geistiger und politischer Führerschaft standen bei den mehrjährigen Lehrgängen im Vordergrund. »Die Einsicht in die rechten Ziele« sowie »die Stärke und Reinheit des Willens«, um das Erreichen der Ziele auch zu ermöglichen, dazu »das Organisationsgeschick in der Beherrschung der Mittel zur Verwirklichung dieser Ziele« [21] – das war es, was Leonard Nelson auf der Führerschule des IJB zuerst vermitteln wollte. Er betonte in diesem Zusammenhang aber, »daß diese Eigenschaften nicht gleichwertig nebeneinander stehen, sondern, daß den unbedingten Vorrang der Charakter hat. Denn ohne diesen muß selbst die wunderbarste Intelligenz und das raffinierteste Organisationsgeschick fruchtlos bleiben«. [22]

Für ein derartiges Training wurde den Kursteilnehmern, neben Abstinenz und Vegetarismus, auch der zeitweilige Abbruch aller Beziehungen mit der Welt außerhalb der Schule abverlangt; nicht einmal Briefe durften mit Familienmitgliedern und Freunden gewechselt werden. Das persönliche Leben wurde der Konzentration aller seelischen und geistigen Kräfte für die Ausbildung zu Unabhängigkeit und Willenskraft, für die Sammlung von Kenntnissen und vielseitiger Befähigung untergeordnet.

Nicht jeder besaß die Stärke, diesen außergewöhnlichen Anforderungen leichten Herzens zu genügen. Unter dem Einfluß ihres elf Jahre älteren Halbbruders Erich Lewinski war auch Eva Lewinski Mitglied des Nelson-Bundes geworden. Sie war zu einem Drei-Jahres-Kurs an der Walkemühle angenommen worden, fand sich leicht in den naturwissenschaftlichen Unterricht hinein, schätzte nach einigem Training die Sokratische Methode der geistigen Klärung von Fragestellungen, liebte die Lese- und Musikabende mit Minna Specht und Heinrich Nelson, dem von allen verehrten Vater Leonard Nelsons, und hatte, wie selbstverständlich, vorher akzeptiert, mit niemandem außerhalb der Walkemühle in Kontakt zu bleiben und auch innerhalb der Schule alle persönlichen Bedürfnisse hintanzustellen.

Sie hatte geglaubt, die Prüfung bestehen und einige Zeit ohne jede Gefühlsbindung lernend leben zu können. Aber sie hatte sich in sich selbst getäuscht. Sie sehnte sich nach ihrer Familie, wurde gequält von Gefühlen des Versagens, weil sie den Anforderungen der Schule nicht gerecht wurde, und gepeinigt von Schuldgefühlen, weil sie ihrer Mutter zumutete, sie drei Jahre lang nicht zu sehen. Daß sie freundschaftliche Gefühle für eine jüngere Mitschülerin und Glücksgefühle bei heimlichen Spaziergängen mit einem Kursteilnehmer empfand, widersprach ebenfalls den Reglements und stürzte sie in neue, immer dramatischer sich auswirkende Versagens- und Schuldgefühle.

»Und die ganze Zeit niemand, mit dem ich über den wachsenden Aufruhr in mir sprechen konnte. Das Gefühl der Schuld überwältigte mich, das Gefühl, ein Versager zu sein. Heute wissen wir, es war nicht überraschend, daß ich krank wurde. Es war keine organische Krankheit; ich wurde auch nicht auffällig in meinem Verhalten. Ich konnte nur nichts mehr essen; und wenn ich es tat, behielt ich nichts bei mir. Ich wurde schwer krank und entdeckte, daß dies vielleicht der einzige Ausweg für mich war. (...) Nach und nach verlor ich meine Schuldgefühle. Es muß eine beängstigende Erfahrung für die besorgten Menschen um mich gewesen sein: zu sehen, wie ich ihnen entglitt.« [23] Sie konnte den Lehrgang abbrechen. Doch der Zustand ihres entkräfteten Körpers besserte sich erst, nachdem Erich Lewinski in der Schweiz einen Arzt ausgekundschaftet hatte, der sie mit vegetarischer Kost und psychologischer Behandlung allmählich wieder auf die Beine brachte. »In Zürich wurde ich langsam ins Leben zurückgeführt. (...) Und ich habe gelernt, ehrlich gegenüber Gefühlen zu sein; nur wenn man sich ihnen stellt, ist man in der Lage, Konflikte zu lösen, statt an ihnen zu zerbrechen«. [24]

An Evas Einsatzbereitschaft für die Ideale Nelsons änderte das Erlebnis der psychosomatisch bedingten Erkrankung übrigens nichts. Noch von ihrem Genesungsaufenthalt in der Schweiz schrieb sie an Willi Eichler, der zum damaligen Zeitpunkt bereits die Nachfolge Nelsons angetreten hatte: »Noch ein paar Wochen (...) Pflege und Ruhe – und ich bin wieder voll arbeitsfähig. Du glaubst nicht, wie ich mich auf unsere Arbeit freue! (...) Grüße alle Genossen.« [25]

Nach der Genesung suchte sie sich einen Job; sie fand ihn im Ruhrgebiet, weit weg von Kassel und von der Walkemühle. Wie alle Aktiven betätigte sie sich weiter politisch, gegen Ende der Weimarer Zeit besonders im Kampf gegen den Nationalsozialismus.

Insgesamt scheiterten erstaunlich wenige unter den jugendlichen oder bereits erwachsenen Schülerinnen und Schülern der

Walkemühle. In den neun Jahren ihrer Existenz wurden in überwiegend mehrjährigen Intensivschulungen 30 junge Frauen und
Männer herangebildet, die alle befähigt waren, politische Verantwortung zu tragen – ein sehr kleiner, aber fundiert geschulter
Kreis von charakterfesten Persönlichkeiten.

Die politische Arbeit außerhalb des Nelson-Bundes gehörte
immer zum Selbstverständnis seiner Mitglieder. Sie betätigten
sich in verschiedenen linken Organisationen, darunter bis 1923
auch im Kommunistischen Jugendverband. In der Sozialdemokratie standen die Angehörigen des Internationalen Jugendbundes auf dem linken Flügel und erwarben dort durch ihre außergewöhnliche Einsatzbereitschaft zum Teil hohes Ansehen. Die
SPD-Führung jedoch betrachtete Grundauffassung und Aktivitäten der Nelson-Anhänger mit äußerstem Mißtrauen. 1925 beschloß sie die Unvereinbarkeit der gleichzeitigen Mitgliedschaft
in der Partei und im Internationalen Jugendbund; sie nahm dem
IJB dadurch dessen wichtigstes politisches Wirkungsfeld. Leonhard Nelson gründete daraufhin eine eigene Partei, den Internationalen Sozialistischen Kampfbund (ISK).

Während die Mitglieder im Jugendbund anfangs überwiegend
Studentinnen und Studenten Nelsons gewesen waren, schlossen
sich nach und nach, insbesondere dem ISK, auch Arbeiter und
Angestellte und eine Reihe von Lehrerinnen und Lehrern an. Sie
wirkten, parallel zur Mitgliedschaft im Kampfbund, weiterhin in
jenen Organisationen der Arbeiterschaft, die ihnen nach dem Un-
vereinbarkeitsbeschluß der SPD noch offenstanden, darunter in
den Gewerkschaften, im Freidenkerverband und im Arbeiterab-
stinentenbund.

Als Kaderpartei mit hürdenreichen Aufnahmebedingungen
und strengem Reglement hatte der Internationale Sozialistische
Kampfbund immer eine außergewöhnlich geringe Mitglieder-
zahl; im Kern der Organisation waren es etwa 300 Menschen, zum
Umfeld zählten 600 bis 1000 Freunde. Sie gruppierten sich um 32
ISK-Ortsvereine, die bis zum Ende der Weimarar Republik gegründet wurden. [26]

Die Forderungen an die Mitglieder, die theoretische Grundlage
des ISK und seine Organisationsstruktur entsprachen denen des
Jugendbundes. Allerdings galten für Funktionäre noch strengere

Richtlinien; sie mußten frei von persönlichen Bindungen bleiben und enorm hohe, nach Einkommen gestaffelte Beiträge zahlen. Nur so war die politische Arbeit zu finanzieren und die Gründung eines eigenen Verlages zu realisieren; er gab die Monatsschrift *ISK* und später die Tageszeitung *Der Funke* heraus. Eine andere Einnahmequelle des ISK gewann vor allem in der Zeit von NS-Herrschaft und politischer Illegalität eine weit über das Wirtschaftliche hinausgehende Bedeutung: die vegetarischen Gaststätten, die von Mitgliedern in verschiedenen deutschen Städten betrieben wurden. Nach ihrem Vorbild wurden später durch ISK-Emigranten im asylgewährenden Ausland ähnliche Restaurants gegründet – auch von Erich Lewinski. Mit dem von ihm sehr erfolgreich betriebenen Lokal konnte in der Emigration nicht nur seine Familie jahrelang in finanziell gesicherten Verhältnissen überleben; es gelang auch, vielen anderen zu helfen und Geld für die politische Arbeit im Exil beizutragen.

Diese Arbeit wurde bereits seit 1927 durch Willi Eichler geleitet; Leonard Nelson war im Alter von erst 45 Jahren in Göttingen gestorben.

Willi Eichler, 1896 in Berlin geboren, hatte nach der Heimkehr aus dem Ersten Weltkrieg Kontakt zum Internationalen Jugendbund gefunden und war bald enger Mitarbeiter Leonard Nelsons geworden; seit 1924 war er dessen persönlicher Sekretär. Nach dem frühen Tod seines Lehrers übernahm Eichler die Führung des Internationalen Sozialistischen Kampfbundes. Als Chefredakteur der ISK-Tageszeitung *Der Funke*, die 1932/33 bestand, mußte er 1933 emigrieren. In engem Kontakt mit dem ISK-Widerstand in Deutschland gab er von 1934 bis 1940 in Paris *Die Sozialistische Warte* heraus und war anschließend bis Kriegsende in London, seinem nächsten Exil, verantwortlich für *Europe Speaks*. Nachdem Eichler in England Gründungsvorstandsmitglied der »Union sozialistischer Organisationen in Großbritannien« geworden war, hatte er wesentlichen Anteil an den Bemühungen, die exilierten sozialistischen Gruppen, darunter auch den ISK, in die deutsche Nachkriegs-SPD zu integrieren. Auf ihre Progammatik nahm Eichler nach seiner 1946 erfolgten Rückkehr im Sinne eines ethisch begründeten Sozialismus-Verständnisses ganz erheblichen Einfluß. [27]

46

Während der vorangegangenen Jahre der Emigration war Willi Eichler bemüht, die Fäden zu den Mitgliedern des Nelson-Bundes nie abreißen zu lassen; viele von ihnen, auch die Lewinskis, fanden außerhalb Europas Asyl und waren auf die innere, die geistige Nähe zu den Freunden in besonderer Weise angewiesen. »Schreib, wenn du kannst, oft und viel«, bat Eva Lewinski Willi Eichler in einem Brief von einem Asylland ins andere. »Menschlicher und sachlicher Kontakt, wenigstens in Briefen, ist das einzige, was in diesen Zeiten, wenn er von wirklichen Freunden kommt, das Leben erträglich macht.« [28]

[1] Erich Lewinski: *Für Theoluz, meinen Sohn*, unveröffentlichtes Manuskript, Paris 1936, S. 71 f.   [2] Ebd., S. 72.   [3] Ebd.   [4] Ebd., S. 76.
[5] Das »Reichsbanner Schwarz-Rot-Gold« wurde zum Schutz der Republik im Februar 1924 in Magdeburg als Reaktion auf die bereits bestehenden und aktiven Kampfverbände der politischen Rechten gegründet. Das »Reichsbanner« verstand sich als überparteilich, war aufgrund seiner Mitgliederstruktur tatsächlich aber eine sozialdemokratisch bestimmte Organisation, zu deren Gründung der SPD-Vorstand auch ausdrücklich sein Einverständnis erklärt hatte.   [6] Nora Platiel: *Abschied von Theo Hüpeden* in: *Die Theatergemeinde – Kulturelle Monatsschrift für Kassel*, Heft 8/9, April/Mai 1959, S. 127 ff.   [7] Leonard Nelson: »Jacob Friedrich Fries und seine jüngsten Kritiker«, Promotion 1904.   [8] Es können im Rahmen der Lebensdarstellung Erich Lewinskis Leben und Lehre Leonard Nelsons nur soweit umrissen werden, wie sie für das Leben Lewinskis von Bedeutung waren. Deshalb sei an dieser Stelle auf die Fülle von Literatur von und über Nelson verwiesen, darunter insbesondere: *Leonard Nelson: Gesammelte Schriften in neun Bänden*, herausg. von Paul Bernays, Willi Eichler, Arnold Gysin, Gustav Heckmann, Grete Henry-Hermann, Fritz von Hippel, Stephan Körner, Werner Kroebel, Gerhard Weisser, Hamburg 1970–1977; Holger Franke: *Leonard Nelson – Ein biographischer Beitrag unter besonderer Berücksichtigung seiner rechts- und staatsphilosophischen Arbeiten*, Bd. 17 der Reihe Rechtswissenschaften der Wissenschaftlichen Beiträge aus Europäischen Hochschulen, Ammersbek bei Hamburg 1991; Minna Specht und Willi Eichler (Hg.): *Leonard Nelson zum Gedächtnis*, Frankfurt am Main und Göttingen 1953. (Der Gedenkband enthält außer Beiträgen naher Freunde und Mitarbeiter Leonard Nelsons auch ein Verzeichnis seiner Schriften); Werner Link: *Die Geschichte des Internationalen Jugendbundes (IJB) und des Internationalen Sozialistischen Kampfbundes (ISK) – Ein Beitrag zur Geschichte*

der Arbeiterbewegung in der Weimarer Zeit und im Dritten Reich, Band 1 der Marburger Abhandlungen zur Politischen Wissenschaft, Meisenheim am Glan 1964 – Kürzere Texte über Nelson finden sich u. a. in: Helga Haas-Rietschel, Sabine Hering: *Nora Platiel – Sozialistin, Emigrantin, Politikerin*, hier besonders der Beitrag von Susanne Miller: *Der Internationale Sozialistische Kampfbund*, Köln 1990; Karl-Heinz Klär: *Zwei Nelson-Bünde: Internationaler Jugendbund (IJB) und Internationaler Sozialistischer Kampfbund (ISK) im Licht neuer Quellen*, in: *Internationale wissenschaftliche Korrespondenz zur Geschichte der deutschen Arbeiterbewegung*, Heft 3, Berlin 1982; Walter Grab, Julius H. Schoeps (Hg.): *Juden in der Weimarer Republik*, hier der Beitrag von Susanne Miller: *Leonard Nelson und die sozialistische Arbeiterbewegung*, Stuttgart und Bonn 1986; *Wie Vernunft praktisch werden kann – Zur Aktualität des philosophischen Werkes von Leonard Nelson*, Ausstellungskatalog der Philosophisch-Politischen Akademie, Frankfurt am Main 1987. – Motivation und Haltung des ISK und seiner Mitglieder im politischen Widerstand werden besonders beleuchtet in: Susanne Miller: *Kritische Philosophie als Herausforderung zum Widerstand gegen den Nationalsozialismus* in: Wolfgang Abendroth, Lars Lambrecht, Axel Schmidt (Redaktion): *Antifaschismus oder Niederlagen beweisen nichts, als daß wir wenige sind*, Köln 1983   [9] Siehe dazu insbes.: Werner Link: *Der Internationale Jugendbund...*, a. a. O.; Karl-Heinz Klär: *Zwei Nelson-Bünde...*, a. a. O. [10] Nora Platiel: *Abschied von Theo Hüpeden*, a. a. O. [11] Erich Lewinski: *Für Theoluz...*, a. a. O., S. 77 f. [12] Erich Lewinski: *Von der Menschenwürde*, in: Minna Specht und Willi Eichler (Hg.): *Leonard Nelson...*, a. a. O., S. 271 ff. [13] Ebd. [14] Ebd. [15] Zu Minna Specht siehe u. a.: Hellmut Becker, Willi Eichler, Gustav Heckmann (Hg.): *Erziehung und Politik – Minna Specht zu ihrem 80. Geburtstag*, Frankfurt am Main 1960; Philosophisch-Politische Akademie (Hg.): *Erinnerung an Minna Specht aus Anlaß ihres 100. Geburtstags*, Frankfurt am Main 1980; Birgit S. Nielsen: *Erziehung zum Selbstvertrauen – Ein sozialistischer Schulversuch im dänischen Exil 1933-1938*, Wuppertal 1985; Inge Hansen-Schaberg: *Minna Specht – Eine Sozialistin in der Landerziehungsheimbewegung 1918-1951*, Bd. 22 der Reihe Studien zur Bildungsreform, hrsg. von Wolfgang Keim, Frankfurt am Main, Bern, New York, Paris 1992 (Darin ein Verzeichnis der Publikationen Minna Spechts, einschließlich ihrer Beiträge in *Der Funke*); Antje Dertinger: *Kopf und Herz der Kinder erschließen – Minna Specht lehrte Demokratie und Verantwortung* (Kurzporträt) in: dies.: *Frauen der ersten Stunde*, Bonn 1989.   [16] Siehe auch: Inge Hansen-Schaberg: *Minna Specht...*, a. a. O. [17] Vgl.: Alexander Dehms: *Leonard Nelson und die Walkemühle* in: Minna Specht und Willi Eichler (Hg.): *Leonard Nelson zum Gedächtnis*, a. a. O. [18] Siehe hierzu: Gustav Heckmann: *Das sokratische Gespräch, die Wahrheit und die Toleranz* in: Minna Specht und Willi Eichler (Hg.): *Leonard Nelson zum Gedächtnis*, a. a. O. [19] Mündl. Mitteilung von Tom Lewinski, Juli 1992, und Birgit S. Nielsen: *Erziehung zum Selbstvertrauen...*, a. a. O., S. 151 ff.   [20] Ebd.

[21] Leonard Nelson in einer Rede vom 8. 1. 1919, zitiert nach Holger Franke: *Leonard Nelson*, a. a. O., S. 160.   [22] Ebd.   [23] Eva Lewinski-Pfister, Otto Pfister: *To Our Children*, unveröffentlichtes Manuskript, Canoga Park, Kalifornien, USA, April 1979, S. 51.   [24] Ebd., S. 52. [25] Postkarte von Eva Lewinski aus Zürich an Willi Eichler in Göttingen, 1. 12. 1930, Archiv der sozialen Demokratie/ Friedrich-Ebert-Stiftung Bonn, ISK-Bestand, Mappe 23.   [26] Vgl.: Werner Link: *Die Geschichte des Internationalen Jugendbundes*..., a. a. O., S. 141 f.   [27] Zu Willi Eichler siehe: Sabine Lemke-Müller: *Ethischer Sozialismus und soziale Demokratie – Der politische Weg Willi Eichlers von ISK zur SPD*, Bonn 1988. [28] Brief von Eva Lewinski aus New York an Willi Eichler in London, 16. 1. 1941, Archiv der sozialen Demokratie / Friedrich-Ebert-Stiftung Bonn, ISK-Bestand, Mappe 39.

DIE VATERFIGUR

Erich Lewinski in Kassel, wie schon in Danzig, Königsberg und Breslau immer auf der Suche nach interessanten Menschen, hatte sich mit Bob Voremberg angefreundet, einem etwas älteren Kollegen, der nun, wie Erich, die Referendarzeit als Jurist absolvierte. Die Vorembergs waren jüdischer Herkunft und lebten in Grebenstein, einer Ortschaft, nur wenige Kilometer nördlich von Kassel gelegen. Dort besaßen Bobs Eltern, Herz und Caroline Voremberg, einen Hof, auf dem sie eine kleine Landwirtschaft und einen Viehhandel betrieben. Die Vorembergs hatten vier Kinder; neben Bob gab es noch den Sohn Ernst und die Töchter Dina und Herta. [1] 1923 lernte Erich Lewinski durch seinen Freund und Kollegen Bob Voremberg dessen Schwester Herta kennen. Wenige Monate später verlobten sie sich.

Herta Voremberg war in dem großen Wohnhaus des elterlichen Anwesens aufgewachsen. Der Erste Weltkrieg hatte Grebenstein nicht erreicht und Hertas Leben, ganz im Gegensatz zu Erichs im fernen Ostpreußen, kaum beeinträchtigt. »Ihr Leben hatte sich so ruhig und harmonisch abgespielt, wie es (...) in ihrem Wesen zum Ausdruck kommt.« [2]

Nachdem sich das Paar kennengelernt hatte, wurde Erich Lewinski oft nach Grebenstein eingeladen. Eine Unterbrechung der häufigen Besuche bei den Vorembergs gab es lediglich gegen Jahresende 1923, als Lewinski in Berlin die zweite juristische Staatsprüfung ablegte. Rechtzeitig zu seinem Geburtstag am 1. Januar 1924 war er zurück in Kassel; sein Onkel Max hatte ihm für diesen Tag einen komplett ausgerüsteten Pferdeschlitten zur Verfügung gestellt. Mit ihm ging es an jenem Neujahrstag in Begleitung von Freunden durch tief verschneite Wälder. »Es war wunderbar«, erinnerte sich Herta später. »Und als wir in einem kleinen Dorfgasthof einkehrten, geschah es: Erich bat mich, ihn zu heiraten, und ich sagte Ja.« [3]

Die Verlobung fand statt, kaum daß Erich Lewinski Herz Voremberg um die Hand seiner Tochter gebeten hatte. Eine Reise zur weitverzweigten Lewinski-Verwandtschaft in Berlin, Danzig, Königsberg und Goldap schloß sich an, Begegnungen, von denen Herta Lewinski noch Jahrzehnte später voll Wärme und Begeisterung sprach.

Wenig begeistert war die Führung des Internationalen Jugendbundes über die sehr private Bindung, die sein Mitglied Lewinski eingegangen war. Leonard Nelson war äußerst verstimmt und bat Minna Specht, Erich aufzusuchen und ihm die Heirat auszureden. Aber Minna Specht stand, als sie Nelsons Bitte nachkam, nicht nur dem entschlossenen Lewinski gegenüber, sondern auch der in dieser Sache nicht minder entschiedenen Herta Voremberg. Minna Specht kehrte nach Göttingen zu Nelson zurück, äußerte sich über Herta ausschließlich positiv und versuchte, Verständnis für die Verbindung der beiden zu wecken. Das muß ihr gelungen sein, denn Leonard Nelson bestand schließlich nur noch darauf, daß das Brautpaar seine Mitgliedschaft in der Jüdischen Gemeinde aufgab und sich der vegetarischen Lebensweise des Bundes anschloß.

Erich und Herta Lewinski heirateten im Mai 1925; ihre Hochzeitsreise führte sie nach Tremezzo am Comer See. Am 21. Februar 1926 wurde Theoluz , ihr einziges Kind, geboren.

Vor der Eheschließung hatte sich Herta bereits bemüht, Leonard Nelsons Forderungen nach vegetarischer Ernährung zu erfüllen. Das bereitete ihr, der auf dem Lande groß gewordenen Tochter eines Viehhändlers, anfangs mehr Schwierigkeiten als Erich Lewinski, der problemlos, von einem Tag zum anderen, aufgehört hatte, Fleisch zu sich zu nehmen.

Unterschiedlich wirkte auf beide, Erich und Herta Lewinski, auch die Forderung nach dem Austritt aus der Jüdischen Gemeinde. Diese Bedingung für die Aufnahme in den Nelson-Bund war in der Tat besonders hart. (Bei eingeschriebenen Sozialdemokraten, zum Beispiel, war es in Teilen Deutschlands, darunter in Sachsen, während der Weimarer Zeit üblich, spätestens mit der Übernahme eines Mandats den Austritt aus einer der christlichen Kirchen zu vollziehen; Juden waren von diesem Brauch aber ausdrücklich ausgenommen gewesen.) Herta Lewinski war in einer gläubigen Familie und im jüdischen Milieu einer kleinen hessischen Gemeinde aufgewachsen; sie besaß zeitlebens ein stärkeres jüdisches Bewußtsein als Erich Lewinski, der seit seinen Studienjahren Bekanntschaften und Freundschaften auch in seinem nicht-jüdischen Umfeld angeknüpft und gepflegt hatte. Insofern bedeutete der Austritt aus der Jüdischen Gemeinde für Herta Lewinski wesentlich mehr als für ihren Mann.

Der Sohn Erich und Herta Lewinskis berichtete später darüber:»Als mein Vater formell aus der Synagogengemeinde austrat, lehnten seine wohlhabenden Verwandten in Kassel das mehr oder weniger stark ab; aber das bereitete ihm keine schlaflosen Nächte. Dagegen waren die Eltern meiner Mutter sehr verletzt, ja geradezu außer sich, als sie erfuhren, daß ihre Tochter der Jüdischen Gemeinde den Rücken gekehrt hatte. Sie verstanden das einfach nicht; und ich bezweifle, ob sie ihr das je verzeihen konnten.« [4]

Tom Lewinski zeigte Verständnis für die Reaktion der Eltern seiner Mutter. Zwar ist er im Nelsonschen Sinn erzogen worden, gehörte nie einer Religionsgemeinschaft an und lebte sowohl aus Überzeugung als auch aus Gewohnheit konsequent vegetarisch; aber je älter er wurde, desto weniger Toleranz brachte er für die rigorosen Lebensregeln des Nelson-Bundes auf. Die Denkweise mancher seiner Mitglieder empfand er als »elitär«, ihr Verhalten als »selbstgerecht«. [5] Rückblickend beklagte Tom Lewinski auch, daß man ihm auf der Nelsonschen Kinderschule Intoleranz gegenüber Andersdenkenden vermittelt habe:»Im Grunde erlebten wir eine Art ›Gehirnwäsche‹, durch die uns suggeriert wurde, nur wir seien auf dem richtigen – nämlich Nelsons – Weg, der Rest der Welt folglich auf dem falschen.« [6]

Der Wandel, den Tom Lewinski als »Gehirnwäsche« empfand, hatte, bezogen auf seinen Vater, auch anderen Familienmitgliedern zu denken gegeben. Eva Lewinski, Erichs Schwester, schrieb im Dezember 1925 als damals fünfzehnjähriges Mädchen in ihr Tagebuch:»Ich möchte wissen, ob der Mensch sich immer weiterentwickelt, oder ob es an irgendeinem Zeitpunkt seines Lebens zu einem Stillstand der Entwicklung kommt. Erich, heute ein überzeugter Sozialdemokrat und Agnostiker, schreibt in [früheren] Briefen, die ich gerade nachgelesen habe, von seinem jüdischen Glauben, dem er immer treu bleiben werde (...). – Wie ist es nur zu diesen tiefgreifenden Veränderungen in seinen Überzeugungen gekommen? Wer weiß, wie lange er Sozialist bleiben wird? Vielleicht werden ihn andere Einflüsse in die entgegengesetzte Richtung leiten?« [7]

Das geschah niemals. Erich Lewinski blieb der Ideenwelt Leonard Nelsons lebenslang fest verbunden. Sie galt ihm als die einzig wahre Lebensphilosophie, die ihm in guten Zeiten Richtschnur war und in Zeiten allgemeiner Verunsicherung Halt und Zuversicht vermittelte. Lewinski war allerdings derart überzeugt von der Richtigkeit seiner Lebenseinstellung, daß er Andersdenkenden gelegentlich verständnislos gegenüberstand. Das mußte, besonders in seiner unmittelbaren Umgebung, zu Konflikten führen. »Das Problem war, daß er von anderen Menschen erwartete, daß sie so lebten, wie er es tat; und er verlor rasch die Geduld mit ihnen, wenn das nicht geschah.« [8]

Eine nicht beabsichtigte, aber psychisch katastrophale Wirkung hätte diese Haltung Lewinskis auf ein Kind haben können. Die Aufzeichnungen, die er seinem damals erst zehnjährigen Sohn aus dem Exil von Frankreich nach Dänemark schickte, enden mit der Darstellung des Wegs, auf dem Erich Lewinski seinen Lebenssinn gefunden hatte; es folgt die abschließende Bemerkung: »Wenn Du (...) nach gründlicher Überlegung aus freiem Entschluß zu demselben Weg kommen wirst, dann wird auch Dein Leben seinen Sinn haben, dann wirst Du nicht nur mein Sohn, sondern auch mein Freund sein.« [9] Tom Lewinski beurteilte diese Bemerkung kritisch: »Da ich zu jener Zeit in der spartanischen und idealistischen Atmosphäre der Nelsonschen Kinderschule lebte, habe ich diese Feststellung wahrscheinlich als völlig normal angesehen. Aber später, in der Rückschau, wurde mir klar, daß mein Vater ebensogut hätte sagen können: Wenn Du Dich nicht so entwickelst wie ich, dann ist Dein Leben sinnlos, und ich kann Dein Freund nicht sein.« [10]

Herta Lewinski, als erwachsene und als liebende Frau, bereitete die Einsicht in ihr bis dahin fremde Überzeugungen und Lebensgewohnheiten wenig Schwierigkeiten. Vor der Bekanntschaft mit ihrem Mann hatte sie keinen Kontakt zum Internationalen Jugendbund gehabt; doch sie trat der Organisation gern bei und integrierte sich trotz der rigiden Lebensregeln und der hohen

Im Internationalen Jugend-Bund: Erich Lewinski (rechts) und seine spätere Frau Herta Voremberg (links) mit politischen Freunden Anfang der zwanziger Jahre.

moralischen Anforderungen rasch in die neue Gemeinschaft. Kleinere faux pas, die ihr in der Anfangszeit unterliefen, irritierten sie damals zutiefst, warfen sie aber nicht aus der Bahn, zumal sie sich des Verständnisses ihres Mannes immer sicher sein konnte.

Erich Lewinski war ein gefühlsbetonter Mensch mit ausgeprägten künstlerischen Neigungen; er war warmherzig und voller Teilnahme für andere, hilfsbereit und, wie sein Sohn meint, übertrieben großzügig. Als ausgesprochen extrovertierter Mann besaß Lewinski eine ungewöhnliche Kontaktfähigkeit. Er entwickelte leicht und häufig spontane Sympathie zu Fremden – und war dann oft genug enttäuscht, wenn die bei näherer Betrachtung seinen hohen moralischen Anforderungen nicht entsprachen. Gleichzeitig war ihm eine gewisse Egozentrik eigen; Gefühle, Stimmungen, Empfindungen pflegte Lewinski nie zu verbergen – ob es sich um Anteilnahme, Freude, Enttäuschung oder Schmerz handelte. »Er verbirgt keines seiner Gefühle«, stellte seine Halbschwester Eva schon als sehr junges Mädchen fest. »Er hält nichts zurück; in seinen Briefen liegt seine Seele.« [11]

Sowohl sein extrovertiertes Wesen als auch seine sichere Verankerung in einer Lebensphilosophie machten es Lewinski leichter als in sich gekehrten und weltanschaulich weniger gefestigten Menschen, schwierige Lebenssituationen zu meistern. Nie scheint er völlig entmutigt gewesen zu sein. »Immer noch sieht es trübe aus«, schrieb er während des Krieges aus seinem New Yorker Exil an Minna Specht. »Mitunter sah es schon hoffnungslos aus. Aber auch in den schwärzesten Stunden, wo Unsicherheit der äußeren und inneren Situation, Zweifel, Mutlosigkeit, nicht enden wollende Müdigkeit mich überschwemmten, half der Gedanke, daß das Reich der Ideen und der Ideale unzerstörbar ist und das, was unserem Leben Sinn und Wert gibt, von unanfechtbarer Konstantheit.« [12] Nach über dreizehn Jahren Emigrationszeit, kurz vor seiner Rückkehr nach Deutschland, schrieb er einem Freund: »Ich bin pessimistischer als jemals in meinem Leben. Aber ich kann nie vergessen, was Nelson uns einst sagte: Was immer geschieht – wir müssen die Ausdauernden bleiben.« [13] Lewinski schrieb diesen Brief, wie die meisten während des Exils, in englischer Sprache; aber »die Ausdauernden« übersetzte er nicht.

Er besaß ein glückliches Naturell, wie es extrovertierten Menschen oft eigen ist; es ließ Lewinski positive Möglichkeiten auch dort erblicken, wo er, offenherzig wie immer, zunächst Negatives mitzuteilen hatte. Als er durch die langen Jahre der Emigration und die große räumliche Entfernung eine Entfremdung zwischen sich und der von ihm so sehr verehrten Minna Specht wahrzunehmen glaubte, beließ er es nicht bei der Mitteilung dieses Eindrucks: »Wenn Du hier wärest, würde ich mit Dir in ein Konzert des Budapester Streichquartetts gehen und mit Dir einige von den letzten Beethoven-Quartetts hören. Ich habe das Gefühl, dann würden wir uns wieder ganz verstehen.« [14]

Von seinem Sohn wurde Lewinski als »ein unverbesserlicher Optimist« beschrieben. [15] Er besaß die Gabe, bei allem Trennenden auch das Verbindende zu sehen, bei allem Schmerz auch das Tröstliche, bei allen umwälzenden Veränderungen in seinem persönlichen Leben auch die Chancen, die sich ihm dadurch boten, insbesondere die Chance zu neuen, oft überraschenden Erfahrungen. Als Lewinski kurz nach der Rückkehr aus seinem Asylland USA den aus dem englischen Exil heimgekehrten Willi Eichler in Köln besuchte, wurden, das versteht sich von selbst, viele Erfahrungen aus der Emigrationszeit ausgetauscht. Eichlers Ehefrau Susanne Miller stellte bei diesem ersten Wiedersehen erstaunt fest: »Ich hatte den Eindruck, daß die Erfahrungen im Exil keinerlei Bitterkeit bei ihm hinterließen, sondern eher ein Gefühl der Bereicherung seiner Lebenserfahrung – zum Beispiel die Bereicherung, als Tellerwäscher in New Yorker Restaurants Menschen aus sehr unterschiedlichen Milieus erlebt und kennengelernt zu haben.« [16]

Auffallend war auch Lewinskis ausgeprägte soziale Einstellung; sie stand in direktem Zusammenhang mit seiner Vorstellung von Menschenwürde, die sich bereits entwickelte, ehe er im Sozialismus und durch die Nelsonsche Ethik eine geistige Heimat fand. Erich Lewinski hat seine Vorstellung von Menschenwürde später an vielen Stellen formuliert. [17] Sie hatte aber immer auch praktische Konsequenzen in seiner Einsatz- und Hilfsbereitschaft gegenüber den Mitmenschen, nahen und ferner stehenden. Schon als Student, nach dem Tod des Vaters, empfand er Verantwortung für die große hinterbliebene Familie; er übernahm diese Verantwortung, sobald ihm das finanziell möglich war. Nach dem Zweiten Weltkrieg, noch im Asylland, als es ihm selbst alles andere als glänzend ging, schickten er und seine Frau Lebensmittelpakete nach Deutschland; dann, zurückgekehrt in die Trümmerlandschaft seiner Heimat, setzte er sich für Flüchtlinge aus der sowjetischen Besatzungszone ein. Und weil er damals selbst nichts besaß, das er ihnen hätte geben können, bat er für sie bei seinen Freunden in Amerika.

Aus der Emigrationszeit berichtete Otto Bennemann, späterer Braunschweiger Oberbürgermeister und niedersächsischer Landesminister, ein Erlebnis, das Lewinskis rückhaltlose Fürsorge und Hilfsbereitschaft bezeugt. Die beiden sehr unterschiedlichen Männer kannten einander aus dem Internationalen Sozialistischen Kampfbund seit 1927, begegneten sich vor Beginn der NS-Herrschaft zuletzt im Herbst 1932 und sahen sich im Mai 1938 in Frankreich wieder, nachdem auch Bennemann hatte flüchten müssen. Erich Lewinski betrieb damals schon einige Jahre eine vegetarische Gaststätte in Paris; er kümmerte sich um den exilunerfahrenen Neuankömmling, der keine Aufenthaltsgenehmigung erhalten hatte, jedoch auf der Reise von Zürich nach England unbedingt die Freunde aus der Pariser ISK-Gruppe treffen wollte.

»Am 7. Mai 1938, einen Tag vor meiner Abreise nach Dover«, so erinnerte sich Otto Bennemann, »trafen wir uns im Büro seines Restaurants zu einem Abschiedsgespräch. Er gab mir aus seiner reichen Emigrationserfahrung sehr wertvolle Ratschläge für die Einreiseformalitäten nach England, besonders aber für die mir bevorstehenden Befragungen und Kontrollen durch die englischen Immigration Officers. Es gab zu jener Zeit noch keinen Visumszwang für Deutsche. Deshalb waren die Befragungen und Kontrollen sehr gründlich, ganz besonders für politische Emigranten aus Deutschland.« [18] Lewinski empfahl Bennemann dringend, stets bei der Wahrheit zu bleiben, sich auf keinen Fall in Widersprüche zu verwickeln, aber zu verschweigen, daß er seine politische Arbeit auch im Exil fortsetzen wolle. Dann fragte er Bennemann, ob er mit ausreichend Geld versorgt sei.»Sie werden dich fragen, wovon du leben willst; und ohne Nachweis von genügend Geld gibt es Schwierigkeiten für deine Einreisegenehmigung.‹ Außer Reise- und ein wenig Taschengeld hatte ich nichts. ›So geht es nicht!‹ – das waren seine Worte. Er stand auf, ging zu seinem Geldschrank, kam zurück zu mir mit einem ziemlich dicken Stoß von Banknoten wertvoller Valuta, vor allem Dollar, englische Pfunde, Schweizer Franken. Ohne große Worte, ohne es zu zählen und ohne Quittung gab er mir das Geld. ›Es ist ein Teil meiner Betriebsmittel; schicke mir zurück, was du nicht unbedingt brauchst.‹ Auch ich habe das Geld niemals gezählt; aber ich weiß, es war für die damalige Zeit eine große Summe. Wie von Erich Lewinski erwartet, wurde ich bei der Einreise nach England nach meinem Geldbesitz und den Mitteln für meinen Lebensunterhalt befragt. Ich zeigte dem Immigration Officer meine Brieftasche mit dem Stoß des Geldes. (...) Durch Erich Lewinski hatte ich gewonnen. Die Befragung war zu Ende. Ich bekam meine erste Aufenthaltsgenehmigung für zwei Monate.« [19]

Wer Erich Lewinski kennenlernte, der schien ihn auf Anhieb gemocht zu haben. Er besaß eine Ausstrahlung von Herzlichkeit und froher Lebensbejahung, der sich nur wenige zu entziehen vermochten. Seine Güte, seine Art »mit weit geöffneten Armen« [20] auf Menschen zuzugehen und sie »an seine breite Brust zu drücken« [21], scheinen unwiderstehlich, ja mitreißend gewirkt und die meisten, die ihm begegneten, für ihn eingenommen zu haben. Dabei war Erich Lewinski, nüchtern, etwa auf Fotos, betrachtet, nicht gerade ein attraktiver Mann; dies bezeugen Menschen, die ihn in verschiedenen Lebensphasen gekannt hatten. Eine politische Mitstreiterin und gute Bekannte Lewinskis, jüdischer Herkunft wie er, sah in ihm »einen ausgeprägt jüdischen Typus, und da er wirklich ein wenig einnehmendes Äußeres hatte, entsprach er stark dem Bild, das später die Nationalsozialisten von ›dem Juden‹ vermittelten.« [22]

Erich Lewinskis Gestalt war hochgewachsen und neigte schon in jungen Jahren zur Korpulenz. Er wog, wechselnd, 100 bis 120 Kilo und hatte immer mit Gewichtsproblemen zu kämpfen, die ihm auch gesundheitlich zu schaffen machten; seine Mutter und seine Frau nannten ihn selten anders als »Dicker«. [23] »Er hatte eine Schwäche für gutes Essen«, erinnerte sich sein Sohn. »Dieser Schwäche gab er auch dann nach, wenn es seiner Gesundheit zuträglicher gewesen wäre, es nicht zu tun. Das ist um so eigenartiger, als er geradezu besessen von der Beobachtung seines eigenen Gesundheitszustandes war; in dieser Hinsicht neigte er sogar zur Dramatisierung.« [24]

Seine äußere Erscheinung – massige Gestalt, gewelltes, dunkelbraunes Haar und ebenso dunkle Augen – versuchte Erich Lewinski offenbar durch jenen üppigen Schnauzbart, mit dem man ihn in der zweiten Lebenshälfte kannte, ansprechender zu gestalten. Er ließ ihn erst während einer längeren Krankheit im Pariser Exil wachsen und »sah damit ein bißchen französisch aus«, wie seine Frau fand [25]; aber ein schöner Mann wurde er auch dadurch nicht. Es war sein Wesen, das ihn attraktiv machte.

Ganz anders, in nahezu jeder Hinsicht, war Herta, Erich Lewinskis Frau. Mit ihrer beträchtlich geringeren Körpergröße, ihrer schlanken Gestalt, ihrem dunkelgelockten Haar und den dunkelbraunen Augen war sie eine auffallend schöne Frau. Durch stets adrettes Aussehen und hübsche Kleidung pflegte sie diesen Eindruck, selbst in Zeiten materieller Not, zu unterstreichen. Allerdings besaß sie auch die Gabe, ihre Kleider mit Phantasie und einigen Kleinigkeiten à la mode zu gestalten. »Ein selbstgenähter Kragen, ein kleines Tuch, ein paar bunte Knöpfe – aus scheinbar nichts machte sie ein hübsches neues Kleid.« [26]

In ihrem Wesen war Herta Lewinski kein Spiegelbild ihres Mannes, sondern eher dessen glückliche Ergänzung. Ihr Temperament war weitaus ruhiger als seines, ihre Haltung gegenüber Fremden zunächst abwartend. Sie brauchte Zeit, um Vertrauen zu Menschen zu entwickeln, gewann aber auf ihre stillere Weise ebenfalls treue, zuverlässige Freunde, mit denen sie lebenslang in Verbindung stand und die sie, besonders nach dem Tod Lewinskis, auf ihren zahlreichen Reisen immer wieder besuchte. Freunde und Verwandte aus Kassel und seiner Umgebung versammelte sie häufig und gern in ihrer Wohnung um sich. Wie ihr Mann zeigte sich auch Herta Lewinski stets großzügig; doch, zurückhaltend wie sie war, sah sie sich die Menschen, die ihrer Hilfe bedurften, zunächst genau an.

Einen Beruf hatte sie niemals erlernt. Als Schreibkraft und Bürogehilfin in der Kanzlei ihres Mannes war sie aber dennoch berufstätig. Das war um so bemerkenswerter, als sie gleichzeitig einen außergewöhnlich großen Haushalt zu führen hatte, in dem freilich ihre Schwiegermutter tatkräftig mithalf. Die zahlreichen Angehörigen ihres Mannes – und später die Freunde im Exil – erlebten Herta Lewinski als entschlossene, zupackende und tapfere Frau. Zwar entstammte Herta Lewinski einer großen Familie; aber schon bald nach ihrer Heirat mußte sie sich an eine noch größere gewöhnen, denn Erich hatte auch über Eheschließung und Geburt des Sohnes nicht vergessen, daß er schon lange vorgehabt hatte, seine Stiefmutter und seine Halbgeschwister nach Kassel zu holen. Zwischen dem Ehepaar Lewinski war dieser Plan kein kontroverser Diskussionsgegenstand gewesen. Trotzdem war die Situation für Herta nicht leicht; sie war jung verheiratet, hatte ihr Baby bekommen und mußte kurz darauf ihr Leben mit den aus Ostpreußen übergesiedelten heranwachsenden Halbgeschwistern ihres Mannes und mit dessen Mutter teilen. Glücklicherweise faßte Herta Lewinski zu ihrer Schwiegermutter eine tiefe, dauerhafte Zuneigung; und Eva Lewinski, die ältere unter den Halbschwestern ihres Mannes, wurde ihre beste Freundin.

Charlotte Lewinski hatte nach dem frühen Tod ihres Mannes mit ihren vier Kindern in äußerst bescheidenen Verhältnissen in Goldap gelebt; sie war von ihrer zahlreichen Verwandtschaft unterstützt worden, gerade dadurch aber in ihren Entscheidungen alles andere als unabhängig gewesen. Da sie nie wieder heiratete, überschüttete sie ihre Kinder mit der in ihr vorhandenen Liebe, mit Zuwendung und Fürsorge. Das wirkte auf Eva, Hans, Rudi und Ruth Lewinski nicht nur positiv. Eva, das älteste Kind, war beim Tod von Louis Lewinski erst acht Jahre alt gewesen. »Wir wuchsen auf in einer liebevollen Erinnerung an unseren Vater, aber tatsächlich ohne Vater. Das war für unsere Entwicklung zweifellos problematisch. Mutter gab uns ungeheuer viel Liebe. Aber sie war ihrerseits auch von uns Kindern emotional abhängig, ganz besonders von Erich und von mir. Ich als ältestes zu Hause lebendes Kind mußte schon dann alle ihre Sorgen teilen, als ich noch viel zu jung war, um damit fertig zu werden.« [27] Erich Lewinski, elf Jahre älter als seine Halbschwester Eva und neunzehn Jahre älter als seine jüngste Halbschwester Ruth, sah diese Probleme, fühlte sich verantwortlich für deren Lösung und war auch bestrebt, seine Stiefmutter Charlotte zu entlasten; er nannte sie übrigens nie anders als »Mutti«.

Als jungverheiratete Eheleute hatten Erich und Herta Lewinski zunächst nur in zwei Zimmern zur Untermiete gelebt. In der Kasseler Kaiserstraße fand sich jedoch bald eine sehr geräumige Wohnung, die geeignet war, eine Großfamilie zu beherbergen. Erich, noch nicht einmal dreißig Jahre alt, verstand sich als Oberhaupt der nun achtköpfigen Lewinski-Familie. »Für uns alle, besonders aber für die beiden kleinsten, Rudi und Ruth, war er die Vaterfigur«, erinnerte sich Eva Lewinski. »Aber keines von uns Kindern machte es ihm leicht zu schaffen, was er aus einem Gefühl von Liebe und Pflicht meinte, tun zu müssen. Da er nicht unser Vater war, sich aber wie ein solcher verhielt, widersetzten wir uns ihm oft. Das war auch für unsere Mutter und vor allem für Herta keine leichte Situation.« [28]

War Erich Lewinski dennoch ein guter Vater? – Sein Sohn Tom, der ihn unter den nächsten Angehörigen am seltensten erlebt hat, sieht ihn notwendigerweise distanziert: »Mein Vater (...) war ein außergewöhnlicher Mensch.« [29] Ob er unter normalen Lebensumständen, also ohne Verfolgung und Emigration, ein guter Vater gewesen wäre, bezweifelt Tom Lewinski. Denn immer, so sagt er, wäre das, was für Erich Lewinski Priorität gehabt hätte, der alles entscheidende Faktor gewesen; zu wenig Gewicht hätten andere Aspekte gehabt, darunter auch die Bedürfnisse des Kindes Theoluz, das er einst gewesen war. »Wäre mein Vater andererseits ein sehr stiller, in sich gekehrter, bescheidener Mensch gewesen – er wäre nie in der Lage gewesen zu schaffen, was er erreicht hat.« [30]

Während Eva und Hans, die beiden älteren Kinder von Charlotte Lewinski, nur kurze Zeit im Kreis der großen Familie in Kassel unter einem Dach lebten, vertrat Erich Lewinski an den beiden jüngeren Halbgeschwistern lange die Vaterstelle – und erlebte in dieser Rolle den Generationenkonflikt. Viele Jahre später, als die Mitglieder der Lewinski-Familie auf drei Kontinente verstreut waren, konnte Ruth die aus der Kindheit mitgetragenen Gefühle der Trauer, der Verletzung und des Zorns erst mitteilen; offenbar hatte sie das bestimmende Auftreten ihres Halbbruders und Vaterersatzes am wenigsten leicht ertragen können und war, nach eigener Einschätzung, ein »schreckliches«, »widerspenstiges«, »renitentes« Kind geworden. [31] Freilich lastete sie Lewinski in der Rückschau manches an, was unter günstigeren Lebensumständen eine Tochter in jungen Jahren mit ihrem Vater hätte austragen sollen. »Es waren lauter Kleinigkeiten von jeweils geringer Bedeutung«, so schrieb sie zwei Jahrzehnte nach der gemeinsamen Zeit in Kassel; »aber zusammengenommen machten sie mich verbittert und noch aufsässiger als ich ohnehin schon war (...). Zum Beispiel ließest Du nicht zu, daß Fleisch oder Wurst im Haus war. Ich muß Dir gestehen, daß fast immer Wurst im Haus war; ich hielt sie unter meiner Matratze versteckt. Ich habe nie eine gekauft, bekam sie aber immer von meinen Schulfreunden. Dieses Geheimnis zu haben und gezwungen zu sein, es zu verbergen, ist nicht sehr günstig für die Gemütslage eines Kindes. (...) Da ich nicht in Deine Fußstapfen trat, pflegten Deine vegetarischen Freunde mich zu verspotten und ›Fleischfresser‹ zu nennen; ich wurde von ihnen wie ein Außenseiter behandelt. Je mehr ich das fühlte, desto renitenter wurde ich.« [32] Auch bei anderen Anforderungen an seine kleine Schwester scheint Erich Lewinski pädagogisch keine sehr glückliche Hand gehabt zu haben. Viele Putzarbeiten im Haus, die sie vor dem Schulbesuch zu erledigen hatte, waren Ruth als tägliche Pein im Gedächtnis geblieben, ebenso die aus ihrer Sicht überzogenen Erwartungen an ihren Lerneifer, die sie an einem anschaulichen Beispiel schilderte. »Zwar war ich ziemlich dumm und faul. Aber wenn ich Dich etwas wegen Algebra fragte, kam ich, in Tränen aufgelöst, aus Deinem Zimmer und mußte das Abc oder die Namen der fünf Kontinente lernen.« [33] In Erinnerung blieb Ruth auch, von ihrem um so viele Jahre älteren Bruder häufig gescholten worden zu sein; er war ein ungeduldiger Mensch. »Heute verstehe ich, daß Du auch mich liebtest und nur Gutes für mich wolltest; aber unglücklicherweise hast Du keine Möglichkeit gefunden, dies in mir zugänglicher Weise zu zeigen. Das ist nicht Dein Fehler gewesen; es ist Deine Natur.« [34] Tom Lewinski vermutete später, sein Vater habe möglicherweise selbst erkannt, daß er nicht der ideale Erzieher war; er habe ihn, Tom, vielleicht gerade deshalb in das Nelsonsche Landerziehungsheim gegeben. »Jedenfalls tat er es mit Sicherheit in der allerbesten Absicht.« [35]

Erich Lewinskis nur um weniges jüngerer Bruder Ernst, der

Maschinenbau studiert hatte, war schon kurz nach Ende des Ersten Weltkriegs im Auftrag eines in Berlin ansässigen Konzerns nach Südafrika gegangen; dort nannte er sich Ernest Lenning. Noch ehe in Deutschland die Judenverfolgung ihre schlimmsten Ausmaße annahm, schlug er seinen jüngsten Halbgeschwistern, Rudi und Ruth Lewinski, vor, ebenfalls nach Südafrika zu kommen. Rudi folgte diesem Vorschlag recht bald; und einige Zeit darauf wanderte auch Charlotte Lewinski mit ihrer Tochter Ruth nach Südafrika aus.

Dort legte sie aus praktischen Erwägungen ihren Ehenamen ab und nannte sich, englisch ausgesprochen, Martin. Dies war der zweite Vorname von Rudi Lewinski, den dieser bereits als Familiennamen angenommen hatte. Rudi Martin diente in der südafrikanischen Armee und wollte während des Zweiten Weltkriegs im Falle eines Einsatzes gegen deutsche Truppen, insbesondere im Fall einer Gefangennahme, nicht schon durch den Namen als deutschstämmiger Jude erkennbar sein. Aus demselben Grund wechselte sein Bruder Hans Lewinski den Namen. Hans, der Lehrer wurde, diente nach der Emigration in der britischen Armee und nahm dort zunächst den Namen Hans Martin, dann den Namen John Martin an. [36]

Es lag nicht nur an der räumlichen Distanz, daß sich Erich Lewinski dem Bruder Ernst und den Halbgeschwistern Rudi und Ruth am wenigsten verbunden fühlte. Zu Ernst hatte Erich schon in der Kindheit kein nahes Verhältnis entwickeln können; er war ihm auch geistig fremd. Für Rudi und Ruth, die jüngsten Halbgeschwister, war er vielleicht zu sehr Vaterersatz gewesen, um Bruder sein zu können. Die älteren Halbgeschwister Eva und Hans standen Erich Lewinski dagegen lebenslang außerordentlich nahe, emotional wie auch im Geistigen und Politischen.

Selbstverständlich war Erich Lewinski erst dann in der Lage, zur Verbesserung auch der wirtschaftlichen Verhältnisse seiner großen Herkunftsfamilie beizutragen, nachdem er sich beruflich etabliert hatte. 1924, gleich nach seinem zweiten juristischen Staatsexamen, war er als Junior-Partner in die Rechtsanwaltspraxis Katzenstein an der Unteren Königstraße 63 in Kassel eingetreten. Nachdem sein Senior-Sozius gestorben war, übernahm Lewinski im Juli 1929 dessen Kanzlei und fand 1930 in Hans Reinach einen Partner. Reinach gehörte zur weitläufigen Lewinski-Familie. Er hatte eine Cousine Erichs geheiratet, die Tochter von Wanda Wallach; sie war unter den zahlreichen Geschwistern von Erichs Vater Louis Lewinski dessen einzige Schwester gewesen. Als junger Rechtsanwalt hatte sich Erich Lewinski zunächst auf kein bestimmtes Gebiet spezialisiert. Er war anfangs in erster Linie mit zivilrechtlichen Angelegenheiten befaßt und vertrat Kasseler Industrieunternehmen ebenso wie Scheidungswillige. Ein zunehmend gefragter Anwalt wurde er gegen Ende der zwanziger Jahre, mehr noch Anfang der dreißiger Jahre; denn damals fungierte er immer häufiger als Strafverteidiger von Menschen, die als Gegner der zusehends einflußreicher werdenden Nationalsozialisten hervorgetreten und angeklagt waren. In einer rückschauenden Beurteilung aus der frühen Nachkriegszeit heißt es darüber:»Im Kampf gegen die stärker werdenden Nazis (hat er sich) in die vorderste Front gestellt. Namentlich als Verteidiger antifaschistischer Kämpfer hat er sich in den sich mehrenden politischen Prozessen so exponiert wie kein anderer Anwalt in der ganzen Provinz.« [37] Dabei ist »er nicht nur nazifreundlichen Staatsanwälten, sondern auch sehr häufig dem damaligen ersten Kasseler Nazianwalt (...), Dr. Roland Freisler, aufs schärfste entgegengetreten«. [38]

[1] Siehe Anhang: Familienübersicht Lewinski/Voremberg.   [2] Erich Lewinski: *Für Theoluz, meinen Sohn*, unveröffentlichtes Manuskript, Paris 1936, S. 74.   [3] Bericht Herta Lewinski, zitiert in Tom Lewinski: *What happened to the Lewinskis?*, unveröffentlichtes Manuskript, Holland-on-Sea, England 1987, S. 4.   [4] Mündl. Mitteilung von Tom Lewinski, Holland-on-Sea, Juli 1992, siehe auch Tom Lewinski: *What happened...*, a.a.O., S. 13.   [5] Mündl. Mitteilung von Tom Lewinski, Holland-on-Sea, Juli 1992.   [6] Tom Lewinski: *What happened...*, a.a.O., S. 13.   [7] Eva Lewinski-Pfister, Otto Pfister: *To Our Children*, unveröffentlichtes Manuskript, Canoga Park, Kalifornien, USA, April 1979, S. 12.   [8] Schriftl. Mitteilung von Tom Lewinski, Holland-on-Sea, 7. 2. 1993.   [9] Erich Lewinski: *Für Theoluz...*, a.a.O., S. 78.   [10] Schriftl. Mitteilung von Tom Lewinski, Holland-on-Sea, 7. 2. und 21. 2. 1993.   [11] Eva Lewinski-Pfister, Otto Pfister: *To Our Children*, a.a.O., S. 12.   [12] Erich Lewinski an Minna Specht, New York City, 20. 8. 1941.   [13] Erich Lewinski an Dr.

Meiklejohn, Forest Hills, New York, 20. 8. 1946. [14] Erich Lewinski an Minna Specht, Forest Hills, New York, 8. 12. 1944. [15] Schriftl. Mitteilung von Tom Lewinski, Holland-on-Sea, 15. 1. 1993. [16] Mündl. Mitteilung von Susanne Miller, Bonn, Januar 1993. [17] Vgl. Erich Lewinski: *Von der Menschenwürde*, in: Willi Eichler, Minna Specht (Hg.): *Leonard Nelson zum Gedächtnis*, Göttingen 1953, S. 271 ff.; *Erfahrungen und Lehren der Emigration*, Vortrag, gehalten in der Volkshochschule Kassel am 24. 7. 1947; *Vom Beruf des Richters*, Vortrag, gehalten im Referendar-Verein Kassel, 26. 11. 1952. [18] Schriftl. Mitteilung von Otto Bennemann, Braunschweig, 18. 4. 1993. [19] Ebd. [20] Mündl. Mitteilung von Hans Mangold, Kassel, 29. 7. 1993. [21] Mündl. Mitteilung von Susanne Miller, Bonn, Januar 1993. [22] Mündl. Mitteilung von Susanne Miller, Bonn, August 1992. [23] Schriftl. Mitteilung von Tom Lewinski, Holland-on-Sea, 15. 1. 1993, siehe auch: die Korrespondenz zwischen Charlotte Lewinski (d. i. Charlotte Martin) und Erich Lewinski während der Zeit der Emigration. [24] Schriftl. Mitteilung von Tom Lewinski, Holland-on-Sea, 7. 2. 1993, und mündl. Mitteilung, Bonn, Juli 1993. [25] Bericht von Herta Lewinski, zitiert in Tom Lewinski: *What happened...*, a. a. O., S. 38. [26] Mündl. Mitteilungen von Susanne Miller, Bonn, August 1992, Januar 1993. [27] Eva Lewinski-Pfister, Otto Pfister: *To Our Children*, a. a. O., S. 13. [28] Ebd., S. 16. [29] Tom Lewinski: *What happened...*, a. a. O., S. 130. [30] Mündl. Mitteilung von Tom Lewinski, Holland-on-Sea, Juli 1992, und schriftl. Mitteilung, 7. 2. 1993. [31] Ruth Levy, geb. Lewinski, an Erich Lewinski, Johannesburg, Südafrika, 28. 2. 1947. [32] Ebd. [33] Ebd. [34] Ebd. [35] Schriftl. Mitteilung von Tom Lewinski, Holland-on-Sea, 7. 2. 1993. [36] Mündl. Mitteilung von Tom Lewinski, Holland-on-Sea, Juli 1992; siehe auch Anhang: Familienübersicht Lewinski/ Voremberg. [37] Schreiben von Oberregierungsrat Theodor Hüpeden, Oberpräsidium Kurhessen, an die US-Militärregierung, Kassel, 29. 7. 1945.

LEWINSKI CONTRA FREISLER

Die zweite Hälfte der zwanziger Jahre war für Erich Lewinski eine Zeit positiver großer Veränderungen gewesen – berufliche Etablierung, Heirat, Geburt des Sohnes, Festigung seines Engagements im Internationalen Sozialistischen Kampfbund. Die Kasseler Gruppe des ISK bildete einen der stärkeren Ortsvereine des Nelson-Bundes. Das bedeutete – auch für Göttingen, Berlin, Köln, München oder Leipzig – Mitgliederzahlen von durchschnittlich höchstens zwei Dutzend Personen. Doch es gab einen größeren Interessentenkreis, besonders nachdem durch Willi Eichler die politische Außenwirkung der Partei unter anderem mit Hilfe der Monatszeitschrift *isk* und mit Hilfe von monatlichen Lesertreffen intensiviert wurde. Das Blatt erreichte bis 1930 mit über 100 000 Stück pro Ausgabe eine sehr beachtliche Auflage; es wurde, wie auch die später gegründete Tageszeitung *Der Funke*, durch Mitglieder an die Leser gebracht. [1]

Eva Lewinski, die in den Jahren vor Beginn der NS-Herrschaft in Essen lebte, berichtete ihren Kindern von den außerordentlichen Anstrengungen, mit denen *Der Funke* in Berlin redaktionell und technisch produziert wurde, um anschließend täglich von der kleinen Mitgliederschar im ganzen Reichsgebiet verkauft zu werden – »in den Straßen, an Häuserecken, in Cafés, vor Fabriktoren, von Haus zu Haus, sonntags auf dem Fahrrad auch außerhalb der Städte. Ich werde nie den erschöpften Blick der Bergleute vergessen, wenn sie aus dem Pütt kamen, bleich, staubbedeckt, kraftlos gehend. Ich vergesse nicht die bescheidenen Mietshäuser, in denen sie lebten, und nicht die Kinder. In Gaststätten begegneten mir oft Prostituierte; sie kauften meine Zeitung – vielleicht nicht, um sie zu lesen, sondern einfach, weil ich allein und ein junges Mädchen war?« [2]

»Ich kann die Angst nicht vergessen, die ich hatte, als ich vor einem großen Geschäft auf und ab ging und dabei rief: ›*Der Funke!* – Seid einig gegen die Nazis!‹ Und während ich auf und ab ging, genauer gesagt, marschierte, waren hinter mir uniformierte SA-Männer. Würden sie mich anrempeln, würden sie ein Messer ziehen? Man fühlte blanke, eisige Angst; aber man ging weiter. Es war furchterregend; man sah damals ja auch nicht oft junge Mädchen, die ganz allein waren und in dieser Weise politische Arbeit taten.« [3]

Da hatte es Erich Lewinski leichter – als älterer Mensch und als Mann. Andererseits besaß er allein durch seine berufliche Tätigkeit ein erhebliches Maß an Aufmerksamkeit. Diese Aufmerksamkeit verstärkte sich, je mehr die Nationalsozialisten in Kassel an Einfluß gewannen; sie richtete sich gegen den Juden und gegen den engagierten Sozialisten.

Die deutschen Richter – überwiegend konservativ, deutschnational, sogar nationalistisch orientiert – hatten in ihrer Mehrzahl die Weimarer Republik abgelehnt; mindestens standen sie ihr mit größtem Mißtrauen gegenüber. In der Urteilsfindung bei politischen Strafsachen pflegten viele »auf dem rechten Auge blind« zu sein. Harte Strafen gegen die politische Linke korrespondierten mit milden Urteilen, wenn nicht gar mit Freisprüchen gegen Angeklagte aus dem konservativ-nationalsozialistischen Lager – und zwar schon vor 1933.

Im September 1932 erhielt die Kasseler Generalstaatsanwaltschaft mit Erich Trautmann einen neuen Chef. Der verbat sich zwar jede direkte Einflußnahme durch NSDAP-Stellen, exekutierte jedoch nach dem 30. Januar 1933 durchaus deren Politik der Niederschlagung aller links-oppositionellen Kräfte. An den Kasseler Gerichten, besonders am dortigen Oberlandesgericht, wirkten überzeugte Nazi-Gefolgsleute, die sich nicht scheuten, mit der Gestapo Hand in Hand zu arbeiten, wenn es um Verfolgung Andersdenkender und um Unterdrückung von Widerstand ging. Unterstützt darin wurden Anklagebehörde und Gericht von einem Teil der Kasseler Anwaltschaft – zuallererst durch den fanatischen Nazi-Anwalt Roland Freisler.

Es brauchte schon vor 1933 Mut, um öffentlich gegen die erstarkenden Nationalsozialisten einzutreten. Wie alle ISK-Mitglieder besuchte auch Erich Lewinski Veranstaltungen der örtlichen NSDAP und begab sich in Diskussionen mit seinen politischen Gegnern; wie alle ISK-Mitglieder verkaufte auch er den

Funken. Das veranlaßte seinen Intimfeind Freisler im Sommer 1932 zu einem Hetz-Artikel in der *Hessischen Volkswacht.* »Die Frage, wie man seinen Sonntag verbringt, hat der jüdische Rechtsanwalt Dr. Lewinski auf folgende ›geniale‹ Weise gelöst: In Gemeinschaft mit seiner Frau zieht er hinaus nach Harleshausen, wandert von Haus zu Haus und von Tür zu Tür: ›Wollen Sie den *Funken* kaufen? – Einen Groschen das Stück!‹ Der Rechtsanwalt auf dem Hausierhandel; das ist ein neuer Dreh! – Wir wissen nicht, wie weit Herr Dr. Lewinski am Gewinn dieses famosen Geschäfts beteiligt ist, oder ob er aus reinem ›Idealismus‹ den Sonntag dazu benutzt, die deutsche Volksseele mit bolschewistischen Sudeleien zu vergiften. Auf alle Fälle ist die Handlungsweise des Dr. Lewinski unvereinbar mit den Grundsätzen seines Standes«. [4]

Die Kasseler Anwaltskammer als Standesorganisation reagierte prompt, wie übrigens im weiteren Text des Freislerschen Artikels gefordert. Noch vor Ablauf von zwei Wochen erhielt Erich Lewinski ein Schreiben, in dem mitgeteilt wurde, er, Lewinski, sei, »wie behauptet wird, an einem Sonntag in Harleshausen von Haus zu Haus gegangen (...) und (habe) die Zeitschrift *Der Funke* angeboten. Sie sollen sich dabei in Begleitung Ihrer Frau Gemahlin befunden haben, die sich derselben Tätigkeit unterzogen hätte«. [5] Lewinski nutzte die Aufforderung, sich zu diesem Vorwurf zu erklären, zu einem bemerkenswerten, umfangreichen Bekenntnis seiner politischen und moralischen Überzeugung. Zunächst bestätigte er den Sachverhalt und fügte an: »Ich habe diese politische Aufklärungsarbeit bereits seit Jahren geleistet.« [6]

Tatsächlich habe auch er sich anfangs gefragt, ob sein öffentliches politisches Engagement mit seiner öffentlichen Tätigkeit als Strafverteidiger vereinbar sei. Er sei, im Gegensatz zur Auffassung seiner Standesorganisation, zu dem positiven Schluß gekommen, »daß ich meinen Beruf als Rechtsanwalt nur dann richtig und würdig erfülle, wenn ich auch in meinem Privatleben und in meiner politischen Betätigung mit aller Kraft und unter Hintansetzung aller persönlichen Interessen eintrete für die Durchsetzung des Rechts«. [7] Lewinski erwähnte das von Kant, Fries und schließlich Nelson begründete Sittengesetz, »das uns die

Richtlinien für unser Handeln vorschreibt und das als Rechtsgesetz (...) sich unmittelbar auf den Zustand der Gesellschaft bezieht. Für die Politik ergibt sich aus diesem Gesetz die Forderung des Sozialismus, der ausbeutungsfreien Gesellschaft. (...) Da ich nicht bei diesen kurz angedeuteten Erkenntnissen stehengeblieben, sondern bemüht bin, sie auch in die Tat umzusetzen, und da es infolge der gegebenen äußeren Umstände notwendig ist, diese Publikationen (...) bekannt zu machen, habe ich mich der – gewiß nicht angenehmen – Aufgabe unterzogen, ihre Verbreitung durch Hausagitation zu fördern.« [8]

Erich Lewinski wußte sicherlich sehr gut, daß diese Argumente den Vorstand seiner Standesorganisation in seinen Vorurteilen eher bestätigen als umstimmen würden. Um so eindrucksvoller und mutiger erscheint, daß Lewinski auch dieses Podium, die notwendige Stellungnahme gegenüber der Kammer, zu neuerlicher »Agitation« zu nutzen wagte. Die Kammer sprach ihm in ihrem Antwortschreiben das Recht zu politischer Betätigung nicht ab, kritisierte jedoch die Form: »Mit einer politischen Tageszeitung oder Monatsschrift von Haus zu Haus zu gehen und diese Schriften wie ein Zeitungshändler feilzuhalten, verstößt gegen die Würde des Standes (...). Ihr Fall dürfte wohl auch einzig dastehen; uns ist wenigstens bisher kein weiterer Fall bekannt geworden, daß ein Anwalt in dieser Form politische Aufklärungsarbeit leistet.« [9] Der Vorstand der Kasseler Anwaltskammer begnügte sich allerdings mit einer formellen Mißbilligung; er verzichtete auf das von Freisler geforderte Disziplinarverfahren. Wenige Monate später, vom 30. Januar 1933 an, hätte die Kammer zweifellos anders reagiert.

Die beiden Kasseler Rechtsanwälte, Dr. Erich Lewinski und Dr. Roland Freisler, waren Intimfeinde. Das Klima zwischen ihnen wurde bestimmt durch die allgemeine politische Polarisierung, besonders in den letzten Jahren der Weimarer Republik; es wurde vor allem aber bestimmt durch Freislers fanatische Nazi-Parteigängerschaft auf der einen und Lewinskis mutige sozialistische Überzeugungstreue auf der anderen Seite.

Lewinskis Sohn Tom berichtete, daß die Gegnerschaft der beiden Anwälte im Kasseler Raum rasch bekannt wurde und von Prozeßgegnern auch in nicht politischen Streitfällen zum beiderseitigen Vorteil genutzt wurde.»Wenn zum Beispiel bekannt wurde, daß Erich in einem Scheidungsverfahren die eine Seite zum Mandanten hatte, beauftragte die andere Freisler – und umgekehrt. Auf diese Weise konnte jeder sicher sein, daß seine Interessen bestens vertreten wurden.« [10]

Da sich sowohl Lewinski als auch Freisler – wenngleich auf höchst unterschiedliche Weise – öffentlich politisch engagierten, kam es zwischen ihnen auch außerhalb des Gerichtssaals zu Konfrontationen; sie nahmen später, nach offiziellem Machtantritt der NSDAP, für Erich Lewinski lebensbedrohende Formen an. »Erich sprach häufig auf politischen Veranstaltungen. Wenn er mit seinem Redebeitrag an der Reihe war, erhob sich Freisler, um ihn in Diskussionen zu verwickeln; und wenn Freisler auf Nazi-Versammlungen sprach, war Erich meistens auch da und tat das gleiche. Oft endeten solche Veranstaltungen in Tumulten und Prügeleien.« [11] Und häufig wurden die Auseinandersetzungen vor Gericht fortgesetzt; nicht selten wurden dort allerdings die Täter zu Opfern, die Opfer zu Tätern gemacht.

Das drohte auch bei einem Prozeß zu geschehen, der im März 1931 im Schwurgerichtssaal des Landgerichts Kassel vor dem Erweiterten Schöffengericht stattfand. Gerichtsverfahren dieser Art waren damals an der Tagesordnung, ebenso wie Vorkommnisse, die dazu geführt hatten und die sie begleiteten. Die Vorgeschichte und der Verlauf der Verhandlungen illustrieren anschaulich das politische Klima während der letzten Jahre der Weimarer Republik. Der Prozeßgegenstand selbst war wenig spektakulär; allerdings sorgte die überaus große Zahl der Beteiligten für ein hohes Maß an Aufmerksamkeit. Der Ausgang des Prozesses war ein großer Erfolg für Erich Lewinski als Verteidiger in politischen Strafsachen.

Im Lokal »Reichskanzler« in Grebenstein, der Heimatgemeinde von Herta Lewinski, hatte am 25. Januar 1931 eine Veranstaltung der NSDAP stattgefunden. Sie wurde, kaum daß sie begonnen hatte, von wüsten Raufereien begleitet, nachdem sich 40 Kasseler Kommunisten am Versammlungsort eingefunden hatten und von mehreren als Saalschutz fungierenden SS-Leuten des Lokals verwiesen werden sollten. Als Grund für den Rausschmiß der Besucher von der politischen Linken wurde deren Weigerung zum

Kauf von Eintrittskarten genannt. Die Kasseler Kommunisten waren, wie sie später angaben, vor allem deshalb zu der Veranstaltung gekommen, weil sie sich durch die Formulierung von Zeitungsanzeigen provoziert fühlten, mit denen die NSDAP-Veranstaltung angekündigt worden war. Zudem dürfte das Thema die unwillkommenen Gäste interessiert haben; es ging um »Nationalsozialismus und Marxismus«. Jedenfalls traten sie, ausgestattet mit roten Fahnen, geschlossen an und mochten sich nicht wegdrängen lassen. Nach kurzem Hin und Her wurden Teile des Mobiliars der Gaststätte »Reichskanzler« zerlegt; sie dienten beiden Seiten als Waffen. Einige der Linken wurden unsanft und auf kürzestem Weg durch die geschlossenen Fenster nach draußen befördert, wo sich inzwischen eine große Zahl von Gesinnungsgenossen versammelt hatte. Die beteiligten sich jedoch nicht an der Schlägerei im Innern des Lokals, sondern begannen tätliche Auseinandersetzungen mit einer später eintreffenden SS-Gruppe. [12]

Die Polizei ermittelte, die Staatsanwaltschaft erhob Anklage gegen die Kommunisten, weil diese die Versammlung vorsätzlich gestört und die Prügelei ausgelöst hätten. Die Angeschuldigten fanden Ursache und Wirkung auf den Kopf gestellt und beschwerten sich; das half ihnen nicht. Bei Eröffnung des Verfahrens am 9. März 1931 gab es 97 Angeklagte, 40 Nebenkläger, 100 Zeugen und ein beeindruckendes Polizeiaufgebot. Erich Lewinski verteidigte, zusammen mit einem Kollegen, die Angeklagten; Roland Freisler vertrat die Nebenkläger.

Interessanter als die schwierige Wahrheitsfindung, bei der sich mehrere der Beteiligten wiederholt in Widersprüche verwickelten, waren, rückschauend betrachtet, die Begleitumstände des Prozesses. Freisler als Anwalt der Nebenkläger nutzte die Plattform, die der Gerichtssaal ihm bot, zu verbalen Ausfällen sowohl gegenüber dem Gericht als auch gegenüber Erich Lewinski als Verteidiger. Auch außerhalb des Gerichtssaals hatte Freisler offensichtlich Stimmung gegen die Angeklagten gemacht. Er verbreitete das Gerücht, Zeugen, die angekündigt hätten, die Wahrheit zu sagen, seien mit dem Tod bedroht worden; er behauptete, einer der angeklagten Kommunisten habe mit der Ermordung des Richters gedroht, falls kein Freispruch erfolge; er bezeichnete die

Justiz insgesamt als rot und folglich einseitig gegen die Nationalsozialisten eingestellt; er verhöhnte den Staatsanwalt, als dieser
energisch widersprach; er ordnete die bereits Vorbestraften unter
den Angeklagten dem organisierten Verbrechertum zu; er beschimpfte Lewinski und den sozialdemokratischen Polizeipräsidenten von Kassel mit antisemitischen Ausfällen. Die Zeitungen
in der Region berichteten ausführlich darüber, die einen zustim-
mend, die anderen kritisch – je nach politischem Standort. [13]

Am vierten Verhandlungstag wurden die Vernehmungen der
Zeugen beendet. Während man noch die Frage ihrer Vereidigung
diskutierte, drang erheblicher Lärm von der Straße in den Gerichtssaal. Freisler entledigte sich sofort seiner Robe, stürzte hinaus, kam kurz darauf zurück und verlangte den Abbruch der Verhandlung. Er erreichte, was er wollte; der Funke der Unruhen von
der Straße zündete im Gerichtssaal. Angeklagte und Zeugen
sprangen von ihren Stühlen und drohten übereinander herzufal-
len. Erich Lewinski als Verteidiger stellte, laut in den Saal rufend,
fest, es handele sich um ein durch Freisler auf Punkt sieben Uhr
bestelltes Theater. Diese Bemerkung wirkte alles andere als beru-
higend. Ein Handgemenge begann, das der Vorsitzende Richter
nur vorübergehend unterbrechen konnte. Er wies Angeklagte
und Zeugen darauf hin, daß das Geschehen außerhalb des Gerichts keinerlei Einfluß auf die Verhandlung haben dürfe und
könne. Freisler ignorierte die Bemerkung. Schreiend behauptete
er, seine Parteigenossen würden eben jetzt auf der Straße totge-
schlagen; man müsse ihnen zu Hilfe eilen. Damit stürmten die
Nazis, ihr Nebenklage-Vertreter voran, aus dem Gerichtssaal. Die
angeklagten Kommunisten wollten hinterher eilen. Doch da
sprang ihr Verteidiger Lewinski auf einen Stuhl und rief seinen
zahlreichen Mandanten zu: »Kein Mann verläßt den Saal! Laßt
euch nicht provozieren!« [14] Das zeigte Wirkung; die Angeklagten setzten sich. Roland Freisler aber war mit dem Ablauf seiner
Inszenierung noch nicht zufrieden. Er kam zurück in den Gerichtssaal, sprach von zahlreichen schwer verletzten Nationalsozialisten und einigen weiteren, die man über eine Mauer in die
Fulda geworfen hätte.

Der Polizeibericht, den das *Kasseler Volksblatt* ausführlich zitierte, las sich wesentlich anders: Wie an jedem Abend der Ver-

handlungstage hätten sich Anhänger der Angeklagten vor dem Gerichtsgebäude versammelt, um ihre Freunde nach Hause zu begleiten. Schutzmaßnahmen für Angeklagte und Zeugen seien übrigens vorher zwischen dem Kasseler Polizeipräsidenten und dem Vorsitzenden Richter besprochen worden. Zeugen und Angeklagte sollten, entsprechend dieser Vereinbarung, am Ende eines jeden Verhandlungstages nacheinander und getrennt das Gericht verlassen und von der Polizei nach Hause begleitet werden. Dieses Geleit sei jedoch von Rechtsanwalt Freisler mehrfach mit der Bemerkung abgelehnt worden, die Nationalsozialisten marschierten, wohin sie wollten und schützten sich selbst. Trotzdem, so heißt es im Polizeibericht weiter, wäre es durchaus möglich gewesen, unter den draußen sich versammelnden Sympathisanten der Angeklagten Ruhe zu wahren, wenn nicht plötzlich ein unangemeldeter, geschlossener Zug von 40 NSDAP-Männern vor dem Gerichtsgebäude erschienen »und mitten zwischen die zwanzig- bis dreißigfache Übermacht der Kommunisten hineinmarschiert« wäre. [15] Bei der einsetzenden Prügelei habe es immerhin nur vier Verletzte gegeben.

Dieser verhältnismäßig glimpfliche Abgang hinderte die nationalsozialistische *Hessische Volkswacht* nicht, von »Rotmord«, der in und um Kassel wüte, zu berichten [16] und zu behaupten, die Polizei hätte ihn passiv geschehen lassen. Als Opfer des »Rotmords« wurden zwei vermißte, angeblich in die Fulda geworfene Nazis genannt, von denen das *Kasseler Volksblatt* aufgrund polizeilicher Nachforschungen aber wußte: »Der eine der Toten lag vergnügt im Bett, und der andere kam nach Mitternacht nach einer Kneiptour, angenehm angesäuselt, heim.« [17] Ernster war in derselben Zeitung, kommentierend, von Freislers »bewußtem Schwindel« und seiner »offenen Aufforderung zu Gewalttätigkeiten« die Rede [18]: »Freisler hat vor Gericht gezeigt, wie ein echter Nazi Radau macht; er hat alles getan, um die Erregung, die vor dem Hause herrschte, in den Verhandlungssaal zu verpflanzen.« [19] Lange gab es Stimmen der Kritik und solche, die wahrheitsgemäß berichteten, nicht mehr. Zwei Jahre nach diesen Vorgängen wurde die Presse »gleichgeschaltet«.

Der Prozeß gegen die 97 Angeklagten von links wurde trotz aller Störaktionen in wenigen Tagen zu Ende geführt. Die Staatsanwaltschaft unterstellte, die Kasseler Kommunisten seien in Erwartung einer Machtprobe mit den Nationalsozialisten an jenem Januar-Tag ins nahe Grebenstein gekommen; sie hätten zudem erwiesenermaßen die Bezahlung des Eintrittsgeldes verweigert. Daß die Nationalsozialisten daraufhin von ihrem Hausrecht im Veranstaltungslokal Gebrauch gemacht hätten, sei rechtens gewesen; die Form, allerdings, in der dies geschehen war, wurde durch den Staatsanwalt nicht gutgeheißen. Er beantragte Gefängnisstrafen von sechs Monaten für die Haupttäter und von drei Monaten für die weiteren Angeklagten; sie hätten sich »des Landfriedensbruchs in Tateinheit mit schwerem Hausfriedensbruch und der Versammlungssprengung schuldig gemacht«. [20]

Roland Freisler als Vertreter der Nebenkläger bezeichnete das beantragte Strafmaß als »Prämie für Straftaten« [21] und nutzte die Gelegenheit zu weiteren Ausfällen gegen den politischen Gegner. Als Erich Lewinski anschließend mit seinem Plädoyer für die Angeklagten begann, verließ Freisler demonstrativ den Gerichtssaal mit der Bemerkung, er wolle sich »jüdische Ausführungen prinzipiell nicht anhören«. [22] Seine Rede begann Erich Lewinski mit der Feststellung, er stehe »hier nicht als Verteidiger der 97 Angeklagten, sondern als Verteidiger des Proletariats gegen den drohenden Faschismus«. [23] Er stellte dann die Ereignisse, die zum Prozeß geführt und die Vorkommnisse, die ihn begleitet hatten, in die ungute Tradition politischer Auseinandersetzungen der Weimarer Zeit: »Die Verrohung des politischen Kampfes dürfen sich die Nationalsozialisten als Verdienst anrechnen. Angefangen mit den Schüssen der Meuchelmörder von Eisner und Rathenau, zieht der Weg des Faschismus seine Blutbahn und zeitigt Ergebnisse wie Grebenstein. Dieser Prozeß hat mit aller Klarheit ergeben, wie von nationalsozialistischer Seite gearbeitet wird. Die Angeklagten haben geradezu mit vorbildlicher Ruhe den Verhandlungen beigewohnt. Der Vertreter der Nebenklage hat von ihnen als ›organisiertem Verbrechertum‹ gesprochen, und seine Presse hat in noch wüsterer Art und Weise gehetzt.« [24]

Lewinski wies nach, daß die Nationalsozialisten auf tätliche Auseinandersetzungen vorbereitet gewesen seien, sie womöglich sogar beabsichtigt, in jedem Fall aber begonnen hatten. Ins Grebensteiner-Versammlungslokal hatten die NSDAP-Aktivisten vorsichtshalber einen Sanitäter mitgebracht; sie hatten einen frisch aufgenommenen SS-Mann veranlaßt, sich bei der Veranstaltung im »Reichskanzler« in jeder Weise zurückzuhalten, weil er noch nicht versichert worden war. Zudem konnte Lewinski einige unbedachte Nazis benennen, die sich ihrer aktiven Beteiligung an der Schlägerei gerühmt hatten, darunter den örtlichen »Führer der Schutzstaffel«; der hatte damit renommiert, den Angriffsbefehl gegen die Kommunisten gegeben zu haben. Lewinski bezeichnete als in mehrfacher Hinsicht wahrhaft Schuldige die Nationalsozialisten, die das politische Klima systematisch vergiftet hätten. Sein Anwaltskollege und Mitverteidiger Heckert nahm die rechtliche Würdigung im einzelnen vor.

Nach zweistündiger Beratung stellte das Gericht fest: Die Kommunisten hätten nicht die Absicht gehabt, die Schlägerei im NSDAP-Veranstaltungslokal zu beginnen. An den Auseinandersetzungen, die sich dort dennoch entwickelten, trügen die Nationalsozialisten Mitschuld. Bei den Tätlichkeiten außerhalb des Lokals, auf der Straße, wurde den Angeklagten ihre heftige Erregung zugute gehalten; es wurden zu ihren Gunsten mildernde Umstände angenommen.

Das Gericht urteilte in einer Weise, wie es in vergleichbaren Prozessen nach dem 30. Januar 1933 nicht mehr geschah. Die Höchststrafe wurde gegen nur zwei der Angeklagten ausgesprochen; sie lautete auf sechs Monate und zwei Wochen Gefängnis wegen erschwerten Landfriedensbruchs und Hausfriedensbruchs. Die Haftstrafen für einige weitere Angeklagte fielen geringer aus. Von den ursprünglich 97 Angeklagten wurden 82 freigesprochen. Das NS-Blatt *Hessische Volkswacht* fand: »Allzumilde Richter! (...) Die Unterwelt triumphiert!« [25]

Der Mut, die Umsicht und das persönliche Engagement, mit denen Erich Lewinski als politischer Strafverteidiger wirkte, hatten sich zum damaligen Zeitpunkt bereits herumgesprochen; es gab zahlreiche Prozesse »gegen links«, die ähnlich erfolgreich für die von Lewinski verteidigten Angeklagten verliefen. Dabei ging es zuweilen um mehr als um Landfriedensbruch.

Der KPD-Angehörige Ernst Melis aus Kassel erinnerte sich zeitlebens in großer Dankbarkeit der Einsatzbereitschaft und des Geschicks seines Verteidigers Lewinski. Melis stand unter Mordverdacht; ihm wurde unterstellt, im Juni 1931 in Zusammenhang mit Arbeitslosen-Demonstrationen einen Polizeiwachtmeister erschossen zu haben. Als Untersuchungsgefangener wandte er sich an Erich Lewinski, den er zwei Jahre zuvor schon einmal konsultiert hatte.

»Dr. Lewinski beriet mich eingehend über die Praktiken der Untersuchungsbehörde, machte mich aufmerksam, welche Methoden (...) gang und gäbe waren, um Geständnisse oder Teilgeständnisse zu erreichen. (...) Seine weitreichenden Recherchen, um Entlastungszeugen ausfindig zu machen, betrieb er mit der ihm eigenen Unermüdlichkeit. So fand er heraus, daß ein (...) Angehöriger der Schutzpolizei die Vorgänge von seinem Wohnungsfenster in Einzelheiten wahrgenommen hatte. Seine Personenbeschreibung des (...) Tatverdächtigen widersprach ganz und gar meiner Person. Vor dem Gericht wiederholte dieser Polizist seine Aussage.« [26]

Ernst Melis bezeugt außerdem, daß Lewinski sich keineswegs auf das Minimum anwaltlicher Tätigkeit zu beschränken pflegte. Er besuchte seinen Mandanten »nach jeder Vernehmung, erkundigte sich eingehend nach dem Vorgehen des Untersuchungsrichters, der keine Gelegenheit ausließ, meine Moral zu erschüttern. Mein Verteidiger zog daraus seine Schlußfolgerungen, indem er mir wiederholt erklärte, die Beweisführung der Anklage stehe auf schwachen Füßen; ich solle mich auf keinen Fall ins Bockshorn jagen lassen. Mit Feinfühligkeit und Überzeugungskraft wirkte er auch meinem zeitweiligen Stimmungstief entgegen, gab mir Mut und Kraft, mancherlei Schikanen der Gefängnisbürokratie – Bücherverbot, Zeitungsverbot (...), Einschluß in die Verbrecherzelle u. a. – durchzustehen.« [27]

Schließlich kam der Tag der Verhandlung vor dem Schwurgericht in Kassel. Bei geschickter Befragung der Zeugen der Anklage deckte Lewinski zahlreiche Widersprüche auf, »so daß sie Ermahnungen des Vorsitzenden auf sich nehmen mußten, sich nicht in Phantastereien zu verlieren. Alle diese Tatsachen wußte Lewinski für sein Plädoyer zu nutzen. Er wies schon während der Verhandlung nach, daß nachträglich Passagen in die Anklageschrift aufgenommen worden waren, die in der Urschrift nicht enthalten waren. Seine Verteidigungsrede war äußerst sachlich.

Trotzdem kam er mit dem Oberstaatsanwalt zu einem längeren Disput wegen aufrechterhaltener Darstellungen, die von Zeugen widerlegt worden waren. Auf die Geschworenen haben diese Ausführungen (...) einen Eindruck hinterlassen.« [28]

Der Ausgang der Verhandlung hätte für den Angeklagten unter den gegebenen Umständen positiver nicht sein können:»Das Gericht mußte (...) die Mordanklage fallenlassen. Dennoch forderte der Oberstaatsanwalt eine hohe Zuchthausstrafe. Das Gericht kam zu einem Freispruch wegen mangelnder Beweise. Zweifellos hat Dr. Lewinski mit seiner überlegenen Prozeßführung daran einen hohen Anteil gehabt.« [29]

Allerdings wurde Ernst Melis wegen unerlaubten Waffenbesitzes zu einer Gefängnishaft von einem Jahr verurteilt; die Strafe sollte unmittelbar vollstreckt werden.»Dank der Intervention meines Anwalts, unter Hinweis auf die ungerechtfertigterweise lange Untersuchungshaft, erfolgte die sofortige Freilassung.« [30]

Jahre später trafen sich Anwalt und Mandant wieder – als sie von Paris aus, jeder an seinem politischen Standort, für die Überwindung des Nazi-Regimes in Deutschland kämpften.

Davor lagen für Erich Lewinski noch etliche Konfrontationen mit Richtern, Staatsanwälten und gegnerischen Rechtsanwälten, die sich – aus Opportunismus oder Überzeugung – immer willfähriger nationalsozialistischer Politik beugten.

Zwei Monate nachdem Adolf Hitler Reichskanzler geworden war und sich für Roland Freisler eine glänzende NS-Karriere in Berlin abzeichnete, hatte Erich Lewinski den letzten und heftigsten je erlebten Zusammenstoß mit diesem Nazi-Anwalt. Er geschah während einer Gerichtsverhandlung, und zwar unmittelbar vor Lewinskis überstürzter Flucht. Freisler hatte Lewinski mit Verbalinjurien überschüttet, mit persönlichen Angriffen überhäuft und bei seinem Plädoyer Angelegenheiten herangezogen, die mit dem Prozeßgegenstand nicht das geringste zu tun hatten. Lewinski war dieses Verhalten von Freisler gewöhnt; Unsachlichkeit und Stimmungsmache gehörten zu seiner Taktik, die einer größeren Öffentlichkeit erst später, durch die»Volksgerichtshof«-Prozesse, bekannt wurden.

An diesem Märztag 1933 aber war für Lewinski das Maß voll. Er ging zum Gerichtspräsidenten und erklärte ihm, daß er sich außerstande sehe, unter derartigen Bedingungen die Sache seines Mandanten zu vertreten und die Verhandlung insgesamt weiter zu verfolgen. Der Präsident drückte Lewinski gegenüber sein Verständnis aus, sein Bedauern – und seine Machtlosigkeit. Einige Wochen später, im Mai 1933, erschoß er sich. Dieser Selbstmord eines an der Justiz im NS-Staat zerbrochenen Richters bewegte Erich Lewinski tief. Noch viele Jahre danach, als er selbst Gerichtspräsident in Kassel war, erwähnte er die Verzweiflungstat voll Trauer und Hochachtung.

Schon wenige Monate nach ihrem Machtantritt hatte die NSDAP ihr Regime mit Gewalt und Terror weiter ausgebaut. Die spektakulärsten Aktionen jener Anfangszeit, reichsweit und zeitgleich veranstaltet, waren der »Judenboykott« vom 1. April 1933, die Zerschlagung der Gewerkschaften am 1. Mai 1933 und die Bücherverbrennung am 10. Mai 1933. In seinem Kasseler Bezirk hatte der Oberlandesgerichtspräsident vor seinem Freitod noch den Mord an Max Plaut erleben müssen. Erich Lewinski – darüber besteht kein Zweifel – war durch Freisler und Genossen das gleiche Schicksal zugedacht gewesen.

Es gab verblüffend viele Berührungspunkte und Ähnlichkeiten in den Lebensläufen von Erich Lewinski und Max Plaut; manches schien geradezu spiegelgleich gewesen zu sein.

Plaut, elf Jahre älter als Lewinski, entstammte einer strenggläubigen jüdischen Familie, zählte aber selbst zu den assimilierten Juden, denen die Religion wenig bedeutete. Er studierte Jura, war im Ersten Weltkrieg Soldat und ließ sich unmittelbar danach in Kassel als Anwalt nieder, wo er ein knappes Jahrzehnt später auch als Notar zugelassen wurde. Wie Lewinski liebte auch Max Plaut die Musik; er spielte Geige, besuchte Opern und Konzerte. Plaut war, wie Lewinski, mit einzelnen Musikern nah befreundet und schrieb, wie sein Kollege, nebenberuflich Musikkritiken für Kasseler Zeitungen. Daß er sich dadurch – übrigens auch unter Kasseler Juden – nicht nur Freunde machte, versteht sich fast von selbst, zumal Plaut seine Ansichten ungewöhnlich offen äußerte, alle Formen von Provinzialität in der Kunst bissig kommentierte und mit seiner kritischen Einschätzung der Befähigung mancher Musiker nie hinter dem Berge hielt. Plaut exponierte sich also stark, war als Anwalt zudem gelegentlich, wenn auch nicht in so starkem Maß wie Erich Lewinski, Prozeßgegner von Nationalsozialisten und deshalb schon vor deren »Machtergreifung« Opfer von Anfeindungen, die wiederholt im lokalen NS-Blatt ihren Niederschlag fanden. [31]

Das »Ermächtigungsgesetz« hatten die örtlichen Nazis noch abgewartet; dann aber kam, aus ihrer Sicht, der Tag der Abrechnung. Er wurde, wie dies auch andernorts und vielen Menschen gegenüber geschah, zugleich zum Tag persönlicher Rache; durch seine Musikkritiken hatte sich Max Plaut besonders einen Kasseler Operettensänger und führenden SA-Mann zum persönlichen Feind gemacht.

Am frühen Abend des 24. März 1933 wurde Plaut aus seiner Kanzlei in den Keller der Kasseler »Bürgersäle« verschleppt. Nach stundenlanger Mißhandlung brachte man ihn von dem Nazi-Lokal in seine Wohnung an der Wilhelmshöher Allee. Er lebte noch eine Woche. Erst nach der Beisetzung durfte seine Witwe den Tod ihres Mannes bekanntgeben. [32]

In jenen Frühlingstagen des Jahres 1933 war Max Plaut nicht das einzige Opfer von Verbrechen an Kasseler Juden. Obwohl keine Zeitung über die Vorgänge in den Folterkellern der »Bürgersäle« berichten durfte, war stadtbekannt, was dort geschah. Als ausländische Zeitungskorrespondenten, die in Frankfurt am Main akkreditiert waren, nach Kassel kamen, um den Gerüchten nachzugehen, ließen sie sich mit Äußerungen über lediglich vorübergehend festgenommene Juden irreführen. Die Journalisten schauten sich in Kassel um und stellten fest, daß in den Straßen Ruhe und Ordnung herrschte.

Auch sonst ging, entsprechend nationalsozialistischem Rechtsverständnis, alles seinen ordnungsgemäßen Weg. Recht war nun, was dem Staat nützte. Maßstab für die Rechtsprechung bildete ein von NS-Juristen behauptetes »gesundes Volksempfinden«; das sollte Ausgrenzung und Mißhandlung, Verfolgung und Mord legitimieren. Wer dem Staat oppositionell gegenüberstand, war diesem nicht nützlich. Es galt also als »rechtens«, Sozialisten, Kommunisten und andere Kritiker des Regimes zu belangen.

Erich Lewinski wurde der gleiche Vorwurf gemacht, der angeblich den in den »Bürgersälen« mißhandelten Kasseler Juden gemacht worden war, nämlich die kommunistische Bewegung unterstützt zu haben – als Bürger, der sich auf der politischen Linken engagierte, und als Anwalt, der sogenannte Volksfeinde verteidigte. Zudem war Erich Lewinski Jude. Er war ein aus politischen und aus rassischen Gründen außerordentlich Gefährdeter.

Allerdings kümmerte sich um Lewinski der Staatssekretär im Preußischen Justizministerium persönlich; auf diesen Posten war inzwischen der Bruder von Roland Freisler, Oswald Freisler, gelangt. Er forderte von Lewinski schriftlich die »Beibringung von entkräftenden Beweisen« gegenüber der Beschuldigung, »sich in kommunistischem Sinne (...) betätigt zu haben«. [33] Tatsächlich war diese Verfügung aus dem Justizministerium nur eine Formsache, die den Schein der Legalität wahren sollte; denn selbstverständlich war nicht nur in Kassel, sondern auch in Berlin bekannt, daß sich die Lewinskis zum Zeitpunkt der Formulierung des Schreibens nicht mehr in Deutschland aufhielten. Nichtsdestoweniger ging die Bürokratie den üblichen Gang. Am 3. Juni 1933 teilte der neue Kasseler Oberlandesgerichtspräsident Erich Lewinski in Kassel mit, der Justizminister habe seine Zulassung zur Anwaltschaft zurückgenommen, weil sich Lewinski »in kommunistischem Sinne betätigt« habe. [34] Am 8. und 9. Juni meldeten das Kasseler Amtsgericht und das Landgericht dem Preußischen Justizminister Vollzug [35]: Erich Lewinskis Name war aus der Liste der zugelassenen Rechtsanwälte gelöscht worden.

Zu diesem Zeitpunkt lebte er bereits zweieinhalb Monate in seinem ersten Exil. Für Erich und Herta Lewinski war dies der Beginn einer Odyssee, für ihren siebenjährigen Sohn ein Abschied ohne Wiederkehr.

[1] Vgl.: Werner Link: *Die Geschichte des Internationalen Jugendbundes (IJB) und des Internationalen Sozialistischen Kampfbundes (ISK) – Ein Beitrag zur Geschichte der Arbeiterbewegung in der Weimarer Republik und im Dritten Reich*, Band 1 der Marburger Abhandlungen zur Politischen Wissenschaft, Meisenheim am Glan 1964, S. 141; Sabine Lemke-Müller: *Ethischer Sozialismus und soziale Demokratie – Der politische Weg Willi Eichlers vom ISK zur SPD*, Bonn 1988, S. 59 f. [2] Eva Lewinski-Pfister, Otto Pfister: *To Our Children*, unveröffentlichtes Manuskript,

Canoga Park, Kalifornien, USA, April 1979, S. 53. [3] Ebd. [4] Roland
Freisler in *Hessische Volkswacht*, 23. 8. 1932. – Zum Verhältnis Lewinski –
Freisler siehe auch: Tom Lewinski: *What happended to the Lewinskis?*,
unveröffentlichtes Manuskript, Holland-on-Sea, England 1987, S. 14 ff.
[5] Der Vorstand der Anwaltskammer zu Kassel an Erich Lewinski, Kassel, 5. 9. 1932, Aktenzeichen: L 183, Journal-Nr. 15208. [6] Erich Lewinski an die Anwaltskammer, Kassel, 30. 9. 1932. [7] Ebd. [8] Ebd.
[9] Der Vorstand der Anwaltskammer zu Kassel an Erich Lewinski, Kassel, 15. 11. 1932, Aktenzeichen L 183, Journal-Nr. 15429. [10] Tom Lewinski: *What happened...*, a. a. O., S. 14. [11] Ebd. [12] *Hessische Volkswacht, Kasseler Volksblatt*, 27./28. 1. 1931 – Als Quellen stehen nur die
Lokalzeitungen zur Verfügung; Prozeßunterlagen sind nicht erhalten, lt.
Auskunft der Präsidentin des Landgerichts Kassel, 23. 9. 1993, der
Staatsanwaltschaft beim Landgericht Kassel, 11. 10. 1993, und des Hessischen Staatsarchivs Marburg, 7. 10. 1993. [13] *Kasseler Volksblatt, Hessische Volkswacht*, 14. 3. 1931. [14] *Kasseler Volksblatt, Kasseler Post*,
14. 3. 1931. [15] *Kasseler Volksblatt*, 14. 3. 1931. [16] *Hessische Volkswacht*, 14. 3. 1931. [17] *Kasseler Volksblatt*, 14. 3. 1931. [18] Ebd.
[19] Ebd. [20] Ebd., 17. 3. 1931. [21] Ebd. [22] *Hessische Volkswacht*,
17. 3. 1931. [23] *Kasseler Volksblatt*, 17. 3. 1931. [24] Ebd. [25] *Hessische Volkswacht*, 17. 3. 1931. [26] Schriftl. Mitteilung von Ernst Melis,
Berlin, 20. 10. 1989, an Monica Domeij-Gaul in Kassel. [27] Ebd.
[28] Ebd. [29] Ebd. [30] Ebd. [31] Zum Beispiel *Der Eid des jüdischen
R. A. Plaut* in *Hessische Volkswacht*, 2./3. 4. 1933. [32] Zu Leben und Tod
von Max Plaut siehe auch: Jörg Kammler, Dietfrid Krause-Vilmar u. a.:
*Volksgemeinschaft und Volksfeinde, Kassel 1933-1945, Eine Dokumenta-
tion*, Fuldabrück 1984, S. 230 ff. [33] Oswald Freisler, Preußisches Justizministerium, II e L 3024, an Erich Lewinski, Berlin, 6. 5. 1933. [34] Der
Oberlandesgerichtspräsident, L a 108, an Erich Lewinski, Kassel, 3. 6.
1933. [35] Mitteilung des Amtsgerichtsdirektors, X. 7/1805, Kassel, 8. 6.
1933, und Mitteilung des Landgerichtspräsidenten, X 186/1453, Kassel,
9. 6. 1933, an den Preußischen Justizminister in Berlin.

Ein Kinderschicksal im Exil

Nur einmal noch setzte der kleine Theoluz – zum nicht gelinden, allerdings nachträglichen Schrecken seiner Eltern – den Fuß auf deutschen Boden. Das geschah von Steckborn aus, einem nur wenige Tausend Bewohner zählenden Ort im schweizerischen Kanton Thurgau; er liegt am südwestlichen Bodenseeufer, und Deutschland ist so nah, daß man hinüberschauen kann. Der Siebenjährige nahm eines der scheinbar herrenlosen Bötchen, ruderte ans gegenüberliegende Ufer, machte dort fest und schaute von der deutschen auf die schweizerische Seite des Sees. Er dachte sich nicht viel dabei; und während er zurückpaddelte, ahnte er nicht, was für einer überaus großen Gefahr er mit seinem kleinen Ausflug begegnet und nun entronnen war.

Überhaupt war für den kleinen Jungen anfangs alles ein großes Abenteuer – die überstürzte Flucht, das Versteck unter Decken im Auto des Onkels, die Nachtfahrt im Zug, die illegale Einreise in die Schweiz. Selbst die spürbare Sorge der Eltern wirkte auf ihn eher abenteuerlich als furchterregend. Es bekümmerte Theoluz zunächst nicht einmal, daß er seine Freunde ohne Abschied hatte verlassen müssen und nichts von seinem Spielzeug hatte mitnehmen können; er besaß während der ersten Zeit des Exils buchstäblich nur das, was er an jenem Frühlingstag des Jahres 1933 am Körper getragen hatte. Und da dem Kind niemand, nicht einmal der Vater, zu sagen vermochte, wie lange es alles Vertraute würde missen müssen, richtete es sich in der Fremde ein – solange die Eltern um ihn waren. Doch gerade dies war nur kurze Zeit der Fall.

Der kleine Theoluz mußte bald begreifen lernen, daß durch die Flucht aus Deutschland nichts mehr so sein würde, wie es einmal war. Und sogar das gute, stabile Verhältnis zu den Eltern erfuhr eine befremdende, schmerzliche Veränderung; denn Erich und Herta Lewinski verbrachten die Jahre des Exils an anderen Orten als ihr einziges Kind. Um den Existenzkampf als Flüchtlinge besser bestehen zu können, vertrauten sie ihren Jungen anderen Menschen an.

Jahrzehnte später – der Sohn Erich Lewinskis hatte längst Kinder und Enkel, als die Arbeit an der Lebensgeschichte seines Vaters begann – klang noch Wehmut mit, wenn das Gespräch auf die Zeit des Exils kam. So schwer es dem gealterten Tom Lewinski fiel, seine Situation als Emigrantenkind objektiv zu beurteilen, so sicher war er doch über eines:»Unter keinen Umständen hätte ich meine eigenen Kinder weggeben können.« [1]

Die erste, noch gemeinsame Station der Flüchtlinge war ein Haus in Zürich. Erschöpft vor Müdigkeit und innerer Anspannung hatten sie die Stadt in der Morgendämmerung jenes späten Märztages des Jahres 1933 erreicht; gegen acht Uhr früh standen sie bei Natalie Oettli vor der Tür. Sie wurden begrüßt wie lange erwartete Freunde, mit großer Freude und Erleichterung. Sie wurden eingeladen, solange zu bleiben, wie sie wollten; die Töchter der Gastgeberin nahmen unterdessen Quartier in der Nachbarschaft.

Natalie Oettli war eine bemerkenswerte Frau, Russin, Ärztin, Lehrerin, verheiratet mit einem schweizerischen Schulmeister, Mutter von sechs Töchtern. In ihrem großen Haushalt hatte über längere Zeit der Nelson-Schüler Hermann Roos gelebt, der häufig von Freunden, darunter Willi Eichler und Mary Saran, besucht wurde. Auf diese Weise waren die philosophischen und pädagogischen Ideen Nelsons den Oettlis bekannt geworden. Die zweite der sechs Oettli-Töchter, die damals fast 25jährige Mascha, hatte schließlich im gleichen Kurs wie Eva Lewinski die Erwachsenenschule der Walkemühle besucht; so war es zu freundschaftlichen Kontakten auch zwischen den Oettlis und den Lewinskis gekommen. Mascha machte als engagierte Sozialistin später übrigens gewerkschafts- und parteipolitische Karriere; sie war unter anderem Zentralsekretärin der schweizerischen Sozialdemokratie und Vertreterin der SPD bei der Sozialistischen Frauen-Internationale. Als Erich und Herta Lewinski mit ihrem kleinen Jungen in Zürich ankamen, arbeitete Mascha gerade in der Landwirtschaft, um, wie sie sich ausdrückte,»Kühe melken zu lernen«; [2] anschließend studierte sie als eine unter ganz wenigen Frauen Agrarwirtschaft und wurde Landwirtin.

Schon während der ersten Tage ihres Aufenthaltes in der Schweiz gingen die Lewinskis oft zum Züricher Bahnhof, um nach anderen Gefährdeten, Geretteten Ausschau zu halten. Auf diese Weise erfuhren sie früh, daß sie ihren Verfolgern in Kassel nur um Minuten voraus gewesen waren. Kaum daß Erich Lewinski seine Kanzlei am Tag der Flucht durch eine Hintertür verlassen hatte, war das Büro durch einen SA-Trupp gestürmt worden. Die Lewinskis hörten von den Gewalttätigkeiten gegen Kasseler Juden und gegen Regimekritiker; sie erfuhren von der Ermordung Max Plauts und von der Verhaftung ihres Freundes Theo Hüpeden.»Theo verbrachte die erste Nacht genau neben jenem Raum, in dem Erichs Kollege Plaut zu Tode mißhandelt wurde. Theo hörte alles, und es wird erzählt, daß sein Haar über Nacht schlohweiß geworden sei. Die Nazis verhörten ihn ununterbrochen. Vor allem wollten sie von ihm wissen, wo Erich sich aufhielt. Aber Theo sagte über Erichs Aufenthalt nichts. Er konnte nichts sagen – er wußte ihn nicht.« [3]

Wenn es einer Bestätigung für die Richtigkeit ihrer Entscheidung zur Emigration bedurft hätte, dann hatten die Lewinskis sie durch diese Berichte erhalten.

So herzlich die drei Flüchtlinge bei ihren Züricher Freunden aufgenommen worden waren, so sehr drängte es Erich Lewinski doch, sich eine Existenz im Exil aufzubauen. Herta Lewinski berichtete später über die Pläne, die ihr Mann sofort zu schmieden begann, nachdem ihm klar war, daß man nach Kassel in absehbarer Zeit nicht würde zurückkehren können.»Wir gehen nach Paris und eröffnen ein vegetarisches Restaurant‹, sagte er. Ich glaubte wirklich, er sei verrückt geworden. Keiner von uns beiden wußte auch nur das Geringste über die Führung eines Restaurants. Ich war zu Hause keine schlechte Köchin gewesen; aber ich hatte nie in einem solchen Umfang gekocht. Die Idee schien mir zu phantastisch zu sein, um darüber auch nur nachzudenken. Ich versuchte, Erich davon zu überzeugen, daß wir statt dessen nach Südfrankreich gehen und in der Landwirtschaft arbeiten sollten; schließlich wußte ich wenigstens einiges über Landwirtschaft. Aber das war nichts für Erich. Er hörte mir überhaupt nicht zu. Er hatte beschlossen, daß wir in Paris eine vegetarische Gaststätte eröffnen würden, und nichts konnte ihn mehr davon abbringen.« [4] Erich Lewinski fuhr nach Paris, sondierte die Möglichkeiten für die Verwirklichung seines Plans, fand sie hervorragend und erblickte das einzige Problem in der Beschaffung des erforderlichen Startkapitals.

Arbeit suchen und Geld verdienen – diese Notwendigkeit führte Erich und Herta Lewinski zu der Entscheidung, ihren Sohn vorübergehend in ein Kinderheim zu geben. Sie fanden es in Steckborn am südwestlichen Bodenseeufer.

Wenig später, im Oktober 1933, erfolgte die schwerer wiegende Trennung der Lewinskis von ihrem Jungen. Sie beschlossen, ihn Minna Specht anzuvertrauen, die nach der erzwungenen Schließung der Walkemühle eine Exilschule in Dänemark aufbaute; sie sollte Flüchtlingskindern und früheren Schülern der Walkemühle ein sicherer Ort des Lebens und des Lernens sein. [5] Tom-Theoluz Lewinski gehörte zur kleinen Gruppe der ersten vier Kinder, die aus der Schweiz über Frankreich nach Dänemark reisten. Ein Stück des Weges wurde er von seiner Mutter begleitet. Seine Bitten, bei den Eltern bleiben zu dürfen, hatten kein Gehör gefunden.

Mit drei Lehrern – Minna Specht, Gustav Heckmann, Lieselotte Wettig – und acht Schülern begann in zwei schlichten Häuschen in Möllevangen bei Kopenhagen der Schulbetrieb. Es war eine unruhige Zeit. Zunächst wurden die sieben- bis neunjährigen Kinder in einheimische Familien gegeben, damit sie Dänisch lernten. Tom, der später über die Dänen nur Freundliches berichtete, hatte Pech. Er wurde einer Familie zugeteilt, deren Mitglieder er als instinkt- und taktlos, unsensibel und roh erlebte. Man belustigte sich dort über die vegetarische Lebensweise des Gastes; man nötigte den kleinen Jungen, in einen brodelnden Suppentopf voller herumwirbelnder Aale zu schauen und quälte ihn mit dem Anblick eben geschlachteter bluttriefender Hühner.»Ich war vollkommen verängstigt. (...) Sie hatten es darauf angelegt, mich das Fürchten zu lehren. Es war eine miserable Zeit – aber merkwürdigerweise konnte ich am Ende des Monats Dänisch sprechen.« [6]

Da absehbar war, daß in Kürze mehr und mehr deutsche Flüchtlingskinder Minna Spechts Exilschule besuchen würden, mußte ein größeres Quartier gefunden werden. Es fand sich in ei-

Kinder im Exil: Die Pädagogin Minna Specht (rechts mit heller Schürze)
emigrierte mit Schulkindern und Lehrkräften zuerst nach Dänemark,
dann nach England. Unter ihren Schützlingen war auch Tom, Erich und
Herta Lewinskis Sohn (linker Bildteil, erster Junge mit dunkler Schürze).

nem alten großzügigen Anwesen in Østrupgaard auf der Insel Fyn. Vorher gab es für einige Monate eine Zwischenstation in Aarslev. »Ich erinnere mich noch deutlich an den Tag, an dem die Schule kommen sollte; es regnete und war kalt. (...) Ich hatte mich darauf gefreut, (...) eine Kinderschar zu finden, die froh war, ein Dach über dem Kopf zu haben. Es kam anders. Da saßen sieben bis acht frisch gewaschene und gekämmte, aber verschüchterte und verfrorene Gören. Mir kamen die Tränen in die Augen, als ich sie sah; ich sandte einen mitfühlenden Gedanken an die Eltern.« [7] Karen und Svend Busk hatten der noch kleinen Gruppe jenes feste Dach über dem Kopf geboten; vorher hatten Schüler und Lehrer einige Zeit in völlig verregneten Zelten leben müssen.

Karen Busk schloß die Kinder sofort in ihr Herz und oft auch in ihre Arme. Sie bewunderte die Selbständigkeit der Mädchen und Jungen; sie litt mit ihnen, wenn Heimweh und Angst um die Eltern eins der Kinder zu überwältigen drohten. Als sie einmal einem der Jungen einen Riß im Schlafanzug genäht hatte, »setzte er sich spontan auf meinen Schoß und weinte. Ich wollte tröstende Worte finden; ich fragte, wie viele Geschwister er hätte und sagte, es wäre doch schön, wenn sie sich in Göttingen wiedersähen. Da war es, als ob es aus ihm hervorbräche; weinend sagte er: ›Ich komme nie, nie mehr nach Hause (...).‹ ›Doch, gewiß doch‹, sagte ich. ›Du wirst als großer starker Junge nach Hause kommen.‹ (...) Plötzlich sagte er mit starker Stimme: ›Wenn sie meinen Vater ins Gefängnis sperren, hat er mir versprochen, daß er sich nicht aufhängen wird.‹ Ich konnte mich nur schwer beherrschen, aber ich sagte doch ganz ruhig: ›Das ist gut, Paul; darauf kannst du dich ganz sicher verlassen.‹ Der Junge weinte still vor sich hin, den Kopf an mich gelehnt. Wir saßen noch etwas zusammen, bis er ganz ruhig war. (...) Es war eine schwere Sorge, die ich nun mit einem kleinen Jungen teilte.« [8]

Für Karen Busk und ihren Mann Svend war es erschütternd zu erleben, mit welchen Problemen die deutschen Exilkinder notwendigerweise beschäftigt waren. Und in Erstaunen versetzte die Gastgeber der hohe Kenntnisstand der Jungen und Mädchen über die Zustände im Deutschland des Sommers 1934. Als einigen der kleinen Flüchtlinge in ihrem dänischen Asyl einmal ein Einheimischer mit Hakenkreuzfahne an seinem Fahrrad begegnete, waren sie nur schwer von der Überzeugung abzubringen, daß es in Dänemark, anders als man ihnen vorher gesagt hatte, auch Konzentrationslager gab…

Über jedes einzelne der Kinder bewahrte Karen Busk Erinnerungen, auch über Tom Lewinski:»Ich hatte Theoluz liebgewonnen; es war etwas schwer für ihn zurechtzukommen, er hatte zu wenig Selbstvertrauen.« Sie wollte die Selbstsicherheit des Achtjährigen aufbauen helfen und gab ihm die Möglichkeit, sich seinen Kameraden überlegen fühlen zu können, indem sie Tom, vor allen anderen, die Fertigkeit des Saftkonservierens beibrachte. Später kamen die weiteren Kinder dazu.»Es wurde gearbeitet; Theoluz half und leitete Euch an; bald konntet Ihr es alle, aber Theoluz mußte weiter aufpassen und Euch rügen, wenn ihr einen Fehler machtet (…). Als Ihr fertig wart (…), blieb Theoluz noch ein Weilchen bei mir im Keller (…), und er sagte freudestrahlend: ›Das ist ja gut gegangen (…). Keiner hat viele Fehler gemacht, nur in der ersten Zeit; aber da konnte ich ihnen ja helfen.‹ Das war ein kleiner Schritt auf dem Weg zum Selbstvertrauen.« [9]

Nach Østrupgaard konnten Lehrer, Schülerinnen und Schüler im Herbst 1934 ziehen. Die Räumlichkeiten waren ohne jeden Komfort; es gab weder Strom noch Heizung noch fließendes Wasser.»Aber trotzdem waren wir Kinder sehr glücklich. Es war wie ein ewiges Abenteuer, in dem mittelalterlichen Herrenhaus zu leben und den Wassergraben ringsum, die Gärten und all' die landwirtschaftlichen Gebäude zu erforschen.« [10] Ein Jahr, ehe die Schule mit inzwischen auch angeschlossenem Kindergarten Dänemark aus berechtigter Sorge vor einer Besetzung durch deutsche Truppen verlassen mußte, vernichtete ein Feuer Teile des Anwesens in Østrupgaard. Es mußte erneut umgezogen werden, nun in ein modernes Haus nach Hanneslund.

Von den Schwierigkeiten, die die wiederholte Suche nach geeigneten Räumlichkeiten oder anfangs auch die Genehmigung zum Schulbetrieb bereiteten, erfuhren die Kinder damals trotz des intensiven gemeinschaftlichen Lebens kaum etwas. Allerdings wußten sie, zumindest ungefähr, wie das Leben und der Schulbetrieb finanziert wurden:»Eltern, die dazu in der Lage waren, zahlten, was sie konnten (…). Viele Eltern konnten nicht zahlen. Einige waren im Gefängnis oder in Konzentrationslagern; andere konnten einfach nichts erübrigen. Das war jedoch von keinerlei Nachteil für ihre Kinder (...). Eltern, die es ermöglichen konnten, zahlten für diejenigen mit, die es nicht konnten. Die Lehrer arbeiteten nur für ihren Lebensunterhalt; sie erhielten kein Gehalt.« [11] Zu den Lehrern an Minna Spechts Exilschule zählte bald auch der ältere der beiden Halbbrüder Erich Lewinskis, Toms Onkel Hans Lewinski. Er hatte bereits an der Walkemühle unterrichtet und begleitete nun alle Exilstationen des Nelsonschen Landerziehungsheims.

Tom erlebte den Aufenthalt in Dänemark als eine glückliche Zeit, auch wenn er auf Dauer lieber mit seinen Eltern zusammen gewesen wäre. Daß die äußeren Lebensumstände bescheiden waren, störte ihn nicht.»Lehrer und Schüler lebten mehr oder weniger gleichberechtigt zusammen. Es gab keine Bedienung, Köche oder Putzfrauen. Jeder erledigte seinen Teil; wir hatten einen Plan, in den jeder einbezogen wurde. In der einen Woche kann es meine Aufgabe gewesen sein, den Klassenraum zu wischen, in der anderen die Öllampen zu säubern, in einer dritten Holz zu hacken und in einer weiteren, bei der Essenszubereitung zu helfen. Wir halfen, die Socken zu waschen und zu stopfen; und als wir älter waren, übernahmen wir sogar die Abrechnung der täglichen Ausgaben der Schule.« [12]

»Unser Tag«, so erinnerte sich Tom Lewinski, »begann um sieben Uhr früh. Sobald wir aus den Betten gesprungen waren, zogen wir Shorts und Turnschuhe an und versammelten uns im Hof. Von dort aus machten wir alle, Lehrer und Schüler, einen Zehnminutenlauf; danach gab es fünf Minuten Gymnastik. Dann gingen wir uns waschen und anziehen. Anschließend gab es Frühstück, das immer aus Dickmilch mit Haferflocken bestand. Nach dem Frühstück hatte jeder häusliche Pflichten zu erledigen, die Betten in Ordnung bringen, den Tisch abräumen, Geschirr spülen, wischen und Staub putzen. Von halb neun bis Mittag war Unterricht. Danach hatten wir in der Regel zwei Freistunden, in denen wir tun konnten, was wir wollten. Zwischen 16 und 18 Uhr gab es nochmals zwei Schulstunden; aber die bestanden gewöhnlich aus Sport oder aus irgendeiner praktischen Arbeit, wie Zimmerei, Gartenpflege, Kleider nähen oder Kochen lernen. Nach dem Abendessen hatten wir noch etwas freie Zeit, bevor wir schlafen gingen. Wöchentlich an zwei Abenden versammelten wir uns jedoch in der Halle des alten Gebäudes, die Minnas Raum war. Dort saßen wir eine Stunde lang ganz still, lauschten der Musik aus einem alten Grammophon oder manchmal auch Minñas Klavierspiel. Danach las Gustav [Heckmann] vor, aus den Klassikern oder etwas anderes. Ich erinnere mich, daß wir ihm immer gebannt zuhörten und kaum das nächste Mal abwarten konnten. Diese friedlichen Stunden, die ›Kapelle‹ genannt wurden, waren zu einer Tradition der Schule geworden, die wir alle schätzten und liebten.« [13]

Unterrichtet wurde nach der Sokratischen Methode, die sowohl von Minna Specht als auch von Gustav Heckmann in hervorragender Weise praktiziert wurde. Sie vermittelte den Schülerinnen und Schülern die Befähigung zum Dialog, zur Erkenntnis der Zusammenhänge zwischen Ursache und Wirkung, zu eigenständiger geistiger Arbeit. Dies gelernt zu haben, betrachtete Tom Lewinski als den größten Gewinn aus der ganzen Schulzeit.

Es gab auch Vergnügungen im dänischen Exil, Radtouren mit Übernachtungen in den Heuschobern freundlicher Bauern während der Sommerzeit, Skilaufen im Winter. Das schönste aber war für Tom, die Sommerferien mit seinen Eltern zu verbringen.

Fünfmal besuchte er sie in Paris, ehe 1939 der Zweite Weltkrieg begann. Tom war stolz, in dem Restaurant, das Erich und Herta Lewinski tatsächlich eröffnet hatten, bis spät in die Nächte mithelfen zu dürfen; er begleitete seinen Vater in den frühen Morgenstunden bei den Einkäufen zu *les halles*, betrachtete mit seiner Mutter die Sehenswürdigkeiten der Stadt, erlebte alljährlich am 14. Juli Paraden und Feuerwerke zum französischen Nationalfeiertag, besuchte seinen Onkel Ernst Voremberg, der ebenfalls emigriert war und vor den Toren von Paris, zusammen mit seiner Frau Marinette, eine kleine Gärtnerei eröffnet hatte. Auch andere Verwandte sah er in diesen Jahren wieder, darunter seine Tante Eva Lewinski, seine Großmutter Caroline Voremberg und Dina, die Schwester seiner Mutter, mit ihrem Mann und den Töchtern. Sie alle hatten in Paris Zuflucht gefunden.

Die weite Reise von der dänischen Insel Fyn in die französische Hauptstadt unternahm Tom nur in Begleitung einiger weiterer

Kinder, deren Eltern inzwischen ebenfalls in Paris lebten. Zunächst ging es mit der Bahn bis Esbjerg, dann zu Schiff nach Antwerpen oder nach Dünkirchen. Eines Sommers, als er zehn oder elf Jahre alt war, sollte Tom erst in Dünkirchen von Bord gehen; dort wollte man ihn abholen. Aber er hatte herausgefunden, daß er viel früher bei seinen Eltern sein könnte, wenn er bereits in Antwerpen das Schiff verließe und den Nachtzug nach Paris nähme. Er fragte sich in Antwerpen zum Bahnhof durch, nahm den Zug, überraschte in Paris zu früher Morgenstunde das Personal des Restaurants, nahm dann die Metro Richtung Porte St. Cloud und rannte, den riesigen Koffer geschultert, zur nahegelegenen Wohnung der Eltern, die ihn eigentlich erst zwölf Stunden später in Dünkirchen abholen wollten. Doch Tom war früh ein eigenwilliger und sehr selbständiger kleiner Junge geworden.

Die schönsten Ferien, die er mit seinen Eltern verbrachte, waren auch die letzten. Tom hieß noch Theoluz, war dreizehn Jahre alt und reiste nach seiner Ankunft in Paris mit Erich und Herta an die bretonische Küste. Er erinnerte sich herrlicher Sommertage in einem einsam gelegenen Ferienhäuschen; er entsann sich eines Ziehbrunnens für die Wasserversorgung, eines nahegelegenen Bauernhofs, auf dem es frische Milch gab, eines herrlichen Strandes, immerwährenden Sonnenscheins und dicker Brombeeren, die Herta auf den abendlichen Rückwegen in ihrer Badekappe sammelte.

Nach diesen Ferien wollte Tom nicht an die Exilschule zurückkehren. Er spürte, daß dramatische Ereignisse bevorstanden, und wollte unbedingt bei seinen Eltern in Paris bleiben. Erich und Herta Lewinski aber entschieden damals anders. Sie fanden es sicherer, ihren Sohn fortzuschicken. Und so geschah es.

Drei Tage nach Toms Abreise begann der Zweite Weltkrieg. Zu diesem Zeitpunkt befand sich seine Schule bereits in Großbritannien. In richtiger Einschätzung der politischen Lage hatte sich Minna Specht frühzeitig um ein neues Asyl gekümmert. Ein Krieg, da war sie sicher, würde bald beginnen; und mit einer Besetzung Dänemarks durch deutsche Truppen mußte gerechnet werden. Im südlichen Wales hoffte sie, ihre Schule in die Gemeinschaft einer von Quäkern initiierten Selbsthilfeorganisation arbeitsloser Bergleute integrieren zu können. Sie hatte die Exilschule in Dänemark aufgelöst und alles Geld, das noch vorhanden war, an sich genommen. Da es mehr war, als offiziell ausgeführt werden durfte, wurde es im Gepäck der Reisenden versteckt. Tom erinnert sich, seinen alten Fotoapparat mit Banknoten vollgestopft zu haben. Dann machten sich Lehrer und Schüler auf den Weg. Ihre Reise von der dänischen Insel zu dem kleinen Bergarbeiterdorf Cwmavon in Südwales dauerte lange, denn sie wurde, mit Ausnahme der Schiffspassage, auf Fahrrädern bewältigt.

Wieder wurden einheimische Familien gefunden, in denen die Kinder einen Monat zu Gast waren, um die fremde Sprache zu lernen. Die Umgebung, in der sie anschließend lebten, erwies sich als wenig günstig. Die Integration in die Selbshilfeorganisation gelang nicht. »Die Leute am Ort betrachteten uns voll Mißtrauen als eine befremdliche Gruppe von Ausländern; und die Dorfkinder mochten uns nicht. Sie waren hart und roh, und wir hatten Angst vor ihnen. Wir blieben eine isolierte Gemeinschaft.« [14] Als die Kriegsgefahr immer größer wurde, fanden die arbeitslosen Bergleute Beschäftigung in der Rüstungsindustrie; ihre Gemeinschaft bröckelte auseinander, das Haus wurde aufgegeben. Wieder mußte eine neue Bleibe gesucht werden. Sie fand sich in Butcombe Court, unweit Bristol.

Im Frühling 1940 zogen Erzieher, Schüler und Kindergartenkinder auf das großzügige Anwesen, auf dem sich alle wohl fühlten und für die Dauer des Exils zu bleiben hofften. Doch es kam anders. Der Zweite Weltkrieg dauerte bereits ein halbes Jahr; deutsche Truppen hatten die Niederlande und Frankreich besetzt. In Großbritannien befürchtete man eine Invasion. Aus Sorge vor Sabotage und Spionage wurden alle dort lebenden Deutschen ohne Rücksicht auf ihren politischen Standort vorübergehend interniert. »Eines schönen Tages kam Polizei nach Butcombe Court, und alle unsere Lehrer wurden mitgenommen (...). Wir waren nur wenige Monate dort gewesen; aber das war das Ende unserer Schule.« [15]

Die Schließung der deutschen Exilschule bedeutete auch das baldige Ende von Tom Lewinskis Schulzeit. Er war nun, viel zu früh, völlig auf sich selbst gestellt. Seine Lehrer waren festgenommen worden, seine Eltern irgendwo in Frankreich auf der

Flucht vor ihren Landsleuten. Tom hörte vom Schicksal Erich und Herta Lewinskis lange Zeit nichts. Er fühlte sich von allen verlassen – ganz besonders von Minna Specht, die er liebte und zu der er aufgeschaut hatte. »Sie war eine ganz außergewöhnliche Persönlichkeit und besaß natürliche Autorität. Sie war eine wunderbare Lehrerin. Aber ich muß auch sagen, daß ich mich am Ende von ihr alleingelassen fühlte.« [16] Wie sein Vater Erich, so fand Tom Lewinski, hat auch Minna Specht der Nelsonschen Gedankenwelt Vorrang gegenüber allem anderen gegeben – auch gegenüber den Bedürfnissen von Individuen, insbesondere von Kindern. »Mit etwas mehr liebevoller Zuwendung und etwas weniger äußeren Problemen hätte dagegen unserer Schule ein großer Erfolg beschieden sein können.« [17] Wieviel diese Schule ihm trotzdem gegeben hatte, konnte Tom damals bald feststellen.

Er fand Aufnahme in einem Heim für Flüchtlingskinder. Doch dort kam ihm die Atmosphäre eng und beschränkt vor gegenüber dem weitgehend selbstbestimmten Leben, das er im Landerziehungsheim zu führen gewöhnt war. Zudem empfand er den vorübergehenden Besuch einer englischen Schule als absolute Zeitverschwendung, weil er in fast allen Fächern, Englisch eingeschlossen, besser als seine gleichaltrigen einheimischen Mitschüler war und die Stunden ihm nichts als Langeweile bereiteten.

Bei Beginn der Sommerferien hatte er seiner Mindestschulpflicht genügt und war entschlossen, der erdrückenden Fürsorge des Heimes zu entrinnen, Geld zu verdienen und sich auf eigene Füße zu stellen. Er war vierzehn Jahre alt und begriff erst als Erwachsener, wie sehr ihm damals ein Mensch gefehlt hatte, der ihm den richtigen Weg hätte weisen können.

Tom begann, das Zimmererhandwerk zu erlernen, entdeckte aber durch verschiedene Jobs auf Bauernhöfen bald, daß Arbeit in der Landwirtschaft seinen Neigungen am stärksten entsprach. Mit fünfzehn Jahren konnte er mit Erntemaschinen und Traktoren umgehen, Autos fahren und Ackergäule reiten. Er fühlte sich glücklich, unabhängig und stark. Doch wenn wichtige Entscheidungen anstanden, etwa der Wechsel vom Flüchtlingsheim zu einem landwirtschaftlichen Betrieb, schrieb er an Minna Specht, die, wie alle seine Lehrer, nur kurze Zeit interniert gewesen war; Minnas Rat bedeutete ihm weiterhin viel. »Ich schaute immer noch zu ihr auf als eine Persönlichkeit, die eine gewisse Verantwortung für mich hat. (...) Ihre Antwort lautete stets: Wenn ich dächte, es sei richtig, was ich vorhätte, dann sollte ich es tun.« [18] Letztlich also mußte Tom die Entscheidung allein treffen. Aber das hatte er schon in der Schule gelernt.»Zweifellos war der wichtigste Aspekt unserer Erziehung, daß wir ermutigt wurden, Problemlösungen selbst zu erarbeiten (...), kurz, daß wir denken gelernt haben.« [19] Fast ebenso wichtig war für Tom, »Verantwortungsbewußtsein gegenüber anderen und für uns selbst gelernt« zu haben. [20]

Auch in anderer Hinsicht hat ihm, rückblickend, die Schule »überall auf unterschiedliche Weise geholfen. Ein großer Vorteil war, daß wir immer so einfach wie möglich gelebt hatten, und so vermißte ich in diesem Punkt nie etwas. (...) Außerdem waren wir an Hausarbeit und an alle möglichen anderen praktischen Tätigkeiten gewöhnt, so daß ich es nicht als diskriminierend empfand, ein Zimmer zu schrubben. Schließlich half mir noch eine wichtige Sache: daß ich immer und jedem sagen konnte, was ich dachte, also niemals Angst hatte, meine Meinung mitzuteilen.« [21]

Wie es seinem viel zu früh auf sich selbst gestellten Sohn erging, erfuhr Erich Lewinski aus kompetenter Quelle mit einiger Regelmäßigkeit durch Briefe seines Halbbruders. Hans Lewinski, der nicht nur der Onkel, sondern auch der Lehrer Toms gewesen war, diente nun als John Martin in der britischen Armee. Er besuchte seinen Neffen, so oft es ihm möglich war. Seine Berichte an Erich und Herta Lewinski zeugen von liebevoller Teilnahme, Bewunderung und Sorge für den Jungen. Im Frühling 1942 hieß es in einem Brief:»Ich wünschte herzlichst, daß Ihr Tom sehen könntet: was für ein kräftiger Bursche und gut aussehender junger Mann er ist. (...) Ich verbrachte zweieinhalb Tage auf der Brocklesby-Farm. Mr. Brocklesby ist nicht nur zufrieden mit Tom, sondern geradezu vernarrt in ihn. Er sagt von ihm: ›Wenn man den Jungen hier so sieht, hat man den Eindruck, er sei auf einem Bauernhof geboren worden und aufgewachsen.‹« [22] Ein Jahr später besuchte John Martin den damals siebzehnjährigen Tom nochmals auf dem Hof. Er äußerte sich glücklich darüber, seinen Neffen »in bester Form, kräftig, gesund und sehr zufrieden mit seinem Job« [23] vorgefunden zu haben.»Er hat ein echtes Interesse an seiner Arbeit, und wenn man ihn mit dem Bauern über die Aufgaben des nächsten Tages sprechen hört, kann man sich nicht vorstellen, daß er nur ein Landarbeiter ist; es hört sich eher so an, als sprächen zwei Partner über ihre Arbeit.« [24] Auch nachdem Tom diesen Hof verlassen, dann Arbeit als Lastwagenfahrer und Unterkunft bei einer netten englischen Familie gefunden hatte, beschränkte sich sein Onkel nicht auf einen Sonntagsbesuch. John Martin fuhr mit Tom auf dem Lkw, half beim Be- und Entladen und stellte fest, daß sein Neffe ein ausgezeichneter Fahrer mit viel Verständnis für seinen Job war, der als zuverlässiger Arbeiter Anerkennung fand.

Es war ein harter Job.»Ich arbeitete schwer für einen örtlichen Transportunternehmer. Ich fuhr Getreide, Kartoffeln, Zuckerrüben und Steine für den Straßenbau. Wir hatten keine Hilfsmittel, wie sie heute üblich sind (...). Ich schleppte Hunderte von Tonnen Kartoffeln und Getreide auf meinen Schultern. Damals wurden Kartoffeln in 50-Kilo-Säcken abgepackt, und ein Sack Weizen wog 115 Kilo. Ich habe auch zahllose Tonnen Zuckerrüben und Steine auf die Lastwagen und herunter geschaufelt.« [25] Bei aller Hochachtung vor seinem zupackenden jungen Neffen fand John Martin doch,»als Lkw-Fahrer zu arbeiten, neun, zehn und mehr Stunden am Tag, manchmal sieben Tage in der Woche, das scheint mir nicht das Richtige zu sein. (...) Er sollte diese Jahre nutzen, um etwas für die Zukunft zu lernen.« [26]

Tom aber nutzte die Jahre auf andere Weise. Zeitweilig hatte er hochfliegende Pläne; er wollte als Kampfflieger zur Air Force gehen. Doch da war ihm seine deutsche Staatsbürgerschaft im Wege; und das Angebot, statt dessen einer Pioniereinheit zum Aufbau von Feldlagern zugewiesen zu werden, erschien ihm wenig verlockend. So blieb er Lastwagenfahrer, meldete sich allerdings zur Freiwilligen Feuerwehr von Market Rasen, seinem zwischen Humber-Mündung und Lincoln gelegenen Wohnort. Er ließ sich ausbilden und dem Wechselschichtdienst rund um die Uhr zuteilen. Das war in Kriegszeiten eine wichtige Aufgabe, weil heimkehrende Flugzeuge der Royal Air Force über britischem Gebiet nicht selten brennend abstürzten, nachdem sie bei Kampfeinsätzen über Deutschland schwer beschädigt worden waren.

Der Krieg schien allgegenwärtig zu sein, besonders in London.

Dorthin fuhr Tom mehrfach, als er auf der amerikanischen Botschaft versuchte, ein US-Visum zu erhalten, um seine Eltern in New York wiedersehen zu können. Wiederholt erlebte er bei diesen Aufenthalten in der Hauptstadt Angriffe deutscher V-1-Raketen.»Sie machten ein ganz spezielles Geräusch, und in offenem Gelände konnte man sie kommen sehen. Die Maschinen kamen erst zum Halt, wenn der Treibstoff zu Ende ging. Dann segelten sie zu Boden und explodierten. Es war nervenzerfetzend, sie zu erleben, wenn man in den Straßen von London war, wo man sie nicht ankommen sehen, aber über den Dächern hören konnte. Wenn man dann noch hörte, daß die Rakete zum Stillstand kam, wußte man, daß in den nächsten wenigen Augenblicken der Stille eine heftige Explosion ganz in der Nähe folgen würde. Als ich das zum erstenmal erlebte, suchte ich rennend Schutz. Gleichzeitig war ich voller Bewunderung für all die Londoner, die ihres Weges gingen, ohne erkennbar Notiz von der Sache zu nehmen. (...) Die Leute hatten so eine Haltung angenommen: ›Wenn es mich jetzt trifft, dann war es das eben. Wenn nicht, warum in Panik geraten?‹« [27]

Trotz alledem gab es auch Vergnügungen. Was Tom an Freizeit neben Job und Feuerwehr noch blieb, wurde in Variété-Vorstellungen, im Kino und auf Tanzdielen verbracht. Die Armeebands, die dort spielten, ließen sich zuweilen gern von den Gästen ablösen. Tom setzte sich dann ans Schlagzeug, ein Freund spielte Klavier. Das Repertoire der beiden jungen Leute war etwas dürftig, aber sie spielten mit Begeisterung. John Martin hatte weiterhin Anlaß, Briefe liebevoller Besorgnis in die USA zu schreiben. Zwar wirke sein Neffe keineswegs unglücklich; zu bedauern sei jedoch, daß er sich kaum mit Lektüre und gar nicht mit der Pflege seiner immer mehr entschwindenden deutschen Sprachkenntnisse beschäftige. Er gehe einer Menge Zerstreuungen nach; für »Mädchen, die im Ort ziemlich hinter ihm her sind«, [28] interessiere er sich allerdings überhaupt nicht. Das änderte sich, als Tom Edna Briggs begegnete.

Damals arbeitete er, wie viele seiner Freunde, in der Forstwirtschaft. Als erprobter Lkw-Fahrer hatte er die Aufgabe, das gefällte und grob bearbeitete Holz von den Sägewerken abzutransportieren. In der Verwaltung der Werke waren im Rahmen ihres kriegsbedingten Dienstes in der *Women's Land Army* auch junge Frauen beschäftigt. Die neue Dienstverpflichtete, die am Beginn des letzten Kriegsjahres in eines der Sägewerke bei Market Rasen kam, war Edna.

Sie entstammte einer kleinen Ortschaft in der Nähe von Newark in Nottinghamshire. Als zehntes von dreizehn Kindern war sie in ärmlichsten Verhältnissen aufgewachsen. Die Familie konnte dem begabten Mädchen nach der Mindestschulzeit eine weiterführende Ausbildung nicht ermöglichen. Edna arbeitete als Haushaltshilfe, erlernte später aber doch noch einen Beruf und wurde Krankenschwester. Fünf Jahre lang war sie in einer psychiatrischen Klinik beschäftigt gewesen, ehe sie nach Market Rasen ging und dort dem um einige Jahre jüngeren Tom Lewinski begegnete. Schon im Sommer 1946 wußten beide, daß sie zusammenbleiben würden.

Stolz berichtete Tom seinen Eltern von Edna und von der gemeinsam geplanten Zukunft. Erich Lewinski nahm sicher zu Recht an, der »Wunsch ›to *belong somewhere*‹ ist es wahrscheinlich, der seine Heiratspläne mit entscheidend beeinflußt hat«. [29] Es bestand bald Kontakt zwischen den Lewinskis in New York und ihrer künftigen Schwiegertochter, denn Erich teilte Minna Specht mit, Toms »*girl friend* scheint ein sehr reizendes Geschöpf zu sein. (...) Sie ist ein einfaches Mädchen, Arbeitertochter, aber, wie wir aus ihren Briefen entnehmen können, ein zarter und feiner Mensch.« [30] Abschließend folgte im Hinblick auf Tom noch eine für Lewinski sehr typische Bemerkung: »Es wird interessant sein, seine weitere Entwicklung zu beobachten, zu sehen, wie weit und wie tief die Erziehung gegangen ist, die er in der Schule hatte. Es scheint, daß das Fundament, das gelegt wurde, sehr solide ist.« [31]

Doch in manchen Äußerungen Erich Lewinskis schwangen auch ganz andere Töne mit – Sehnsucht nach dem Jungen und eine Ahnung davon, sowohl an dem Kind als auch an sich selbst etwas versäumt zu haben. In der frühen Nachkriegszeit schrieb Lewinski: »Theoluz' Verhältnis zu uns hat sich immer mehr vertieft. Wir hatten vor zwei Wochen einen sehr langen und besonders aufschlußreichen Brief, in dem er zum erstenmal über die Zeit nach dem Verlassen der Schule ausführlich schreibt. (...)

Zum erstenmal sehen wir, daß Theoluz eine überaus schwere und einsame und in gewisser Hinsicht unglückliche Zeit hatte. Er hat das mit sich allein abgemacht und sich bemüht, sich das nicht anmerken zu lassen. Was so sehr erfreulich ist: Er ist nicht die Spur bitter geworden, im Gegenteil.« [32]

Toms Briefe sind nicht erhalten. [33] Aber zweifellos hat er seinen Eltern damals, wenn auch spät, Fakten und Einschätzungen mitgeteilt, wie er sie viele Jahre danach aufgrund einer Befragung ehemaliger Schüler von Minna Spechts Landerziehungsheim nochmals äußerte: Nachdem Butcombe Court, die letzte gemeinsame Station von Schülern und Lehrern im Exil, 1940 geschlossen worden war, »waren die ältesten unter uns dreizehn bis fünfzehn Jahre alt, viele andere sogar noch jünger. Ich bin mir durchaus der Situation jener Zeit bewußt – der Krieg, die Unsicherheit, Internierung und Haft. Alle diese Faktoren waren selbstverständlich zur damaligen Zeit von niemandem direkt zu beeinflussen. Und doch habe ich mich oft gefragt, ob nach einigen Monaten nicht etwas hätte unternommen werden sollen, um die Scherben aufzusammeln. Der Umstand, daß nichts getan wurde, vermittelte mir viele Jahre lang das schreckliche Gefühl völligen Verlassenseins.« [34] Ähnlich äußerte sich Tom Lewinski rückblickend auch gegenüber Minna Specht: Aus der Zeit unmittelbar nach Schließung der Schule »bewahrt wahrscheinlich keiner von uns erfreuliche Erinnerungen. Was mich betrifft, der ich damals wohl vierzehn Jahre alt war, war da das Gefühl, ein Ausgestoßener zu sein, ein Kuriosum, ein Fremdling, *a bloody German* im kriegsführenden England.« [35]

Tatsächlich ist sich Tom Lewinski erst spät in vollem Umfang bewußt geworden, um wie vieles anders seine Kindheit und Jugend verlaufen sind als das Leben der meisten Gleichaltrigen. Über die grundlegenden Jahre im Landerziehungsheim stellte er rückschauend fest: »Das war ja nicht nur unsere Schule; es war auch unser Zuhause. Als solches hatte es, bezogen auf das Gefühlsleben, seine Schwächen. Es ist meine feste Überzeugung, daß keine Schule, so gut sie auch sein mag, die Liebe und Wärme des bescheidensten Elternhauses ersetzen kann.« [36]

Ein Elternhaus aber kannte Tom kaum. Nachdem er mit sieben Jahren ins Exil gegangen war, hatte er seine Eltern nur noch gelegentlich besuchsweise getroffen; als er dreizehn war, verhinderten die Kriegsereignisse jedes Wiedersehen. Gegen Kriegsende war er neunzehn Jahre alt und erhielt kein US-Visum. Als es 1946 endlich genehmigt wurde, war es zu spät.»Ironischerweise kam gerade jetzt mein lang erwartetes Visum für die Vereinigten Staaten. (...) Ich hatte keineswegs die Absicht, nach Deutschland zurückzukehren; und mir wurde klar, daß es unsinnig sein würde, nach Amerika zu gehen, das meine Eltern verlassen würden, wenn ich dort ankäme. Ich schrieb ihnen deshalb, erklärte die Situation (...) und schlug vor, daß (...) sie bei ihrer Rückkehr nach Deutschland über England reisen und mit uns einige Zeit verbringen sollten.« [37]

Als Erich Lewinski und seine Frau Herta ihren einzigen Sohn nach der Emigrationszeit im Februar 1947 wiedersahen, war aus ihm ein junger, erwachsener Mann geworden. Später erzählte er über diese erste Begegnung nach Jahren der Trennung seinen eigenen Kindern.»Ich hatte meine Eltern zuletzt gesehen, als ich mit dreizehn Jahren aus Paris abreiste. Jetzt war ich fast 21 Jahre alt und frisch verheiratet. Diese siebeneinhalb ereignisreichen Jahre hatten meinen Eltern Gefahren, Abenteuer und ein hartes Leben gebracht. Ich aber hatte meine prägenden Lebensjahre allein verbracht. Ich war gezwungen gewesen, selbstverantwortlich und unabhängig zu sein. Ich war kein Kind mehr, das zu seinen Eltern zurückkehrte. So sehr wir uns alle auf dieses Wiedersehen gefreut hatten – wir begegneten uns wie Fremde. Wir mußten einander von neuem kennenlernen.« [38]

[1] Schriftl. Mitteilung von Tom Lewinski, Holland-on-Sea, England, 7. 2. 1993.   [2] Mündl. Mitteilung von Mascha Oettli, Niederbuchsieten, Schweiz, 29. 4. 1993.   [3] Mündl. Mitteilung von Tom Lewinski, Juli 1992, vgl. Bericht von Herta Lewinski, zitiert in: Tom Lewinski: *What happened to the Lewinskis?*, unveröffentlichtes Manuskript, Holland-on-Sea, England, 1987, S. 26 f.   [4] Bericht von Herta Lewinski, zitiert in: Tom Lewinski: *What happened...*, a. a. O., S. 27.   [5] vgl.: Birgit S. Nielsen: *Erziehung zum Selbstvertrauen – Ein sozialistischer Schulversuch im dänischen Exil 1933-1938*, Wuppertal 1985; Inge Hansen-Schaberg: *Minna Specht – Eine Sozialistin in der Landerziehungsheimbewegung 1918-1951*, Bd. 22

der Reihe Studien zur Bildungsreform, hrsg. von Wolfgang Keim, Frankfurt am Main, Bern, New York, Paris 1992. [6] Tom Lewinski: *What happened...*, a. a. O., S. 49. [7] Bericht von Karen Busk, Dänemark, an Nora Walter, Jahresende 1974, übersetzt und im Besitz von Nora Walter, Ronnenberg. [8] Ebd. [9] Ebd. [10] Tom Lewinski: *What happened...*, a. a. O., S. 53. [11] Ebd., S. 57. [12] Ebd., S. 56 f. [13] Ebd., S. 53. [14] Tom Lewinski: *What happened...*, a. a. O., S. 61. [15] Ebd., S. 62. [16] Schriftl. Mitteilung von Tom Lewinski, Holland-on-Sea, England, 14. 2. 1993. [17] Ebd. [18] Tom Lewinski: *What happened...*, a. a. O., S. 84. [19] Ebd., S. 85. [20] Ebd., S. 86. [21] Ebd., S. 85. [22] Hans Lewinski an Erich und Herta Lewinski, Wragby, Lincolnshire, England, 6. 4. 1942. [23] Hans Lewinski an Erich und Herta Lewinski, Dumfries, Schottland, 27. 6. 1943. [24] Ebd. [25] Tom Lewinski: *What happened...*, a. a. O., S. 92. [26] John Martin an Erich und Herta Lewinski, o. O., 1. 8. 1945. [27] Tom Lewinski: *What happened...*, a. a. O., S. 95. [28] John Martin an Erich und Herta Lewinski, Dumfries, Schottland, 26. 4. 1944. [29] Erich Lewinski an Minna Specht, Forest Hills, New York, 26. 11. 1946. [30] Ebd. [31] Ebd. [32] Ebd. [33] Dazu teilte Tom Lewinski mit: »*After my mother's death I probably destroyed any letters from me that they kept, thinking that they were of no importance.*« Außerdem: »*I am afraid that I did not keep any of the letters that I received from my parents.*« (Brief an d. Verf., Holland-on-Sea, 29. 4. 1993.) Auch Durchschläge, die Erich Lewinski in der Regel von seinen Briefen gemacht hat, gibt es, seinen Sohn betreffend, nicht. Dazu Tom Lewinski: »*Perhaps my father did not consider his letters to me to be of sufficient importance to make copies, as he did with so much of his other correspondence.*« (Brief an d. Verf., Holland-on-Sea, 7. 2. 1993.) [34] Tom Lewinski: *What happened...*, a. a. O., S. 88 f., Antwort auf Umfrage für: Birgit S. Nielsen: *Erziehung...*, a. a. O. [35] Tom Lewinski an Minna Specht zu deren 75. Geburtstag, Dezember 1954, Durchschlag im Besitz von Nora Walter, Ronnenberg. [36] Tom Lewinski: *What happened...*, a. a. O., S. 86. [37] Ebd., S. 100 f. [38] Ebd., S. 105.

LE RESTAURANT VÉGÉTARIEN DES BOULEVARDS

Wenn Tom Lewinski später an die Zeit des Exils seiner Eltern zu-
rückdachte, dann entsann er sich gern der Tätigkeit seines Vaters
als Restaurantbesitzer in Paris. Als ideenreichen und zupackenden Gaststättenchef hatte er den Vater zuletzt erlebt, hatte den
Erfolg der Anstrengungen beider Eltern wahrgenommen und
vielleicht auch gespürt, daß die Arbeit ihnen mehr bedeutete als
nur ein Job.

An der Idee, in der französischen Hauptstadt eine vegetarische
Gaststätte zu eröffnen, hatte Erich Lewinski geradezu enthusia-
stisch festgehalten, nachdem er den Plan seiner Frau schon an
ihrem ersten Fluchtort, in Zürich, mitgeteilt hatte. Bereits im August 1933 war Lewinski mit Herta voll Zuversicht in Paris angekommen.

Seine Schwester Eva traf er dort bereits an. Wegen ihrer regime-
feindlichen Aktivitäten war sie im Ruhrgebiet gesucht worden
und hatte deshalb zuletzt in verschiedenen Verstecken gelebt, ehe
sie einige Monate vor Herta und Erich über das Saargebiet nach
Frankreich flüchtete. In Paris zählte Eva Lewinski bald zum Mit-
arbeiterkreis der *Editions Nouvelles Internationales*, die nicht
nur eine politisch-literarische Wochenschrift herausgaben, sondern auch Werke deutscher Exil-Autoren veröffentlichten;
außerdem gehörte sie zum Redaktionsstab der von Willi Eichler
herausgegebenen *Sozialistischen Warte*. Aufgrund ihrer schon
geknüpften Kontakte, insbesondere aber wegen ihrer hervorragenden französischen Sprachkenntnisse – Erich sprach anfangs
nur spärlich, Herta überhaupt nicht Französisch – konnte sie ihren Angehörigen manche Wege ebnen.

Vorausgegangen waren für Erich und Herta Lewinski einige
Monate unerlaubter Erwerbstätigkeit in der Schweiz; denn sie
hatten zwar eine monatlich zu erneuernde Aufenthalts-, aber
keine Arbeitserlaubnis erhalten. Lewinski fand Arbeit bei dem
Züricher Rechtsanwalt Rosenbaum, der es riskierte, ihn illegal zu

beschäftigen. Herta verdiente Geld durch Verbraucherbefragungen; einen Schweizer Franken gab es für jedes ausgefüllte Formular. Auch sonst hatten sie Glück in ihrem ersten Asyl, zum Beispiel mit der Vermieterin eines kleinen Zimmers, welches sich die Lewinskis schließlich leisten konnten. Die Wirtin war ihnen gewogen und erfand regelmäßig Ausreden, wenn die Polizei plötzlich auftauchte, um zu kontrollieren, ob die deutschen Emigranten nicht etwa illegal arbeiteten.

Die einzige Vorbereitung auf ihr in Paris geplantes Unternehmen bestand darin, in der Schweiz zahlreiche vegetarische Gaststätten aufzusuchen, einen Blick in deren Küchen zu tun und die so erhaltenen Informationen zu notieren. Um sich über gesunde vegetarische Großküchenkost zu orientieren, besichtigte Herta außerdem das Sanatorium von Bircher-Benner, das davor aus gesundheitlichen Gründen sowohl von Eva als auch von Erich Lewinski aufgesucht worden war.

»Erich wurde sehr unruhig. Er mochte unter diesen Umständen nicht in der Schweiz leben. (...) Eines Tages hatte er beschlossen, Dr. Rosenbaum zu bitten, ihm Geld zu leihen. Rosenbaum machte damals gerade Urlaub in seiner Villa in der Nähe von Ascona. Dorthin schrieb Erich ihm. Am Tag, nachdem er den Brief aufgegeben hatte, ging er wie gewohnt in die Kanzlei. Kaum daß er dort angekommen war, rief ihn Rosenbaums Sekretärin und berichtete, Rosenbaum habe eben angerufen und ihr gesagt, sie solle Erich einen Scheck ausstellen. Und damit übergab sie ihm einen Scheck über 10 000 Schweizer Franken. Rosenbaum hatte keine Fragen und keine Bedingungen gestellt. Erich protestierte, weil man so nicht verfahren könne. Aber die Sekretärin erklärte, ihre Instruktionen seien völlig eindeutig; sie sollte Erich lediglich das Geld aushändigen«. [1] Diese Summe und weitere hinzugeborgte 10 000 Schweizer Franken konnten den vertrauensvollen Geldgebern übrigens schon zum Jahreswechsel 1933/34 zurückgezahlt werden.

Herta Lewinski hatte dem Projekt zur Gründung eines vegetarischen Restaurants ein wenig zurückhaltend gegenüber gestanden; ihr Mann aber ging mit Elan an die Sache. Er suchte keine bescheidene Lokalität, sondern Räumlichkeiten in sehr guter Lage. Er fand sie im Bezirk Montmartre, wo ein neues Bürogebäude eben fertiggestellt worden war; es bot glücklicherweise Möglichkeiten zur Ausdehnung. Zu den drei Vierteln des zunächst von Lewinski nur in Anspruch genommenen Geschosses konnte der Rest der Etage hinzugemietet werden; denn eine Erweiterung erwies sich schon nach einer Woche Restaurationsbetrieb als erforderlich. Zur Möblierung des Lokals wurden aus zweiter Hand Tische und Stühle eines nahegelegenen Cafés erworben; die *Galeries Lafayette* lieferten Pfannen, Töpfe und Besteck, Teller, Tassen und Tischwäsche.

Während der Vorbereitungszeit, so berichtete Herta Lewinski später,»aßen wir jedesmal in einem Restaurant, um Anregungen für unsere eigenen Menüs zu erhalten. Um soviel wie möglich zu lernen, bestellten wir stets für jeden von uns verschiedene Gemüse. Einmal waren wir zu viert und bestellten wieder verschiedenes Gemüse. Als das Essen serviert wurde, bekamen wir alle Bohnen – aber natürlich unterschiedliche Sorten von Bohnen. Es war eine gute Art zu lernen.« [2]

Im Oktober war es soweit. Ein Plakat wurde gemalt; ein *sandwich-man* ging mit Schildern den Boulevard hinauf und hinunter: *RESTAURANT VÉGÉTARIEN DES BOULEVARDS (d'après Bircher-Benner) 28 BOULEVARD POISSONNIÈRE.*

Die vegetarischen Gaststätten des Internationalen Sozialistischen Kampfbundes – kurz Vegas genannt – hatten innerhalb der Organisation bereits eine gewisse Tradition; denn schon vor 1933 bestanden gut gehende Restaurants in Köln und in Berlin. Die Vegas erwirtschafteten einen Teil der Kosten, die für die politische, insbesondere die publizistische Arbeit des Bundes aufzubringen waren. Nach Beginn der NS-Herrschaft wurden weitere vegetarische Gaststätten in Hamburg, in Frankfurt am Main und eine zusätzliche in Köln gegründet. Sie besaßen nun eine etwas andere Funktion als vorher. Zunächst einmal sicherten sie den dort beschäftigten ISK-Mitgliedern den Lebensunterhalt; zudem wurden sie zu Treffpunkten und regionalen Zentren für die illegale politische Arbeit. Zum Teil waren sie mit technischen Hilfsmitteln, etwa Vervielfältigungsgeräten, ausgestattet, die ebenso für die harmlose Herstellung von Speisekarten wie für die unerlaubte Produktion von Flugblättern nützlich waren. Es war also für ISK–Emigranten naheliegend, im Ausland ähnliche Lokale zu gründen, die mit Glück und Geschick vergleichbare Funktionen übernehmen konnten. Die Vegas in Amsterdam, Paris und London verschafften den dort tätigen Emigranten das Nötige zum Leben; sie erwirtschafteten Geld für die politische Arbeit im Exil; sie waren Treffpunkt am Asylort und oft erste Anlaufstelle für neu hinzukommende Flüchtlinge.

In Paris bedauerten viele Emigranten aus dem Nelson-Bund, daß sich Kontakte zu Franzosen nur mit großer Mühe entwickeln ließen. In einer Biographie Willi Eichlers heißt es dazu:»Das lag nicht nur an Sprachschwierigkeiten, sondern vor allem zu Beginn daran, daß die von Erich Lewinski in Paris eröffnete vegetarische Gaststätte die Energien der meisten Genossen völlig absorbierte.« [3]

Mindestens wurden die Energien der Lewinskis, einiger ihrer nächsten Freunde und der ebenfalls exilierten Verwandten absorbiert. Dazu zählten insbesondere Erichs Halbgeschwister Eva und Hans Lewinski sowie sein angeheirateter Cousin und früherer Junior-Partner in der Kasseler Kanzlei, Hans Reinach. Sie waren es vor allen anderen, die im *Restaurant Végétarien des Boulevards* als Einkäufer, Köche, Kassierer, Geschirrspüler mithalfen.

Nach und nach hatten außer diesen Verwandten und dem als Gärtner tätigen Ernst Voremberg weitere Angehörige von Erich und Herta Lewinski in Paris Zuflucht gefunden. Erichs Stiefmutter Charlotte Lewinski hielt sich, zusammen mit ihrer jüngsten Tochter Ruth, 1936 einige Zeit in Paris auf, ehe beide nach Südafrika auswanderten. Wenig später teilten die Lewinskis ihr Quartier vorübergehend mit Hertas Schwester Dina und deren Mann Alfred Lilienstein. Sie hatten Glück, fanden bald eine eigene Wohnung und wurden durch Lewinskis Vermittlung Teilhaber einer kleinen, bald gut gehenden Patisserie, die die emigrierte Witwe eines deutschen Rechtsanwaltes eröffnet hatte. Erst später folgte ihren beiden Töchtern Herta und Dina auch deren Mutter Caroline Voremberg nach Paris. Sie brachte ihre beiden Enkelinnen Helga und Eva mit, die Dina und Alfred Lilienstein zunächst in Deutschland zurückgelassen hatten; ihr Sohn Günther war zu diesem Zeitpunkt bereits nach Palästina ausgewandert.

Die damals schon weit über sechzigjährige Caroline Voremberg

Emigranten-Treffpunkt:
Erich Lewinskis vegetarische
Gaststätte am Boulevard
Poissonnière in Paris.
Zum Helferstamm gehörten
(v.l.n.r.) Herta, Hans und Eva
Lewinski sowie Hans Reinach.

wurde durch ihre Emigration vollständig entwurzelt. Sie hatte ihr ganzes Leben auf dem Land verbracht, verstand keine Fremdsprachen und konnte in einer Weltstadt wie Paris auch nicht annäherungsweise heimisch werden. Dennoch war es diese Stadt, die ihr zu überleben half. Zusammen mit der Familie ihrer Tochter Dina überstand Caroline Voremberg den Krieg und die deutsche Besetzung in der französischen Hauptstadt. Das war nur durch die Hilfe von Franzosen möglich, die die deutsch-jüdische Familie bei Razzien verleugneten, die sie versteckten und mit dem Lebensnotwendigen versorgten.

Das Leben von Hans Reinach endete dagegen im Holocaust. Zusammen mit seiner Frau Lotte und seiner kleinen Tochter Marianne wurde er aus den Niederlanden, wo die Familie im Anschluß an das französische Exil Zuflucht gefunden hatte, nach Auschwitz deportiert und dort umgebracht. Diese traurige Gewißheit erhielt nach Ende des Krieges Erich Lewinskis Bruder John Martin, der als britischer Sergeant in Deutschland schon Ermittlungen über das Schicksal von Verwandten und Freunden anstellen konnte, ehe die Lewinskis in ihre Heimat zurückkehrten. In seinem Brief berichtete er ihnen von der »schrecklichen, brutalen, monströsen Wahrheit« [4] und versuchte, seine Gefühle des Entsetzens in Worte zu fassen: »Die ersten Nachrichten über die begangenen Greuel waren schockierend. Und doch trifft einen die Monströsität dieser Greuel erst dann wirklich wie ein Schlag, wenn man erfährt, daß eines jener unschuldigen Opfer ein Freund war oder ein Familienmitglied, jemand, den man kannte und den man liebte.« [5]

Zu den nahen Freunden, die überlebten und ebenfalls in Paris Asyl gefunden hatten, gehörte auch Nora Block, die später den Spanienkämpfer und Mitarbeiter des *Funken* Hermann Platiel heiratete. Hermann Platiel schlug sich als Emigrant mit vielen verschiedenen Jobs durch; unter anderem war er als Einkäufer für das Restaurant der Lewinskis tätig.

Nora, drei Jahre älter als Erich Lewinski, hatte mit dem Studium der Rechtswissenschaften und der Rechtsphilosophie erst spät beginnen können. Sie war dazu nach Göttingen gegangen, um dem Kreis des Internationalen Jugendbundes, den sie zuvor bereits kennengelernt hatte, nahe zu sein. In der Nelsonschen

Philosophie fand sie ihre geistige Heimat, für die sie auch andere, darunter Gustav Heckmann, gewann. Nachdem Nora Block ihr Jurastudium abgeschlossen hatte, absolvierte sie ihre Referendarzeit in Lewinskis Kasseler Anwaltskanzlei. Sie wohnte in dieser Zeit bei Erich und Herta Lewinski, teilte neben den politischen und philosophischen auch deren künstlerische Interessen und entwickelte eine lebenslange Freundschaft zu beiden. Einbezogen in diese freundschaftliche Beziehung wurden auch Eva Lewinski, mit der sie später im Pariser Exil zeitweilig eine Wohnung teilte, und der in den zwanziger Jahren ebenfalls als Rechtsreferendar in Kassel wirkende Georg August Zinn; Nora hatte den späteren Ministerpräsidenten des Bundeslandes Hessen bei den Lewinskis kennengelernt. Die damals entstandenen tiefen menschlichen Beziehungen bewährten sich in den schweren Jahren der Verfolgung und dann erneut nach Ende des Zweiten Weltkriegs. Es war in erster Linie Erich Lewinski, der Nora Platiel 1949 bewog, aus dem Exil nach Deutschland zu kommen und beim Aufbau eines demokratischen Rechtswesens mitzuarbeiten. Da Nora wegen der in ihrer Heimatstadt Bochum erlittenen Verfolgung keinesfalls dorthin zurückkehren wollte, ging sie auf Anregung ihres Freundes Lewinski nach Kassel, wo sie, wie er, am Landgericht tätig wurde. [6]

Als politisch aktives ISK-Mitglied, als Anwältin in politischen Prozessen und als Frau jüdischer Herkunft hatte Nora etwa zur gleichen Zeit wie die Lewinskis ins Ausland flüchten müssen; sie war bereits im Frühjahr 1933 in Paris eingetroffen und später häufig Gast am *Boulevard Poissonnière*. Dort fand sich, neben vielen weiteren emigrierten Freunden, oft auch Willi Eichler ein.

Erich Lewinski, in seinem Restaurant sowohl für den täglichen Betrieb als auch für die Geschäftsführung zuständig, hatte kalkuliert, daß es günstig wäre, in der Anfangszeit täglich mindestens 100 Gäste zu haben. Es waren schon am Eröffnungstag so viele, daß die Lebensmittelvorräte vorzeitig ausgingen und Herta als Chefin der Küche rasch zukaufen lassen mußte.»Die Gaststätte war sehr bald ein großer Erfolg. Daß es da ein Restaurant gab, sauber, nicht teuer und mit gutem gesunden Essen, verbreitete sich wie ein Lauffeuer, und zwar nicht nur in der Gemeinschaft der Emigranten, sondern auch unter gewöhnlichen Franzosen, die in der Nachbarschaft arbeiteten. Die Leute standen hinter den Stühlen der Gäste, die noch aßen, und warteten, bis die anderen fertig waren, um dann deren Plätze einzunehmen«, [7] berichtete Herta Lewinski, die die ersten Wochen als geradezu chaotisch in Erinnerung behielt. Immerhin erlaubte der beeindruckende Geschäftserfolg sehr bald eine komplette Neumöblierung des Restaurants; und Herta »bekam auch eine bessere Küchenausstattung. Nach kurzer Zeit bedienten wir über 500 Gäste täglich und beschäftigten 20 französische Serviererinnen und Küchenhilfen.« [8] Eva Lewinski glaubte, es sei in erster Linie das spezielle, angenehme Klima gewesen, das Gäste in so außergewöhnlich großer Zahl in die vegetarische Gaststätte ihres Bruders gelockt hätte. »Die Leute mochten das Essen, die geschmackvolle Art und Weise, in der es angerichtet wurde, die Atmosphäre irgendwie warmer Herzlichkeit, in der die Menschen dort zusammenfanden, und zwar sowohl Franzosen und Französinnen als auch Leute, die nun keine Staatsbürgerschaft mehr besaßen.« [9]

»Paris war voller Flüchtlinge; zahlreiche unter ihnen waren außerstande zu arbeiten. Viele von ihnen versorgten wir mit kostenlosen Mahlzeiten oder gaben ihnen Essen zum Mitnehmen. Wenn geschlossen wurde, gab Erich alle übriggebliebenen Lebensmittel den Bedürftigsten. Das wurde bald so bekannt, daß bei Lokalschließung immer eine Menge Leute an der Hintertür wartete.« [10]

Der Arbeitstag begann um sechs Uhr früh, wenn Erich Lewinski, der vormalige erfolgreiche promovierte Rechtsanwalt, zu *les halles* ging, um frisches Gemüse einzukaufen; unterdessen begann Herta, erste Vorbereitungen für die Menüs des Tages zu treffen. Die Arbeit endete lange nach Mitternacht; denn erst nachdem das Restaurant um 23 Uhr geschlossen hatte, konnten die Aufräum-, Spül- und sonstigen Reinigungsarbeiten erledigt werden.

Diese Anstrengungen hatten ihren Preis. Nicht lange nach Eröffnung seiner Gaststätte am *Boulevard Poissonnière* erkrankte Erich Lewinski sehr schwer an einer Lungenentzündung. Sein Körper verfügte über keinerlei Reserven; wochenlang lag er in einem schäbigen Krankenhaus, und weitere Wochen brauchte er nach der Entlassung, um wieder auf die Beine zu kommen.

In dieser Zeit war Eva Lewinski dem Restaurationsbetrieb eine besonders wertvolle Hilfe. »Damals habe ich eines Abends Otto kennengelernt, der mit einer Gruppe junger französischer Studenten zum Essen gekommen war. Ich werde diesen Abend nie vergessen. Ich hatte einen Anfall wirklich tiefer Traurigkeit und Einsamkeit (...). Aber irgendwie leuchtete da ein Funke zwischen uns zwei Fremden auf – und daraus wurde eine lebenslange Verbindung und Liebe.« [11]

An anderer Stelle und nicht auf sich selbst, sondern auf Nora Block und den Vater von deren Sohn Roger bezogen, hat Eva Lewinski einmal auszudrücken versucht, wie gerade weibliche Flüchtlinge die Exilsituation erlebten: »Die Atmosphäre unter den Emigranten, besonders der Mädchen und Frauen, wurde entscheidend bestimmt von der Unsicherheit der Gegenwart und Zukunft, die auf allen lastete. Leben als Emigrant, das bedeutete, ohne Arbeitserlaubnis zu sein, hieß Angst vor Ausweisungen, bedingte gegenseitige Hilfe, aber auch oft große Einsamkeit, um nur einige unserer Probleme zu nennen. Wir erfuhren Freundschaft und Solidarität, waren aber hin- und hergerissen zwischen dem, was wir gehofft hatten, mit unserem Leben zu machen, und dem, wie die tatsächliche Situation war. Bei vielen Frauen, wie bei Nora, kam auch noch eine ungestillte Sehnsucht nach Kindern und Familie dazu. Wir alle aber fühlten die Verpflichtung, anderen zu helfen, um vielleicht doch noch die uns alle bedrohende Katastrophe durch das Hitler-Regime abzuwenden. Es war eine sehr harte Zeit.« [12]

Die Liebe im Exil, die auch Eva Lewinski erlebte, bedeutete ein Stück Heimat; aber sie bedeutete auch ein Mehrfaches an Sorgen, wenn sich der geliebte Mensch, wie Evas späterer Ehemann, ganz in den Dienst des politischen Kampfes stellte. Otto Pfister, fast ein Jahrzehnt älter als Eva Lewinski, stammte aus einer süddeutschen Arbeiterfamilie. Im Anschluß an die Volksschulzeit hatte er Möbeltischlerei gelernt. Als er in den zwanziger Jahren arbeitslos wurde, ging er auf Wanderschaft nach Italien. In Rom erlebte er nach einigen Jahren seines Aufenthaltes den Faschismus in seiner italienischen Ausprägung. Angewidert verließ er das Land, dessen Menschen, dessen Sprache, dessen Kultur er lieben gelernt hatte. Frankreich war nicht weit und Nizza besonders nahe. Dort machte er die Bekanntschaft von Arbeitern, deren kritische politische Einstellung und deren sehr naturbezogene Lebensweise ihm gefielen. Diese Kollegen lebten vegetarisch, und auch das gefiel Otto Pfister; er nahm die Gewohnheit an und blieb zeitlebens dabei. Unterstützt durch seine neuen Freunde und durch viel Lektüre erlernte er die französische Sprache fast so leicht wie vorher die italienische. Er ging nach Paris, arbeitete auch dort als Möbeltischler und machte sich bald selbständig. Als die Auslandsdeutschen aufgefordert wurden, in ihrer Heimat Militärdienst zu leisten, ignorierte er diesen Appell, fuhr in jener Zeit unter größter Gefährdung aus Anlaß des Begräbnisses seiner Mutter aber trotzdem nach Deutschland. Gefahr drohte ihm auch in Paris, nachdem er sich dort an einer friedlichen Demonstration gegen das Dollfuß-Regime in Österreich beteiligt hatte. Derartige politische Betätigung war Ausländern verboten; Otto Pfister wurde vorübergehend inhaftiert, entging jedoch der Ausweisung.

Es war naheliegend, daß er als Vegetarier in Paris die Gaststätte von Erich Lewinski für sich entdeckte. Kurz nachdem er dort während der langen Krankheit des Inhabers dessen Schwester Eva kennengelernt hatte, schloß er sich dem Internationalen Sozialistischen Kampfbund und dessen antifaschistischem Kampf an. In das freundschaftliche und familiäre Beziehungsgeflecht der Lewinskis wurde Otto Pfister rasch und herzlich einbezogen. Heiraten konnten Eva Lewinski und Otto Pfister erst sehr viel später; die Ereignisse und das starke politische Engagement beider trennten die so innig verbundenen Menschen in den folgenden Jahren mehrfach und für lange Zeit unter dramatischen Umständen.

Doch auch der Alltag im Exil wirkte belastend, die schwere körperliche Arbeit, die starke seelische Anspannung. Die Lewinskis lebten, wie alle Emigranten, in Ungewißheit über die Dauer ihrer Aufenthalts- und Arbeitserlaubnis; einen einklagbaren Rechtsanspruch auf Asyl gab es in Frankreich nicht. Nach und nach wurden viele der Freunde Erich und Herta Lewinskis ausgewiesen. Wer sich etwas zuschulden kommen ließ, war besonders gefährdet. Und die Lewinskis ließen sich, nach den Buchstaben des Gesetzes, etwas zuschulden kommen; sie beschäftigten illegal Mitarbeiter, Flüchtlinge wie sie selbst, die jedoch keine

Arbeitserlaubnis erhalten hatten oder aus anderen Gründen außerstande waren, für ihren Lebensunterhalt zu sorgen. An einen äußerst kritischen Vorfall erinnerte sich Herta Lewinski noch Jahrzehnte später. »Wir hatten gerade begonnen, *lunch* zu servieren, als Polizei eintraf. Sie fragten Erich, ob wir etwa Ausländer ohne Arbeitserlaubnis beschäftigten. Erich antwortete indigniert: ›Selbstverständlich nicht, meine Herren. Aber ich kann die Sache jetzt wirklich nicht diskutieren. Sehen Sie nicht, wie beschäftigt ich bin?‹ Natürlich wurde sofort in der Küche bekannt, daß Polizei im Haus war, und all diejenigen unserer Helfer, die keine Arbeitserlaubnis besaßen, flüchteten über die hinteren Treppen, um sich im Kohlenkeller zu verstecken. Als die Polizei gegangen war, nahmen wir an, daß Erich sie überzeugt hatte und sagten unseren Freunden, daß sie wieder nach oben kommen könnten. Wir mußten herzlich lachen, als wir sahen, daß sie von Kopf bis Fuß mit Kohlenstaub bedeckt waren; aber wir lachten nicht lange. Plötzlich waren die Polizisten wieder da. Diesmal hatten sie eine Namensliste mit allen unseren Beschäftigten, legalen und illegalen. Später fanden wir heraus, daß die *concièrge* Polizeispitzel geworden war. Als Erich mit dieser Situation konfrontiert wurde, schämte er sich derartig darüber, bei einem Haufen Lügen erwischt worden zu sein, daß er ohnmächtig zu Boden stürzte.« [13]

Daß einige Zeit später Erich und Herta Lewinski ausgewiesen werden sollten, hing höchstwahrscheinlich mit diesem Vorfall zusammen. »Wir unternahmen verzweifelte Anstrengungen, um die zuständigen Personen umzustimmen. Wir erklärten, unser Leben sei ernstlich in Gefahr, wenn man uns nach Deutschland zurückschickte. Wir gaben zu, Flüchtlinge illegal beschäftigt, aber auch zwanzig Franzosen eingestellt zu haben, die arbeitslos werden würden, wenn man uns wegschickte. Die Einwanderungsbehörde drückte ihre Sympathie aus, erklärte aber auch, daß sie nichts ändern könne; Gesetz sei Gesetz, und das müsse befolgt werden. Schließlich wurden uns acht Tage Zeit zum Verlassen des Landes gegeben. Wieder einmal rettete uns Erichs kühne Denkweise: Unser Vermieter, der Besitzer des Hauses, war damals der französische Botschafter in Berlin, François-Poncet. Erich beschloß, ihm persönlich zu schreiben. Er erklärte die Situation in allen Details

111

und bat Monsieur François-Poncet um Hilfe. Einige Tage darauf kam ein Mann ins Restaurant und stellte sich als Rechtsanwalt Monsieur François-Poncets vor. Er verlangte zu erfahren, wie Erich den Nerv haben könne, einer solch illustren Person wie Monsieur François-Poncet einfach zu schreiben. Erich antwortete, daß das nicht viele Nerven gekostet habe; wer in einer verzweifelten Situation sei, ergreife jeden Strohhalm, der sich ihm biete. Der Anwalt erklärte dann, er werde sich an die Behörden wenden und schauen, was man tun könne. Er kam nach weniger als einer Stunde zurück und sagte, die Sache stünde schlecht für uns. Er habe unsere bereits fertig ausgestellten Ausweisungspapiere gesehen, wirksam in drei Tagen und Einfachfahrkarten nach Deutschland enthaltend. Dann lächelte er und sagte: ›Keine Sorge, die haben nun nichts mehr gegen sie in der Hand; es scheint, daß ihre Akte verlorengegangen ist. Unternehmen Sie nichts. Ich komme in ein paar Tagen mit der Bewilligung für Ihre neuen Arbeitserlaubnisse und mit Identitätspapieren zurück.« [14]

Etwa sechs Wochen später wurden Erich und Herta Lewinski freundlich zur zuständigen Behörde eingeladen, um dort ihre Papiere abzuholen. Sie mußten nicht, wie es üblich war, stundenlang warten, wurden vielmehr sofort vorgelassen und mit ausgesuchter Höflichkeit behandelt. Sie erhielten ihre Papiere und hatten bis zur Besetzung Frankreichs durch deutsche Truppen nie mehr Schwierigkeiten.

Auch die Wohnsituation hatte sich für Erich Lewinski und seine Frau nach einiger Zeit verbessert; Maurice de Abravanel, ein guter Freund, verhalf ihnen dazu.

Der Dirigent griechisch-jüdischer Herkunft war in Lausanne aufgewachsen und portugiesischer Staatsbürger. Während seines Studiums in Berlin wurde er ein großer Verehrer der Musik Kurt Weills, der den fast gleichaltrigen Musiker nach Kräften förderte. Die Lewinskis als musik- und theaterbegeisterte Menschen hatten den damals noch sehr jungen Abravanel 1927 während eines Engagements an der Kasseler Oper kennengelernt; daraus wurde eine Freundschaft fürs Leben. Wie Kurt Weill, sein Mentor, mußte auch Abravanel 1933 Deutschland verlassen. Er ging nach Paris und erhielt danach auf Empfehlung Kurt Furtwänglers, der ihn sehr schätzte, Engagements in den USA. Dort setzte er seine bedeutende Dirigenten-Karriere fort. Erich und Herta Lewinski erlebten später, in New York, verschiedene von ihrem Freund dirigierte Broadway-Inszenierungen von Weill-Musicals und anderen Werken moderner europäischer Musik. Als Maurice de Abravanel neunzigjährig starb, wurde vor allen Dingen gewürdigt, daß er »praktisch bis zum Ende seines Lebens die Sache der zeitgenössischen Musik unermüdlich und selbstlos« [15] gefördert habe. Unermüdlich und selbstlos war Abravanel aber auch in seiner Hilfsbereitschaft für Menschen in Not. Erich und Herta Lewinski erfuhren dies in Paris und später, stärker noch, in New York.

Ihr erstes Pariser Quartier war ein Hotelzimmer der schlichtesten Art gewesen; bald aber konnten sie sich eine kleine, wenngleich ebenfalls äußerst bescheidene Wohnung leisten, die sie nach und nach mit Möbeln vom Flohmarkt ausstatteten. Als Abravanel, vorübergehend, wie er dachte, nach Amerika ging, bot er den Lewinskis seine Pariser Wohnung mit Balkon und Seine-Blick an der Porte St. Cloud an. »Ob wir drin wohnen und sie versorgen wollten, solange er fort war? Falls wir dies für ihn tun wollten, brauchten wir nur eine nominelle Miete zu zahlen. Das war ein Gefallen, den wir ihm gern taten. Unsere wenigen Monate in Maurices Wohnung sollten fünf Jahre dauern. Er war zum Dirigenten an der Metropolitan Oper in New York berufen worden und schrieb uns, daß er seine Wohnung in Paris weiterhin nicht aufgeben wolle; wir könnten dort bleiben, solange wir wollten.« [16] Auf diese Weise lebten Erich und Herta Lewinski während der längsten Zeit ihrer Pariser Jahre in äußerst komfortabler Umgebung. Als einziges Problem bezeichnete es Herta Lewinski, »daß wir die Räume kaum jemals für uns hatten. Es gab so viele Freunde, die irgendwo unterkommen mußten, daß wir höchst selten allein waren.« [17]

Viele der Menschen, die aus Nazi-Deutschland, später auch aus Österreich und der Tschechoslowakei nach Frankreich flüchteten, waren Persönlichkeiten, die als Bildende Künstler, als Schriftsteller, als Politiker über die Grenzen ihrer Herkunftsländer hinaus bekannt waren. »Andere, wie wir und unsere nächsten Freunde, waren jung und damals wenig bekannt; aber wir fanden

Kontakt zu prominenten älteren Mitgliedern der sozialdemokratischen Emigration. Diese Kontakte führten zu vielen Einsichten und zu großartigen Freundschaften.« [18] Deshalb, so notierte Eva, empfanden die Lewinskis die Jahre in Paris, trotz aller Bedrohung, als »ausgefüllt« und »reich«. [19]

»Unser Leben fand gewissermaßen auf drei Ebenen statt: Zuerst mußten wir irgendwie existieren, einen Lebensunterhalt finden, wie bescheiden der auch immer sein mochte. Zweitens mußten wir Kontakte und Hilfsmöglichkeiten zu jenen Freunden aufrechterhalten, die in Deutschland geblieben waren und ihre Widerstandsarbeit unter großen Risiken für Freiheit und Leben fortsetzten. Und drittens mußten wir versuchen, unsere französischen Freunde von der Bedrohung zu überzeugen, die von Deutschland ausging.« [20]

Diesen Aspekt ihrer politischen Arbeit hat Eva Lewinski als besonders schwierig, ja manchmal sogar als entmutigend empfunden. Es war den Menschen im Asylland schwer nahezubringen, wie es im Herkunftsland der Flüchtlinge wirklich aussah. »Immer wieder drückte man Sympathie gegenüber unseren Überlegungen und unseren Sorgen aus; aber gleichzeitig erinnerte man nachsichtig daran, daß wir, die wir soviel verloren hatten, natürlich nicht behaupten konnten, die Verhältnisse in Deutschland objektiv beurteilen zu können. (...) Die Deutschen, die mit dem Versailler Vertrag so schlecht behandelt worden waren, wollten sicherlich keinen Krieg; sie wollten nur leben, ihre Probleme selbst lösen, und wenn man ihnen Verständnis entgegenbrächte, würden sich die Dinge schon regeln...« [21]

[1] Bericht von Herta Lewinski, zitiert in: Tom Lewinski: *What happened to the Lewinskis?*, unveröffentlichtes Manuskript, Holland-on-Sea, England 1987, S. 30 f.   [2] Ebd., S. 35.   [3] Sabine Lemke-Müller: *Ethischer Sozialismus und soziale Demokratie – Der politische Weg Willi Eichlers vom ISK zur SPD*, Bonn 1988, S. 105.   [4] John Martin an Erich und Herta Lewinski, Bünde, Westfalen, 11. 11. 1945.   [5] Ebd.   [6] Vgl.: Helga Haas-Rietschel, Sabine Hering: *Nora Platiel – Sozialistin, Emigrantin, Politikerin*, mit einem Beitrag von Susanne Miller: *Der Internationale Sozialistische Kampfbund*, Köln 1990.   [7] Herta Lewinski, a. a. O., S. 37.   [8] Ebd.

[9] Eva Lewinski-Pfister, Otto Pfister: *To Our Children*, unveröffentliches Manuskript, Canoga Park, Kalifornien, USA, April 1979, S. 60. [10] Herta Lewinski, a. a. O., S. 37. [11] Eva Lewinski-Pfister, a. a. O., S. 61. [12] Helga Haas-Rietschel, Sabine Hering, a. a. O., S. 75. [13] Herta Lewinski, a. a. O., S. 40. [14] Ebd., S. 41. [15] *The Guardian*, 29. 9. 1993. [16] Herta Lewinski, a. a. O., S. 43. [17] Ebd. [18] Eva Lewinski-Pfister, a. a. O., S. 58. [19] Ebd. [20] Ebd. [21] Ebd. und f.

»DRINGENDER APPELL«

Die Wahrheit über Nazi-Deutschland vermitteln – das war eines der zentralen Anliegen aller tätigen Mitglieder der politischen Emigration. Paris war einer der Mittelpunkte dieser Aktivitäten; gleichzeitig war die französische Hauptstadt erste Exilzentrale des Internationalen Sozialistischen Kampfbundes. Und Erich Lewinskis *Restaurant Végétarien des Boulevards* trug mit seinen reichlich erwirtschafteten Überschüssen zur Finanzierung der politischen, insbesondere der publizistischen Arbeit des ISK im Exil bei. Während das Lokal für viele Exilierte erste Anlaufstelle, Treffpunkt und fast ein Stückchen Heimat war, bildete der Mitarbeiterstab der durch Willi Eichler herausgegebenen *Sozialistischen Warte* den inhaltlichen Kristallisationspunkt der ISK-Emigration.

Die Zeitschrift *isk* und die Tageszeitung *Der Funke* waren bereits verboten worden, als Eichler Opfer jener Verhaftungswelle hatte werden sollen, die dem Reichstagsbrand vom 27. Februar 1933 gefolgt war. Doch der Leiter des ISK entkam über das Saargebiet, das damals noch unter Völkerbundherrschaft stand und zum ersten Asyl für Tausende von Flüchtlingen wurde. Wenig später ging Eichler nach Paris, wo bereits ab Mai 1934 *Die Sozialistische Warte* erschien.

Zuvor – noch im Laufe des Jahres 1933 – hatten illegale Tagungen des Internationalen Sozialistischen Kampfbundes in Berlin, in Saarbrücken und in Amsterdam stattgefunden. Bei diesen Zusammenkünften waren die Fortsetzung der politischen Arbeit unter den Gegebenheiten der Illegalität abgesprochen und alle nötigen Vereinbarungen entsprechend den Regeln konspirativer politischer Tätigkeit getroffen worden. Hellmuth von Rauschenplat, der seinen Decknamen Fritz Eberhard später beibehielt, übernahm die Inlandsleitung, Willi Eichler die Auslandsleitung des Bundes.

Die Anforderungen an die ISK-Funktionäre waren nun noch

größer als zuvor. Es wurde ihnen abverlangt, keinerlei private Bindungen einzugehen und sich zum Schutz der betreffenden Menschen von etwa vorhandenen persönlichen Beziehungen zu befreien. Zu den früheren Aufnahmebedingungen – Vegetarismus, Alkoholabstinenz und Kirchenaustritt – kam als neue die Eignung für die illegale politische Arbeit hinzu. Das finanzielle Privateigentum der Funktionäre wurde auf die Mittel beschränkt, die zu bescheidenem Lebensunterhalt unbedingt erforderlich waren; und auch die Mitglieder, die keine Führungspositionen innehatten, gaben alle Einkünfte, die über damals 150 Mark monatlich hinausgingen, an den Bund ab. Auf diese Weise war die an sich sehr kleine Gemeinschaft des ISK finanziell gut gerüstet, um die politische Arbeit und auch Unterstützungszahlungen leisten zu können.

Den ISK-Mitgliedern waren die ihnen abverlangten Opfer eine Selbstverständlichkeit; sie wurden als logische Folge der Nelsonschen Lehre unter den besonderen, inzwischen eingetretenen, sehr schwierigen politischen Gegebenheiten begriffen. Aufgrund der von allen Angehörigen des Bundes akzeptierten und praktizierten Lebensregeln waren zudem Verhaltensweisen eingeübt, die hervorragende Grundlagen für disziplinierte illegale politische Arbeit bildeten. Aus diesem Grund war der Anteil des ISK am gesamten Arbeiterwiderstand trotz der geringen Mitgliederstärke des Bundes besonders hoch. Nahezu alle seiner Angehörigen hatten sich bei Beginn der NS-Herrschaft bereit erklärt, unter den Bedingungen der Illegalität im Widerstand zu arbeiten.

Vor der persönlichen Entscheidung zur Mitarbeit im Kampf gegen die NS-Diktatur war sich jeder ISK-Aktive darüber im klaren, daß er Fähigkeiten entwickeln und Verhaltensweisen würde einüben müssen, die bis dahin im Nelson-Bund verpönt gewesen waren – Lüge, Verstellung, Verleugnung im Interesse der konspirativen Arbeit. Angesichts der Notwendigkeit des Einsatzes gegen ein verbrecherisches Regime empfand jedoch kein ISK-Angehöriger deswegen moralische Skrupel. Susanne Miller, die im englischen Exil Mitarbeiterin und nach Kriegsende, zurück in Deutschland, Ehefrau Willi Eichlers wurde, beschrieb jedoch ein anderes Problem: »Die Frage war (...), ob die Persönlichkeitsstruktur und die Sozialisation der Menschen, die zum ISK gefunden hatten und von seinen ethischen Grundsätzen geprägt worden waren, ihnen solch ein Verhalten überhaupt möglich machten, selbst wenn sie dazu bereit gewesen waren. In den meisten Fällen kann die Frage, vielleicht erstaunlicherweise, positiv beantwortet werden. Doch es gab auch Menschen im ISK, die von vornherein von sich wußten, daß sie den Erfordernissen konspirativer Arbeit nicht entsprechen würden.« [1]

Wer aber, wie die meisten, mitwirkte im Widerstand, hatte Gelegenheit, durch Teilnahme an philosophischen Kursen den Inhalt des Kampfes zu erörtern und sich seines Sinnes zu vergewissern. Grete Henry-Hermann, die frühere Nelson-Assistentin, und andere führende ISK-Mitglieder reisten zu diesem Zweck von Stadt zu Stadt und stellten bei den von ihnen geleiteten Lehrgängen immer wieder fest, »daß Mut und Bereitschaft zum Widerstand gestärkt werden konnten auch durch gedankliche Klärung der Werte, um die es dabei ging«. [2]

In Deutschland und in den Asylländern war das Wort die Waffe im Widerstand, das geflüsterte und das gesprochene, das geschriebene und das verbreitete, später auch das über Funk gesendete. Folglich wurden die meisten der von den ISK-Aktiven erübrigten Geldmittel für die umfängliche publizistische Tätigkeit ausgegeben. *Die Sozialistische Warte*, ursprünglich ein monatlich erschienenes Blatt, kam bald vierzehntägig, dann sogar wöchentlich heraus. Hunderte von Exemplaren der Zeitschrift, auf Dünndruckpapier hergestellt, wurden nach Deutschland geschafft und dort verteilt. Auf Bibelpapier wurden auch die nach einem der Pseudonyme Willi Eichlers benannten *Reinhart-Briefe* gedruckt. Sie waren in erster Linie dazu gedacht, in Deutschland nicht zugängliche Informationen zu vermitteln und den gemeinsamen Kampf gegen den Nationalsozialismus zu propagieren. Diesem Ziel dienten im wesentlichen auch Flugblätter und Schriften, die, mit unverdächtigen Tarntiteln versehen, in Paris zur Verteilung in Deutschland hergestellt wurden.

Willi Eichler und seine Mitarbeiter standen einerseits in engem Kontakt mit den in Deutschland illegal tätigen Genossen, andererseits mit den Freunden vom französischen ISK, der als eigene Zeitschrift *Le Rappel* herausgab; ähnliches galt für Verbindungen zu der ISK-Gruppe in England und deren *Socialist Vanguard*.

Der ISK-Verlag Öffentliches Leben hatte sich noch einige Jahre in Deutschland halten können; doch 1937 mußte sein Verleger Erich Irmer ebenfalls emigrieren. In Paris gründete er, zusammen mit Hanna Fortmüller, einer engen Mitarbeiterin Eichlers, einen neuen Verlag, in dem Exilliteratur veröffentlicht wurde. Mit der schriftstellerischen Arbeit von Emigranten befaßte sich auch eine 1938 zusätzlich gegründete literarische Vierteljahresschrift des ISK. Die überaus erstaunliche publizistische Tätigkeit des ISK kostete enorme Energien und viel Geld. Über die Vermittlung politischer Botschaften hinaus hatten diese Aktivitäten zur Folge, den Bund und seine Ziele einem beachtlichen Kreis von Interessierten überhaupt erst bekannt zu machen, ein Aspekt, der von Willi Eichler besonders hoch eingeschätzt wurde. Mit wachsendem Bekanntheitsgrad verstärkte sich auch die Einbeziehung des ISK in verschiedene Initiativen der politischen Emigration in Paris. Die intensive Zusammenarbeit bei der Herstellung der Publikationen förderte nebenbei auch den Zusammenhalt unter den Nelson-Anhängern, deren Funktionäre übrigens selbst unter den erschwerten Bedingungen des Exils zu regelmäßigen Treffen und zu wiederholten Lehrgängen zusammenkamen.

In der Pariser ISK-Kolonie spielte Eva Lewinski politisch eine bedeutendere Rolle als ihr Bruder Erich, dessen Zeitbudget und Kräfte durch den Restaurantbetrieb fast völlig absorbiert wurden; sein Beitrag bestand überwiegend in der Mitfinanzierung der Arbeit des Bundes in Paris. So war es eher die Ausnahme von der Regel, daß Lewinski im Auftrag Eichlers mit dem ebenfalls im französischen Exil lebenden Heinrich Mann eine Unterredung führte, um den Dichter zur Mitarbeit an der *Sozialistischen Warte* zu gewinnen. Die Zeitschrift enthielt seit Frühjahr 1936 die Beilage *Freie Tribüne*, welche als Diskussionsforum »offenstehen soll für alle, die in sozialistischen Fragen wesentliches zu sagen haben«. [3]

Besonders wertvoll war für den ISK im Exil die Begegnung Willi Eichlers mit Edo Fimmen, dem Generalsekretär der Internationalen Transportarbeiter-Föderation. Die beiden Männer waren im August 1933 durch René Bertholet, einen gemeinsamen Freund und führenden Widerstandskämpfer mit Schweizer Paß, bekannt gemacht worden. Daraus entwickelte sich eine fruchtbare und vertrauensvolle Zusammenarbeit, die ihren Quell mehr in gegenseitiger Wertschätzung als in weltanschaulicher Übereinstimmung hatte. Immerhin entdeckte Eichler in Fimmens Sozialismusverständnis einen »ethisch-aktivistischen, ganz und gar untheoretischen (...) Zug« [4], einen Zug also, der in manchem praktizierten Nelsonschen Idealen nahekam, ohne allerdings auf dessen Philosophie zu fußen. Völlige Übereinstimmung aber herrschte über die Notwendigkeit eines geschlossenen Kampfes gegen Nazi-Deutschland. Edo Fimmen hatte sich selbst und seine Gewerkschaft früh und rückhaltlos in diesen Kampf gestellt; die Transportarbeiter-Föderation leistete dabei weltweit unschätzbare Dienste. »Der Holländer Edo Fimmen ist der größte Feind Deutschlands«, [5] stellte in einem Prozeß gegen deutsche Widerstandskämpfer 1938 ein NS-Staatsanwalt fest. Und Eichler, der Fimmen gern als Friedensnobelpreisträger gesehen hätte, schrieb später über den großen Gewerkschaftsführer: »Wenn einst die Geschichte der Abwehrkämpfe der Arbeiterschaft gegen den Faschismus geschrieben wird, dann wird Fimmens Name an der Spitze stehen. Er wird als ein Beispiel in die Geschichte der Arbeiterbewegung eingehen dafür, wie ein Gewerkschaftsführer auszusehen hat, der viel Macht hat (...) und der gleichzeitig ein empfängliches Herz, einen klaren Verstand und einen reinen Willen mitbringt.« [6]

Eine Einheitsfront gegen den Faschismus – dafür setzte sich sowohl Edo Fimmen als auch Willi Eichler ein.

Schon früh, kaum daß der Nelson-Bund Partei geworden war, hatte sich der ISK, zusammen mit anderen Links-Parteien, an Aktionen gegen völkisch-nationalistische Veranstaltungen beteiligt. Ein Zusammengehen der Opposition gegen den zunehmend erstarkenden Nationalsozialismus erschien der ISK-Führung besonders dringlich, nachdem bei den Reichstagswahlen im September 1930 die NSDAP außerordentliche Erfolge erzielt hatte und zweitstärkste Reichstagsfraktion geworden war. Und auch nachdem die Einheitsfront-Aktivitäten des ISK 1932 aus Anlaß der Reichspräsidentenwahl erfolglos geblieben waren, wurde die Partei nicht müde, weiterhin zu gemeinsamen Aktionen gegen Nationalismus und Faschismus aufzurufen. In seinen Publikationsorganen warnte der ISK vor weiterer Zersplitterung der Linken und appellierte an alle anti-nationalistischen Kräfte in den Arbeiterparteien, in der Freidenker-Bewegung und besonders in den Gewerkschaften, im Kampf gegen den gemeinsamen Gegner zusammenzustehen. Dies drückte der ISK auch symbolisch aus, indem er Aufkleber herstellte, die die Signets der »Antifa« und der »Eisernen Front« vereinigten, und indem er seine Mitglieder aufforderte, die Parteiabzeichen von SPD und KPD nebeneinander tragen.

Eine regelrechte Kampagne mit Unterschriftenaktionen und einer beeindruckend großen Zahl von Veranstaltungen hatte der ISK aus Anlaß der im Sommer 1932 bevorstehenden Reichstagswahlen gestartet. Er veröffentlichte im Juni zusätzlich einen »Dringenden Appell« mit der neuerlichen Aufforderung, »endlich einen Schritt zu tun zum Aufbau einer einheitlichen Arbeiterfront, die (...) für die weitere Abwehr notwendig sein wird. Wir richten an jeden (...) den dringenden Appell zu helfen, daß ein Zusammengehen der SPD und der KPD für diesen Wahlkampf zustande kommt. (...) Sorgen wir dafür, daß nicht Trägheit der Natur und Feigheit des Herzens uns in die Barbarei versinken lassen!«[7] Unterzeichnet war der »Dringende Appell« nicht nur von führenden ISK-Mitgliedern, sondern auch von international bekannten Schriftstellern, Wissenschaftlern und Künstlern, darunter Albert Einstein, Erich Kästner, Käthe Kollwitz, Heinrich Mann und Arnold Zweig. Diese Namen sicherten dem »Dringenden Appell« des ISK viel Aufmerksamkeit – und später, im Exil, einiges Prestige.

In Paris knüpfte Willi Eichler an diese gemeinsame Initiative an. Nachdem er in ISK-Publikationen der frühen Emigrationszeit den Gedanken gemeinschaftlicher Aktionen gegen den deutschen Faschismus propagiert hatte, nahm er im September 1935 auch an jener ersten großen Zusammenkunft deutscher Emigranten im Pariser Hotel »Lutetia« teil, die der Vorbereitung einer deutschen Volksfront dienen sollte. Unter dem Präsidium von Heinrich Mann und der Sitzungsleitung von Willi Münzenberg berieten Vertreter der deutschen Arbeiterparteien, aber auch Christen verschiedener Glaubensrichtungen über Möglichkeiten zur Bildung der Einheitsfront gegen Nazi-Deutschland. Eichler beurteilte die Einbeziehung nichtsozialistischer, also bloß antinationalsozialistischer Gruppen skeptisch; doch auch im Selbstverständnis des ISK, in seiner ausgeprägt antidemokratischen und seiner antikirchlichen Haltung, wurzelten Schwierigkeiten für eine Mitarbeit im »Lutetia-Ausschuß«. Willi Eichler nahm im Februar 1936 noch an der mit programmatischen Aufgaben befaßten Sitzung eines engeren Kreises des Ausschusses teil; danach aber wurde der ISK für längere Zeit ausgegrenzt, weil, wie Eichler vermutete, die Kommunisten kein Interesse an der Mitarbeit kleinerer linker Gruppen hatten.

Um die Jahreswende 1937/38 mußte das Pariser Volksfront-Experiment als gescheitert betrachtet werden. Für den Internationalen Sozialistischen Kampfbund im Exil bedeutete dies jedoch nicht, daß der Einheitsfront-Gedanke prinzipiell zum Scheitern verurteilt gewesen wäre. Willi Eichler und seine Mitarbeiter bei den verschiedenen ISK-Publikationsorganen propagierten die Idee weiterhin und fanden viele Möglichkeiten der Zusammenarbeit mit verschiedenen sozialistischen Exilgruppen, darunter im Bereich der Flüchtlingshilfe und der Unterstützung von Opfern des Spanischen Bürgerkriegs.

Die beiden Jahre vor Beginn des Zweiten Weltkriegs brachten weitere Rückschläge. In Deutschland gelang der Gestapo nach mehrjähriger Fahndung im Sommer und Herbst 1937 die Zerschlagung der Widerstandsgruppen des Kampfbundes und der mit ihnen aufs engste zusammenarbeitenden Unabhängigen Sozialistischen Gewerkschaften; in Frankreich erhielt Willi Eichler im April 1938 die Ausweisungsverfügung.

Obwohl politische Freunde von derartigen Vorkommnissen immer wieder betroffen waren, kam die Ausweisung Eichlers völlig überraschend und wurde binnen Stunden vollzogen. Eine offizielle Begründung gab es nicht. Willi Eichler vermutete eine Intrige deutscher kommunistischer Emigranten, die eine weitere Zusammenarbeit nicht-kommunistischer Kräfte, wie sie zwischen dem ISK, der Exil-SPD und SAP-Angehörigen kurz vorher durch eine gemeinsame Aktion zustande gekommen war, hintertreiben wollten. Mit Hilfe von Edo Fimmen fand Eichler Asyl in Luxemburg. Doch hatte er keinen Sinn für die Beschaulichkeit des Ortes in einer Zeit, in der Paris mehr denn je Zentrum des deutschen politischen Exils war. Deshalb bemühte er sich, ebenso wie seine Freunde in Paris, hartnäckig, jedoch erfolglos um Rücknahme der Ausweisungsverfügung. Schließlich gelang es Eichler, ein Visum für Großbritannien zu erhalten. Dort traf er im Januar 1939 ein. Wie günstig dieses Asyl war, erwies sich wenig später, als die Länder auf dem europäischen Kontinent erste Opfer des Zweiten Weltkrieges wurden.

Allein aufgrund der führerschaftlichen Organisationsstruktur des Internationalen Sozialistischen Kampfbundes bedeutete die Abwesenheit Eichlers von Paris einen schmerzlichen Verlust. Erstaunlicherweise aber konnten trotzdem viele Aktivitäten der ISK-Funktionäre im Exil, darunter vor allen Dingen die umfänglichen publizistischen Tätigkeiten, weitergeführt werden.

Die Leitung des Pariser ISK-Ortsvereins übernahmen nun zwei Frauen, Eva Lewinski und Hanna Fortmüller, später verheiratet mit René Bertholet. Beide Frauen waren bereits enge und bewährte Mitarbeiterinnen Eichlers gewesen; sie zählten zu den befähigtsten Persönlichkeiten unter den ISK-Funktionären im Exil. Dennoch hatten sie als Frauen einen schweren Stand. In einem Brief an Willi Eichler wurde bedauert, daß der ISK »gerade in der für die Emigration entscheidenden Stadt (...) nur durch Frauen vertreten« [8] sei. »Mögen sie noch so tüchtig sein. Leider ist es auch in der sozialistischen Bewegung und vor allem in der Gewerkschaftsbewegung noch so, daß sie doch nicht ganz voll genommen werden.« [9]

Auch aus Gründen, die nicht mit Vorurteilen, vielmehr mit den weiteren politischen Entwicklungen zusammenhingen, hatten es Hanna Bertholet und Eva Lewinski besonders schwer, als sie die Leitung des ISK-Ortsvereins Paris 1938/39 innehatten: In der französischen Metropole suchten gerade in jener Zeit immer mehr Menschen Zuflucht; viele von ihnen kamen aus Prag. 1933 hatte die tschechische Hauptstadt eine große Zahl aktiver Gegner des NS-Regimes aufgenommen, auch den Exilvorstand der Sozialdemokratischen Partei Deutschlands. Schon Ende 1937, noch vor dem Münchner Abkommen, war er durch die tschechische Regierung aufgefordert worden, die Stadt zu verlassen; der SPD-Vorstand ging nach Paris. Als im Frühjahr 1938 der »Anschluß« Österreichs erfolgte und im Herbst das Sudetengebiet Deutschland angegliedert wurde, retteten sich zahlreiche Mitglieder oppositioneller Parteien und Gruppierungen in die französische Hauptstadt. Und aus Deutschland kamen weitere ISK-Emigranten.

Unter den Flüchtlingen, die nun in Paris eintrafen, war Erna Blencke, die zuletzt, nach der 1937 erfolgten Flucht von Fritz Eberhard, Leiterin des illegal operierenden Internationalen Sozialistischen Kampfbundes in Nazi-Deutschland gewesen war. Erna Blencke, die 1991 fast 95jährig starb, stammte aus Magdeburg. Sie hatte sich in Göttingen während ihrer Studien von Pädagogik, Mathematik, Physik und Philosophie dem Nelson-Bund angeschlossen und in den zwanziger Jahren als Studienrätin in Frankfurt am Main, anschließend an einer Reformschule in Hannover gewirkt. 1933 mit Berufsverbot belegt, erwarb sie die Lizenz für ein spezielles Backverfahren, kreierte »Blenckes Vollkornbrot« und fuhr es täglich selbst mit einem dreirädrigen Kleinlastauto zu den Kunden. Die mobile hannoversche Brothandlung diente dem Lebensunterhalt der entlassenen Lehrerin und ihrer wenigen Mitarbeiter; sie war gleichzeitig eine ideale Tarnung für die illegale politische Arbeit im ISK. Die Wege der politisch weiterhin stets aktiven Emigrantin trafen sich mit denen von Erich und besonders von Herta Lewinski häufiger im französischen, später auch im amerikanischen Exil als vorher in Deutschland. Dorthin kehrte Erna Blencke 1951 als Leiterin einer Heimvolkshochschule zurück. Die langen, noch folgenden Jahre ihres Alters verbrachte sie in Frankfurt am Main, wo sie SPD-Vorstandsmitglied und, fast bis zum Lebensende, sehr aktiv in der politischen Erwachsenenbildung war.

Den französischen Nationalfeiertag des Jahres 1939 erlebten die Emigranten in Paris anders als in den vorangegangenen Jahren. Es war der 150. Jahrestag des Sturms auf die Bastille, ein »rundes« Jubiläum, das aufwendiger, lauter, fröhlicher gefeiert wurde als üblich. Sechs Wochen danach begann mit dem deutschen Überfall auf Polen der Zweite Weltkrieg.

Frankreich unternahm kaum symbolische Anstrengungen, um seinem Verbündeten zu Hilfe zu eilen. Die Umstände der *drôle de guerre* ließen den deutschen Armeen im Osten, durch den Hitler-Stalin-Pakt gestärkt, freie Hand. Um so energischer wandten sich die französischen Behörden innerhalb des Landes den vielen Fremden zu, die seit Jahren legal und illegal in Frankreich lebten. Alle Deutschen wurden interniert, zuerst die Männer, bald auch die Frauen. Sie galten als »feindliche Ausländer«. Wo ihr politischer Standort war, Nazi-Gegner oder nicht, spielte keine Rolle. Wie »Gott in Frankreich« hatten die Exilierten sicherlich nie gelebt; nun aber herrschte »der Teufel in Frankreich«. So jedenfalls hat Lion Feuchtwanger das Vorgehen der französischen Behörden gegen die Asylanten empfunden und beschrieben. [10] Der bei seiner Internierung bereits berühmte deutsch-jüdische Schriftsteller und Nazi-Gegner, in dem auch der unbelesenste Franzose keinen heimlichen Gefolgsmann der NSDAP vermuten konnte, war sicher, eingesperrt worden zu sein, »nur um der Bevölkerung ein Schauspiel zu geben«. [11] Aber Feuchtwanger unterstellte den Menschen in dem Land, in dem er sich so gern aufgehalten hatte, keine Bosheit. »Man hatte wahrscheinlich nicht die Absicht, uns schlecht, uns als Feinde zu behandeln. Man wußte sehr gut, daß unter hundert von uns neunundneunzig ganz bestimmt unschuldig waren, Freunde Frankreichs, die voll Vertrauen in die französische Gastlichkeit nach Frankreich gekommen waren, herzlich begrüßt von Volk und Regierung, natürliche, geborene Alliierte in dem Kampf gegen Hitler. Wenn man uns gleichwohl so elend unterbrachte (...), dann geschah das aus purer Gedankenlosigkeit, aus Mangel an Organisationstalent. Man ging in der Anwendung der Internierungsvorschrift sehr rigoros vor; die subalternen Behörden hatten offenbar Weisung, lieber zuviel Leute einzusperren als zuwenig.« [12]

[1] Susanne Miller: *Kritische Philosophie als Herausforderung zum Widerstand gegen den Nationalsozialismus* in: Wolfgang Abendroth, Lars Lambrecht, Axel Schmidt (Redaktion): *Antifaschismus oder Niederlagen beweisen nichts, als daß wir wenige sind*, Köln 1983, S. 62.   [2] Grete Henry-Hermann, zitiert nach Susanne Miller: *Kritische Philosophie...*, a. a. O., S. 63.   [3] Willi Eichler an Heinrich Mann, Paris, 6. 2. 1936, ISK-Archiv, Archiv der sozialen Demokratie (AdsD), Box 29.   [4] Gerhard Beier: *Edo Fimmen* in: Edmund Jacoby (Hg.): *Lexikon linker Leitfiguren*, Frankfurt am Main, Olten, Wien 1988, S. 119.   [5] Ebd.   [6] Ebd., S. 121.

[7] Veröffentlicht in *Der Funke* vom 30. 6. 1932, zitiert nach: Werner Link: *Die Geschichte des Internationalen Jugendbundes (IJB) und des Internationalen Sozialistischen Kampfbundes (ISK) – Ein Beitrag zur Geschichte der Arbeiterbewegung in der Weimarer Republik und im Dritten Reich*, Band 1 der Marburger Abhandlungen zur Politischen Wissenschaft, Meisenheim am Glan 1964, S. 159.   [8] Werner Hansen an Willi Eichler, 7. 12. 1938, ISK-Archiv, AdsD, Box 36. – Der Brief ist auszugsweise abgedruckt in: Karl-Heinz Klär: *Zwei Nelson-Bünde: Internationaler Sozialistischer Jugendbund (IJB) und Internationaler Sozialistischer Kampfbund (ISK) im Licht neuer Quellen*, Heft 3 der Internationalen Wissenschaftlichen Korrespondenz zur Geschichte der deutschen Arbeiterbewegung, September 1982, S. 335.   [9] Ebd.   [10] Lion Feuchtwanger: *Der Teufel in Frankreich*, Rudolfstadt 1954.   [11] Ebd., S. 41.   [12] Ebd. S. 42.

WIEDERSEHEN IN MONTAUBAN

Die erste Internierungswelle bei Kriegsbeginn scheint die ISK-Gruppe in Paris relativ gut überstanden zu haben. [1] Doch nachdem deutsche Truppen am 10. Mai 1940 die Niederlande, Belgien und Luxemburg überfallen, dann Frankreich angegriffen hatten, wurden nahezu alle Deutschen in Frankreich interniert; nur wenige kamen bald wieder frei. Unter den Männern zwischen 17 und 65 Jahren, die als *prestataires* zum Arbeitsdienst in Lagern zusammengezogen wurden, waren Erich Lewinski und sein späterer Schwager Otto Pfister; unter den Frauen im Alter von 17 bis 55 Jahren, die man in Sportstadien sammelte und anschließend ins Lager Gurs am Fuß der französischen Pyrenäen schaffte, waren Herta und Eva Lewinski.

Gurs findet man auf nur wenigen Landkarten. Pau, die Departementshauptstadt, und Lourdes, der Wallfahrtsort, sind nicht weit. Die nächstgelegene Großstadt ist San Sebastian, jenseits der französisch-spanischen Grenze. Durch Spanier ist Gurs als Lager bekannt geworden. Seit sich abzeichnete, daß die Republikaner im Spanischen Bürgerkrieg gegen die von Hitler und Mussolini unterstützten Faschisten nicht gewinnen würden, ergossen sich, besonders ab Jahresbeginn 1939, Ströme von Flüchtlingen über die Pyrenäen ins südliche Frankreich. Für diese Menschen wurde auf drei Quadratkilometern Fläche, auf einer Wind und Wetter ausgesetzten Hochebene gelegen, das Lager Gurs errichtet: primitivste Holzbaracken, mit Dachpappe gedeckt, mit wenigen scheibenlosen Fenstern versehen, mit Stacheldraht umzäunt. Stroh diente als Schlafstelle; im günstigsten Fall gab es zwei Quadratmeter Platz pro Person. Die Ernährung war unzumutbar schlecht, die sanitären Verhältnisse eine Katastrophe. Als Toiletten dienten im Freien stehende offene Metalltonnen; wenn der Wind über die Hochebene fegte, wurden sie umgestoßen, ihr Inhalt ringsum verteilt. Die in Gurs Eingesperrten waren brütender Hitze ebenso schutzlos ausgesetzt wie Schnee und Regen. [2]

Bis zum Frühjahr 1940 diente das Lager ausschießlich der Aufnahme von Spanienkämpfern mit ihren Frauen und Kindern; ab Mai 1940 wurde es Internierungslager für 16 000 deutsche Frauen.

Bevor nahezu alle weiblichen ISK-Emigranten dorthin transportiert wurden, hatten sie sich im *Velodrome d'Hiver* bei Paris einzufinden. Herta Lewinski, inzwischen schon länger von ihrem Mann getrennt, berichtete später darüber:»6 000 Frauen waren dort eingesperrt; zum Schlafen hatten wir nur Stroh auf dem nackten Boden. Es war eine schreckliche Situation. Und die sanitären Einrichtungen waren einfach unbeschreiblich; sie waren so schlecht, daß ich fünf Tage lang nicht auf die Toilette gehen konnte und ganz krank wurde (...). Als uns klar wurde, daß wir nach Gurs geschickt werden sollten, waren wir konsterniert. Wir hatten von dem Lager schon gehört ...« [3]

Die Reise in schlichtesten Eisenbahnwaggons von Paris in den äußersten Süden Frankreichs dauerte qualvoll lange. Nicht nur die Zukunft, auch die Gegenwart war voller Ungewißheit. Herta Lewinski hatte keine Kenntnis über Erichs Aufenthalt; Eva Lewinski mußte befürchten, Otto Pfister sei umgekommen. Tatsächlich war er nach früher Freilassung aus der Internierung von Deutschen gefaßt und inhaftiert worden.

Die Ankunft der Frauen im Barackenlager war deprimierend. »Der Anblick dieser traurigen Behausung löste Panik aus. Die Gefaßtesten rennen den Stacheldraht entlang, zehn Schritte, ein Sprung über den Moorgraben, zehn Schritte, ein Sprung, um die Erregung durch Bewegung zu beherrschen. Die erste Nacht schliefen nur wenige.« [4] »Die Uniformierten, die uns empfangen hatten (...), waren tatsächlich berufsmäßige Zuchthauswärterinnen und hatten Anweisung, uns wie übliche Gefangene zu behandeln.« [5]

Hanna Schramm, die eins der ersten Bücher über Gurs veröffentlichte, versuchte die Empfindungen der ins Lager geschafften Emigrantinnen zu beschreiben: »Unsere Vergangenheit hatten wir verloren, ein Vaterland besaßen wir nicht mehr, über unserer Zukunft hing wie eine drohende Wolke der Hitlersche Endsieg, und das Land, in dem wir in den Jahren der Emigration eine Art Heimat gefunden zu haben glaubten, hatte uns aus seiner Gemeinschaft ausgestoßen. Unsere Lage war hoffnungslos; aber es geschah das Merkwürdige, daß wir dennoch hofften. Wir hofften nicht nur, wir setzten alle Kraft daran, dieses Leben im leeren Raum lebenswert zu gestalten. Wer als Feind eingesperrt ist und sich als Feind fühlt, nimmt sein Schicksal an und resigniert. Aber wir waren keine Feinde, und wir resignierten nicht.« [6]

Eva Lewinski litt im Lager besonders unter der Abschottung von der Welt hinter dem Stacheldraht. »Wir leben in qualvoller Isolierung von allem, was um uns herum vorgeht; jede Zeitung, auch wenn sie drei Tage alt ist, ist ein Wertgegenstand; jeder Brief, jede Zeile aus Paris eine Bestätigung, daß wir noch nicht ganz herausgerissen sind aus dem Kreis der Gesinnungsfreunde«, schrieb sie einem Freund. [7] Auch die Kommunikation unter den Internierten, von denen nur die wenigsten Nazi-Gegnerinnen und aktive Widerstandskämpferinnen waren, war den Frauen verboten. Doch gerade die »Politischen« setzten sich darüber hinweg und schufen Kontakte untereinander. Hilfreich dabei waren die restlichen, in Gurs gebliebenen Spanienflüchtlinge. »Die Spanier haben für uns die Verständigung besorgt«, berichtete Erna Blencke. »Sie hatten in den einzelnen Lagerbezirken Reparaturaufträge zu erledigen und kamen deshalb im Lager herum.« [8] Geradezu kühn war Nora Block. Sie hatte, wie sie später erzählte, in Gurs gegen alle Verbote »eine Art Büro eröffnet, um für Frauen, die sich selbst nicht helfen konnten, Briefe und Schriftstücke zu übersetzen (...). Selbstverständlich bekam ich auch Schwierigkeiten: Ich schickte einmal ein Telegramm (...) mit der Bitte um Medikamente, die im Lager fehlten. Der Kommandant machte mir schwere Vorwürfe, daß ich mit solcher Eigenmächtigkeit den Ruf Frankreichs in der Welt schädige.« [9] »Nichts konnte rechtfertigen, daß Verfolgte und Gegner des Dritten Reiches von der Welt abgeschnitten wurden«; [10] so faßte Lisa Fittko, die wenig später maßgeblich an der Rettung vieler Flüchtlinge beteiligt war, ihre Empörung über die Behandlung der politischen Emigrantinnen in Gurs zusammen.

Die Situation wurde dramatischer, nachdem Mitte Juni 1940 Paris von deutschen Truppen kampflos eingenommen und ein großer Teil Frankreichs besetzt worden war; der Süden blieb zunächst frei. Die französische Kollaborations-Regierung des Mar-

Glückliche Stunden im Gastland Frankreich: Schnappschuß während eines Ausflugs im Sommer 1935.

schall Pétain etablierte sich in Vichy. Der von ihr unterzeichnete Waffenstillstandsvertrag vom 22. Juni war eine einzige Unterwerfungserklärung Frankreichs. Sein berüchtigter Artikel 19 versetzte die deutschen Emigranten in Angst und Schrecken: »Die französische Regierung ist verpflichtet, alle in Frankreich sowie in französischen Besitzungen (...) befindlichen Deutschen, die von der deutschen Reichsregierung namhaft gemacht werden, auf Verlangen auszuliefern.« [11] Damit hatte der deutsche SS-Staat auch in Frankreich freie Hand. Aus Emigrantenlisten wurden Fahndungslisten, aus Internierungslagern Fallen.

Die Frauen um Eva und Herta Lewinski, um Erna Blencke und Nora Block beschlossen, aus dem Internierungslager Gurs zu fliehen. Sie hatten ein vorläufiges Ziel – die nördlich von Toulouse gelegene Stadt Montauban. Der Ort war mit Hilfe von Léon Blum zum Sammelpunkt zunächst der österreichischen, später auch weiterer politischer Flüchtlinge geworden. Durch Zufall hatten die Frauen in Gurs erfahren, daß ihre Männer aus den französischen Arbeitslagern entlassen worden waren, nachdem die deutsche Armee immer näher rückte; sie waren auf dem Weg nach Montauban. Von dort aus wollten die Männer in Erfahrung bringen, wie es ihren Frauen inzwischen ergangen war, um dann möglicherweise mit ihnen ins außereuropäische Ausland zu fliehen.

Auch Erich Lewinski war unter den Entlassenen; er zählte zu den vier Millionen Verfolgten aus allen von den Deutschen besetzten Ländern, die auf den Straßen Frankreichs flüchtend nach Süden unterwegs waren. »Als sich die deutschen Truppen Erichs Lager in der Nähe von Orléans näherten, wurde es evakuiert, und die Internierten marschierten unter Bewachung nach Süden. Sie marschierten tagelang (...). Erich trug seine Habseligkeiten in einem Rucksack bei sich; aber je weiter sie gingen, desto mehr warf er fort. Er brach sogar den Griff seiner Haarbürste ab, um das Gewicht zu erleichtern. Nach mehreren Tagen beschlossen die Wachmannschaften, ihre eigene Haut zu retten und desertierten; den Internierten erklärten sie, daß sie sich nun um sich selbst kümmern müßten und gehen könnten, wohin sie wollten. Erich, Hermann Platiel und einige andere taten sich zusammen und gingen weiter nach Süden. Sie hatten kein Geld. Eines Tages, durch puren Zufall, entdeckte Erich einen früheren Gast aus seinem Restaurant. Der Mann gab ihm etwas Geld, und weiter ging es nach Montauban. Als sie dort ankamen, erfuhren sie durch einen französischen Kontaktmann, daß wir in Gurs waren. Sie versuchten, uns eine Nachricht zu übermitteln mit der Aufforderung, sie in Montauban zu treffen, falls wir fliehen könnten. Aber wir haben die Nachricht erst sehr viel später erhalten.« [12]

Einige der politischen Emigrantinnen mit besonders guten Französischkenntnissen waren beim Lagerkommandanten von Gurs schon vorher vorstellig geworden, um ihm klarzumachen, daß sie Freunde Frankreichs seien und ebenso wie die Franzosen gegen Nazi-Deutschland gekämpft hatten und nach ihren Möglichkeiten weiter zu kämpfen bereit waren, sofern man sie nur ließe. Eine der Beteiligten schrieb in ihren Erinnerungen darüber:»In einem an den Lagerkommandanten gerichteten Gesuch baten sie um Verwendung ihrer Arbeitskraft in diesen schwierigen Stunden Frankreichs, gleichgültig in welcher Form und an welchem Ort, als Pflegerinnen, Landarbeiterinnen, Fabrikarbeiterinnen, möglicherweise auch unter militärischer Bewachung.« [13] Die Sache wurde zur Kenntnis genommen, mehr nicht.

Jetzt aber, nachdem deutsche Kommissionen, unterstützt von der französischen *sûreté*, die Lager zu durchforsten begannen, war der Kommandant von Gurs zugänglicher.»Er ordnete an, daß diejenigen von uns, die mit ebenfalls internierten deutschen Männern verheiratet waren, entlassen werden könnten, wenn diese Männer sich dem französischen Arbeitsdienst zur Verfügung gestellt hatten. Voraussetzung war, daß die Frauen eine entsprechende Nachricht von ihren Männern besaßen«, [14] berichtete Erna Blencke, die, wie zahlreiche andere ISK-Mitglieder, überhaupt nie verheiratet gewesen war.»Wir versuchten zunächst, es mit allen möglichen Tricks so hinzustellen, daß möglichst viele Frauen derartige Post bekommen hatten oder sonstige Verbindung zu draußen arbeitenden deutschen Männern aufweisen konnten. Das reichte jedoch häufig nicht.« [15]

Zumindest geschah jetzt irgend etwas, gab es einen Funken Hoffnung, mußten Phantasie und Aktivität entwickelt werden, die die quälenden Gedanken vertrieben. Am 16. Juni 1940 hatte

Eva Lewinski in ihr Tagebuch geschrieben:»Daß wir trotz allem weiterleben! Die Besetzung von Paris ist eine Frage von Stunden; Züge mit Flüchtlingen sind bombardiert worden; die deutschen Truppen befinden sich in der Nähe von Troyes, im Südosten von Paris; ein letzter Hilferuf an die USA. Das Herz müßte einem stillstehen (...) – und dann lebt man trotzdem weiter, ißt Brot und Erbsensuppe. Es ist unmöglich, sich wirklich vorzustellen, was in diesem Augenblick passiert; es kann weder intellektuell erfaßt noch körperlich erfühlt werden. Daß ich hier in der Sonne sitze mit braungebranntem schlanken Körper; daß ich den Stacheldraht, grüne Wälder und Berge sehe; daß ich die französische Geschichte lerne und englische Vokabeln; daß ich schlafe, daß ich esse – es ist widersinnig, daß dies mein gegenwärtiges Leben ist. (...) Aber wir kämpfen noch; wir bemühen uns, der Falle zu entrinnen.« [16]

Die Frauengruppe politischer Emigrantinnen – Eva Lewinski, Nora Block und Erna Blencke als Hauptakteurinnen an der Spitze – beschloß, einen neuen Versuch zur Erlangung von Entlassungsscheinen zu unternehmen und sprach deswegen nochmals mit dem Lagerkommandanten.»Wir erklärten ihm, daß wir aktiv im Kampf gegen die Nazis gewesen waren und daß wir um unser Leben zu fürchten hätten, wenn wir hier bleiben müßten und dann deutsche Militärs uns aufgriffen. Wir überzeugten ihn. Ein provisorisches Komitée wurde gebildet, das die Internierten zu überprüfen hatte und die Freilassung derjenigen veranlaßte, deren Loyalität verbürgt werden konnte. Sie erhielten das kleine Papier mit dem kostbaren Siegel der französischen Behörden.« [17] Was an Scheinen noch fehlte, stahlen Spanienkämpfer für die Sozialistinnen aus dem Büro des Kommandanten; Nora Block fälschte dessen Unterschrift.

Die Spanier waren es auch, die dafür sorgten, daß am 23. Juni 1940, einen Tag nach Abschluß des Waffenstillstandsabkommens, außerhalb des Stacheldrahts von Gurs am Abend um 22 Uhr französische sozialistische Freunde warteten; sie begleiteten die Frauen, überwiegend ISK- und SAP-Mitglieder, auf der ersten kurzen Strecke weg vom Lager Gurs.

Herta Lewinski vergaß die Odyssee der Frauen nie.»Wir waren neunzehn, einschließlich dreier Kinder und einer alten Großmutter mit gebrochenem Bein, die wir in einem Kinderwagen transportierten, den irgend jemand uns gegeben hatte. [18] Da waren wir also unterwegs, eine armselige kleine Gruppe von Frauen, die dem Stacheldraht mit einem Stück Papier entronnen waren, das ihre Freilassung bestätigte. In dieser Situation wußten wir nicht, wohin wir gehen sollten, außer daß wir so weit weg wollten von den anrückenden deutschen Truppen wie irgend möglich. Öffentliche Verkehrsmittel gab es nicht mehr; aber wir hatten Glück. Jemand mit einem kleinen Bus war bereit, uns zu transportieren. Auf der Suche nach einer Unterkunft fuhr er uns von Ortschaft zu Ortschaft; aber alle waren voller Flüchtlinge aus dem Norden. Schließlich kamen wir in einem sehr armen, einsam gelegenen kleinen Dorf an, dessen Bürgermeister Flüchtlinge aus Paris erwartete. Kaum waren wir eingetroffen, kam er uns entgegengelaufen, um ›seine Flüchtlinge‹ zu begrüßen. Er begleitete uns zum Dorf-Rathaus, das mit frischen Strohmatratzen und Decken ausgestattet worden war. Es war Abend, und wir waren sehr müde. Plötzlich hörte man das Donnern eines über uns hinwegrasenden Flugzeugs. Der Bürgermeister rannte mit fliegenden Rockschößen hinaus und brüllte ›die *boches*!, die *boches*!‹. Wir waren sehr beunruhigt und fragten uns, ob er uns erlauben würde zu bleiben, wenn er herausgefunden haben würde, daß wir nicht die erwarteten Flüchtlinge aus Paris waren, sondern, rein formal gesehen, auch ›*boches*‹.« [19]

Eva Lewinski und eine andere, ebenfalls gut französisch sprechende Emigrantin gingen am nächsten Morgen zum Bürgermeister des Pyrenäendorfes und erläuterten ihre Situation. »Er war vollständig überrascht. Er war vorbereitet auf die erwarteten französischen Flüchtlinge aus Paris; und wir waren es, die statt dessen gekommen sind! Schließlich beschloß er, uns zu vertrauen; nach einer Weile schüttelte er den Kopf über diese merkwürdige Frauengruppe – Lehrerin, Sozialarbeiterin, Anwältin, Schriftstellerin, eine Großmutter mit gebrochenem Bein, ein Kind. Er akzeptierte uns und erklärte, er sei froh und stolz, uns als ›seine‹ Flüchtlinge bei sich zu haben. (...) Wir erlebten eine Zeit unwirklicher Friedlichkeit, sogar ein Gefühl der Zugehörigkeit. Die Dorfleute waren sehr arm; wir halfen ihnen bei der Feldarbeit, wir sprachen miteinander, wir mochten uns.« [20]

Den Dorfbürgermeister hat Herta Lewinski als einen »komischen alten Mann« [21] beschrieben, der jeden Morgen zu sehr früher Stunde bei den Frauen nach dem Rechten gesehen habe. »Eines Morgens kam er sehr aufgeregt angelaufen. Er hatte im Radio davon gehört, daß die Demarkationslinie zwischen dem besetzten und dem unbesetzten Teil Frankreichs festgelegt worden sei. Sein kleines Dorf gehörte nun gerade eben noch in den besetzten Teil. Die deutschen Truppen würden gegen Mittag da sein, und wir müßten den Ort sofort verlassen. Wir packten also unsere wenigen Habseligkeiten, legten die alte Frau in den Kinderwagen und machten uns auf den Weg. Wir mußten Schutz im unbesetzten Gebiet finden.« [22]

Was damals geschah und wie der Abschied aus dem Dorf erfolgte – darüber berichtete Erich Lewinski aufgrund der Erzählungen seiner Frau und seiner Schwester zwei Jahre nach Kriegsende in einem Vortrag. Er abstrahierte dabei, weil er fand, daß »nur bedeutsam ist festzustellen, ob die persönlichen Erfahrungen geeignet sind, aus ihnen allgemeine Lehren abzuleiten«. [23] Was er vortrug, illustrierte als allgemeine Lehre seinen Begriff von Menschlichkeit und Menschenwürde – ein Thema, das ihn seit seiner ersten Beschäftigung mit der Philosophie Leonard Nelsons niemals losgelassen hat.

»In einem armseligen französischen Bergdorf am Fuße der Pyrenäen leben in Hütten die Ärmsten der Armen, Holzfäller, Arbeiter. Sie haben kaum etwas zu essen, und der Krieg und die herannahenden Deutschen haben die geringe Zufuhr, die sie sonst erreichte, abgesperrt. Die Abgeschlossenheit und Weltentferntheit des Dörfchens ist gelöst durch eine Schar (...) Frauen mit drei kleinen Kindern, die sich, vom Flüchtlingsstrom getrennt, in diese Einsamkeit geflüchtet haben, deutsche Emigranten, einige jüdisch, andere politisch Verfolgte. Eines Morgens kommt die Nachricht, daß in einigen Stunden die Deutschen den Ort besetzen würden. Der Zug der Frauen mit den Kindern (...) setzt sich in Bewegung, und sie verlassen das Dorf. Da öffnen sich vor ihnen, den Fremden, den Deutschen, den Angehörigen der Nation, die gleich als Feind im Krieg erscheinen wird bei Menschen, die nichts von der Politik wissen und von Unterschieden wie Nazi und Deutscher, da öffnen sich plötzlich vor ihnen alle Türen der

Hütten, und aus jedem Haus kommt ein Mensch und gibt ihnen: ein Ei, eine kleine Flasche Milch, ein Stück Brot. – Ein Vorgang, der in seiner Einfachheit die erschütternde pathetische Geste der erhabensten Menschlichkeit hat, auf ewig unvergeßlich für die, die es erlebten.« [24] »Wenn ich irgendein Versäumnis in meinem Leben bedaure«, so notierte Eva Lewinski-Pfister später für ihre Kinder, »dann ist es, niemals in der Lage gewesen zu sein, jenes kleine Dorf wiederzufinden und den Menschen, die so unglaublich gut zu uns gewesen sind, zu danken – oder ihren Kindern und Enkeln.« [25] Eva hatte den Namen der Ortschaft vielleicht aus Vorsicht nicht in ihr Tagebuch geschrieben und dann für immer vergessen. Das Dorf heißt Salies de Béarn. [26]

Erich Lewinski hat auf dem eigenen Fluchtweg von Orléans nach Montauban als sich selbst überlassener ehemaliger *prestataire* ähnliche Beispiele rückhaltlos mitmenschlichen Verhaltens erlebt.

»Die schöne gepflegte Stube in einem alten Bauernhaus, irgendwo in der Charente, im westlichen Teil Mittelfrankreichs. Um den Tisch herum sitzen sieben Männer, zerlumpt, schmutzig, ungewaschen, sieben Deutsche, politische Flüchtlinge. Die Frau und die alte Mutter des Bauern setzen ihnen ein Mahl vor, die erste Mahlzeit, die diese Menschen seit fünf Tagen zu sich nehmen. Das Radio ist an, und alle Anwesenden hören mit tiefem Ernst und Schmerz die Nachrichten vom Vormarsch der Deutschen in Frankreich, vom Zusammenbruch, der Kapitulation. In wenigen Stunden werden die Nazi-Panzerkolonnen in den Frieden dieses Hauses einbrechen; der Eroberer wird erscheinen, der den Krieg in das Land getragen hat zu unvorbereiteten Menschen, die nichts von Krieg wissen wollten. Die Deutschen werden kommen, und man weiß nicht, was der nächste Tag bringen wird. Tiefste Trauer und Sorge auf dem Gesicht des Bauern – die Söhne stehen an der Front, oder was einst eine Front war, sagt er. Vor dem heranrollenden deutschen Heer sind Millionen von Menschen geflohen; die fünf Minuten vom Haus entfernte Straße ist verstopft mit menschlicher Not und Elend und Verzweiflung. Und aus diesem Flüchtlingsheer haben die sieben deutschen Emigranten sich herausgelöst, haben am Rand der Waldwiese Rast gemacht, auf der das Bauernhaus steht. Der Bauer hat, als sie um einen Trunk Wasser baten, sie in sein Haus geholt und ihnen ein Mahl bereiten lassen. Sehr schnell hat er gemerkt (...), daß es keine Landsleute sind. Man hat (...), bevor man in die Stube trat, gesagt, daß man Deutscher sei, aber nichts mit Hitler und den Seinen zu tun habe. Er hört den Nachrichten zu, und sein Blick gleitet tastend ernst über seine Gäste. Denen bleibt der Bissen im Hals stecken, obgleich die Eingeweide schmerzen vor Hunger. (...) Der Bauer holt Brot und Wein und gibt sie den Fremden. Und als sie sich verabschieden, führt er sie an den Brunnen seines Hofes und fragt sie, ob sie sich vor dem Weitermarsch waschen wollten. Dann reicht er jedem die Hand, wortlos.« [27]

Erich Lewinski befand sich mit seinen Freunden bereits in Montauban, als die Frauen aus Gurs die Stadt am 12. Juli 1940 ebenfalls erreichten. Zu Fuß und als Anhalterinnen hatten sie den Weg zurückgelegt, unterbrochen durch Aufenthalte in verschiedenen Ortschaften des unbesetzten Südens Frankreichs. Nur einmal konnten sie mit der Bahn fahren – das letzte Stück, von Toulouse bis zum Treffpunkt.

Der Bürgermeister von Montauban nahm auch die Frauen noch in seiner durch Flüchtlinge überfüllten Stadt auf. »Wir kriegten jedenfalls ein altes, verlassenes Haus; früher soll es einmal ein Bordell gewesen sein«, [28] berichtete Herta Lewinski. »Wir waren da zusammen mit unseren Freunden und haben mit zwanzig Leuten in zwei kleinen Zimmern gewohnt, einer neben dem anderen auf Strohsäcken. Ich mußte für alle kochen. Es war sehr schwierig, weil es nichts zu essen gab; alles war rationiert.« [29]

Erich Lewinski war ein ebenso pragmatisch denkender Mensch wie seine Frau Herta; wäre es anders gewesen, hätte sein Restaurant in Paris kaum so erfolgreich betrieben werden können. Gleichzeitig aber war er ein Mann, der sich für mehr interessierte als das, was an der Oberfläche sichtbar wurde; dabei entdeckte er fast immer auch die positiven Aspekte an sich schwieriger Situationen und besaß zudem die Gabe, sie, häufig fast poetisch, darzustellen. Zwar betonte er gelegentlich, aus der auch für ihn schweren Zeit des Exils »nichts idealisieren, nichts beschönigen« zu wollen [30]; aber er hatte einen anderen Blick als Herta, seine Frau. Wenn sie über die drangvolle Enge, Strohsäcke und Lebensmittelrationierung sprach, dann erwähnte er Solidarität,

Hilfs- und Opferbereitschaft. So berichtete er rückblickend auch über Montauban.

»Die Männer und die Frauen haben sich nach wochenlangen Irrfahrten in einem kleinen, wunderbar schönen Städtchen in Südfrankreich zusammengefunden, in Montauban, der alten Hugenottenstadt. 20 bis 30 000 Einwohner leben für gewöhnlich in den alten Häusern, von denen einige noch aus der Zeit Heinrichs IV. stammen. Jetzt sind es plötzlich 80 000: Flüchtlinge aus Nordfrankreich, aus Belgien, aus Holland. Dazu die politischen Emigrationen aus aller Herren Länder: die Spanier, die Österreicher, die Polen, die Italiener, die russischen Sozialisten, die nach 1917 ihr Land verlassen mußten, die Deutschen. Und die Bewohner des Ortes rücken zusammen, schaffen Platz, geben Hausgerät; und kaum einer murrt je über die Flüchtlinge, die Fremden, die ihnen Raum und die immer knapper werdende Nahrung wegnehmen. Welch ein Beispiel! Der Bürgermeister, ein Abgeordneter der sozialistischen Partei, hat die politisch Exilierten, die besonders Gefährdeten (...) wissen lassen, daß er und seine Stadt ihnen helfen würden. Und sie halten ihr Versprechen, auch später noch, als die Stadt besetzt wird und als zahlreiche jüdische und politische Flüchtlinge von französischen Bewohnern der Stadt versteckt werden, unter eigener Lebensgefahr, damit sie dem Schicksal der Ermordung in den Gaskammern (...) entgehen. Nicht einmal hören wir in den Wochen in Montauban ein nationalistisches chauvinistisches Wort, nie einen Ausbruch von Fremdenfeindlichkeit – und nie zeigt sich Haß, selbst dann nicht, als die Widerstandsbewegung erwacht, um das Land von den Angreifern (...) zu befreien. (...) Erst viel später, als sich die grausamen Handlungen (...) von Eobererarroganz mehren, als die Nachrichten durchsickern von (...) Unmenschlichkeiten, die die Welt erbeben machen (...) – da entsteht bei vielen Franzosen Abscheu, und aus ihm wird Haß und tiefste Verachtung, die aber Halt zu machen wissen vor demjenigen, dem man in der gemeinsamen Achtung vor der Menschlichkeit und im Kampf gegen Unrecht sich verbunden fühlt.« [31]

Für Nora Block, die enge Freundin von Erich, Eva und Herta Lewinski, erhielt der Ort Montauban eine besondere Bedeutung. Hier heiratete sie 1943, zu einem Zeitpunkt, da sich ihre Freunde schon längst nach Amerika hatten retten können, Hermann Platiel, den Mann, mit dem Erich Lewinski den Marsch von Orléans nach Montauban unternommen hatte. Die Eheschließung, bei der Nora schon 47 Jahre alt war, sollte die Trennung des Paares verhindern helfen. Aber das war ein Trugschluß:»Im Jahr 1942 begann in Frankreich der systematische Abtransport – vor allem der Juden – nach Osten. Überall (...) war die Vichy-Polizei unterwegs, um die von der Besatzung geforderte Quote zusammenzufangen. (...) Anfang 1943 war die Lage der noch in Montauban lebenden Emigranten unhaltbar geworden. Gestapoleute, begleitet von französischen Gendarmen, durchkämmten die Straßenzüge und Häuser, um Emigranten für weitere Transporte zusammenzubringen. Bei einer solchen Razzia nahm man statt meiner meinen Mann mit zur Polizei mit der lakonischen Bemerkung, wenn seine Frau Jüdin sei, sei auch er Jude.« [32] Hermann Platiel konnte sich dem Abtransport nach Deutschland entziehen; er tauchte bis Kriegsende bei französischen Weinbauern unter. Nora flüchtete nach der Festnahme ihres Mannes unter dramatischen Umständen in die Schweiz. Dort blieb sie, bis Erich Lewinski sie einige Jahre nach Kriegsende zur Heimkehr nach Hessen bewog.

In den zweieinhalb Jahren vor ihrer Flucht, kaum mit der Frauengruppe aus Gurs in Montauban angelangt, hatte Nora Platiel intensiv in der Flüchtlingshilfe gearbeitet und in der Stadt ein Büro des *Comitée d'assistance aux réfugiés* geleitet.»Etwa 800 Flüchtlingsfamilien aus dem ganzen Departement haben wir unterstützt. Die französische Polizei ließ uns gewähren, weil wir durch regelmäßige Zahlungen an die Flüchtlinge der Verwaltung diese Sorge abnahmen.« [33]

Auch andere Träger der Flüchtlingshilfe wirkten in Montauban – und nicht nur dort. Besondere Verdienste erwarb sich das Schweizerische Arbeiter-Hilfswerk mit Regina Kaegi-Fuchsmann an der Spitze; sie arbeitete eng mit Nora Platiel zusammen und verhalf ihr auch später zur Flucht.»In dieser Zeit«, so empfand es Erich Lewinski,»trat deutlicher denn je die Tätigkeit der Organisationen zutage, deren Wurzeln die gleichen Kräfte Nahrung gaben, die jene Bergarbeiter in den Pyrenäen und jenen französischen Bauern ihr Brot mit uns teilen ließen. (...) Zuerst wurde den Ärmsten der Armen geholfen, den Fremden, denen, die fern von der Heimat waren oder, ganz heimatlos, sonst völlig verlassen gewesen wären. Die Stadtverwaltung und die französische Bevölkerung halfen. Dann traten auf den Plan: die Gewerkschaften, die Kirchen, die Quäker, die jüdischen Hilfsorganisationen und die Arbeiterparteien.« [34]

»Und da kamen dann plötzlich die ersten Botschaften von Übersee: In Amerika hatten die eigenen Freunde die Öffentlichkeit mobilisiert; Hilfsorganisationen hatten sich gebildet; Geldhilfe kam und Beratung. Dann öffneten sich die Tore Amerikas für die Gefährdeten und politisch Verfolgten. Nicht alle konnten gerettet werden, und ungezählte Opfer, und mancher Freund unter ihnen, mußten zugrunde gehen. Aber diejenigen, die gerettet wurden, dankten es dem Geist der Menschlichkeit und Brüderlichkeit, der sich zu jener Zeit so deutlich manifestierte.« [35]

Die erste Person aus Lewinskis Verwandten- und Freundeskreis, die ein Visum für die USA erhielt, war seine Schwester Eva. Nachdem Bahn und Post im unbesetzten Süden Frankreichs wieder funktionierten, war sie mit Erich mehrfach von Montauban nach Marseille gefahren, um bei der dortigen Flüchtlingshilfe mitzuarbeiten. »Dort wurde mir nach einigen Monaten gesagt, es läge für mich beim Konsulat in Marseille ein Notvisum für die Vereinigten Staaten bereit. Ich wollte nicht fortgehen, weil das die Möglichkeit, Otto jemals wiederzusehen, noch unwahrscheinlicher als ohnehin schon gemacht hätte. Aber ich wurde überzeugt und kam auch selbst zu dem Schluß, daß ich kein Recht hatte zu bleiben: weil vielleicht gerade durch meine Anstrengungen in den Staaten vielen gefährdeten Menschen geholfen werden konnte.« [36]

Und so geschah es. Eva ging nach New York, mobilisierte eine ganze Schar von Menschen, darunter Eleanor Roosevelt, und trug wirklich zur Rettung zahlreicher Verfolgter bei.

[1] Vgl.: Karl-Heinz Klär: *Zwei Nelson-Bünde: Internationaler sozialistischer Jugendbund (IJB) und Internationaler Sozialistischer Kampfbund (ISK) im Licht neuer Quellen* in: *Internationale wissenschaftliche Korrespondenz zur Geschichte der deutschen Arbeiterbewegung*, Heft 3, Sep-

tember 1982, S. 341. – Anm. 135, ebd., informiert über die Mitglieder der ISK-Gruppe in Paris, Mai 1940. [2] Vgl. u.a.: Hanna Schramm: *Menschen in Gurs – Erinnerungen an ein französisches Internierungslager*, (mit einem dokumentarischen Beitrag zur französischen Emigrantenpolitik [1933-1944] von Barbara Vormeier), Worms 1977. [3] Bericht von Herta Lewinski, zitiert in: Tom Lewinski: *What happened to the Lewinskis?*, unveröffentlichtes Manuskript, Holland-on-Sea, England, 1987, S. 63. [4] Elsbeth Weichmann, zitiert in: Helga Haas-Rietschel, Sabine Hering: *Nora Platiel – Sozialistin, Emigrantin, Politikerin*, Köln 1990, S. 104. [5] Lisa Fittko, zitiert ebd. [6] Hanna Schramm: *Menschen in Gurs* ..., a.a.O., S. 2. [7] Eva Lewinski-Pfister, zitiert in: Helga Haas-Rietschel, Sabine Hering: *Nora Platiel* ..., a.a.O., S. 106. [8] Erna Blencke ebd. [9] Nora Block (Platiel) ebd., S. 106 f. – Die Zitate Nora Platiels in der Biographie von Haas-Rietschel und Hering basieren auf einem Interview, das Wolfgang Jean Stock am 13. 3. 1972 mit Nora und Hermann Platiel in Kassel gemacht hat, Institut für Zeitgeschichte, München, Archiv, Aktenzeichen 5030/73, Sign. ZS 2297. [10] Lisa Fittko, zitiert in: Helga Haas-Rietschel, Sabine Hering: *Nora Platiel* ..., a.a.O., S. 107. [11] *Konferenzen und Verträge, Vertrags-Ploetz, Ein Handbuch geschichtlich bedeutsamer Zusammenkünfte und Vereinbarungen*, Bd. 4 A: Neueste Zeit, 1914-1959, bearbeitet von Helmuth K. G. Rönnefarth und Heinrich Euler, Würzburg 1959, S. 190. [12] Herta Lewinski, a.a.O., S. 64. [13] Elsbeth Weichmann, zitiert in: Helga Haas-Rietschel, Sabine Hering: *Nora Platiel* ..., a.a.O., S. 107 [14] Erna Blencke, zitiert ebd., S. 108. [15] Ebd. [16] Eva Lewinski-Pfister, Otto Pfister: *To Our Children*, unveröffentlichtes Manuskript, Canoga Park, Kalifornien, USA, April 1979, S. 64 f. [17] Ebd., S. 65. [18] Die von den Beteiligten angegebene Zahl der Gruppe aus Gurs weist geringfügige Unterschiede auf. Herta Lewinski erinnerte sich an 19 Personen, einschließlich dreier Kinder und der Greisin, siehe Tom Lewinski: *What happened* ..., a.a.O., S. 66. Erna Blencke berichtete von 17 Frauen, drei Kindern und der Greisin, siehe: Antje Dertinger, Jan von Trott: *... und lebe immer in Eurer Erinnerung – Johanna Kirchner, eine Frau im Widerstand*, Bonn 1985, S. 169. In der Platiel-Biographie von Haas-Rietschel und Hering, a.a.O., S. 109, werden »19 Frauen und drei Kinder« genannt. – Dort wird, S. 110, übrigens behauptet, in Montauban hätte unter anderem Herta Lewinski die Flüchtlinge aus Gurs bereits erwartet. Das trifft jedoch nicht zu; Herta Lewinski gehörte selbst, siehe oben, zu der Frauengruppe aus Gurs und kam gemeinsam mit dieser in Montauban an. [19] Herta Lewinski, a.a.O., S. 66 f. [20] Eva Lewinski-Pfister, Otto Pfister: *To Our Children*, a.a.O., S. 66 f. [21] Herta Lewinski, a.a.O., S. 67. [22] Ebd. [23] Erich Lewinski: *Erfahrungen und Lehren aus der Emigration*, Text eines Vortrages, gehalten unter anderem am 24. 7. 1947 in der Volkshochschule Kassel und am 14. 11. 1947 vor der Sozialistischen Studentengruppe Göttingen, unveröffentlichtes Manuskript. [24] Ebd. [25] Eva Lewinski-Pfister, Otto Pfister: *To Our Children*, a.a.O., S. 67. [26] Haas-Rietschel und Hering nen-

141

nen in ihrer Platiel-Biographie, a.a.O., S. 109, »das kleine Dorf Saliens-le-Béarn am Meer, nicht weit von Bordeaux«. – Ein Dorf dieses Namens gibt es nicht; zudem liegt Bordeaux ca. 200 Kilometer nördlich von Gurs und nicht mehr in den Pyrenäen. Die Frauen verließen aber am ersten Tag ihrer Flucht aus dem Lager Gurs die französischen Pyrenäen nicht. Es kann sich also nur um den Ort Salies de Béarn (auch: Salies-de-Béarn) handeln. Er liegt am Fuß der französischen Pyrenäen, auf halber Strecke knapp südlich der Straße von Pau nach Biarritz. [27] Erich Lewinski: *Erfahrungen und Lehren*..., a.a.O. [28] Herta Lewinski, zitiert in: Helga Haas-Rietschel, Sabine Hering: *Nora Platiel*..., a.a.O., S. 113. [29] Ebd. [30] Erich Lewinski: *Erfahrungen und Lehren* ..., a.a.O. [31] Ebd. [32] Helga Haas-Rietschel, Sabine Hering: *Nora Platiel*..., a.a.O., S. 114 und S. 116. [33] Ebd., S. 112. [34] Erich Lewinski: *Erfahrungen und Lehren*..., a.a.O. [35] Ebd. [36] Eva Lewinski-Pfister, Otto Pfister: *To Our Children*, a.a.O., S. 68

MARSEILLE

Eine deutsche Wochenzeitung im Jahre 50 nach Beginn des Zweiten Weltkriegs: Der ausführliche Beitrag, den sie in einer Ausgabe jenes Jahres dem Schicksal nazi-verfolgter Schriftsteller im französischen Exil widmet, wird eröffnet mit einem über vier von fünf Spalten gehenden Foto. Das Bild wirkt vollkommen unspektakulär und ist doch eine Rarität. Es zeigt eine Männerrunde im schummrigen Licht zweier Tischlampen; denn durch das im Hintergrund sichtbare Fenster dringt nur Nacht ein. Viel Papier liegt vor jedem der Abgebildeten, daneben Schreibzeug, Aschenbecher. Die Szene wirkt ein wenig konspirativ, und dieser Eindruck ist nicht ganz falsch. Teilnehmer der Gesprächsrunde ist auch Erich Lewinski, der mit markantem Profil und leger aufgestütztem Arm im linken Bildteil deutlich zu erkennen ist. Er vertrat im Beraterteam des Menschenretters Varian Fry die Interessen des ISK. [1]

Eleanor Roosevelt, die damalige amerikanische First Lady und spätere Vorsitzende der Menschenrechtskommission, half den in Europa Verfolgten in vielfältiger Weise. Sie hatte dazu beigetragen, daß ihr Landsmann Varian Fry unbürokratisch schnell nach Übersee gelangen konnte. Der Journalist sollte jedoch nicht für die US-Presse arbeiten, sondern in Südfrankreich ermitteln, wie gefährdete Künstler, Schriftsteller, Wissenschaftler vor dem Zugriff der Nazis gerettet werden konnten.

Anfang August 1940 kam Fry in der Hafenstadt Marseille an; von dort sollte er nach einigen Wochen mit Informationen zurückkehren. Doch er blieb ein Jahr – bis Frankreich ihn des Landes verwies. Bei seiner Arbeit, die er zunächst im Hotel »Splendide« aufnahm, hatte er fast alle gegen sich – die Deutschen, die auch den durch sie noch nicht besetzten Süden Frankreichs in immer stärkerem Maß kontrollierten, die Behörden der kollaborierenden französischen Regierung und sogar den übervorsichtigen amerikanischen Generalkonsul in Marseille.

In der deutschsprachigen Literatur sind Varian Fry Denkmäler errichtet worden, durch Anna Seghers in *Transit*, durch Hans Sahl in *Die Wenigen und die Vielen*, durch Heinrich Mann in *Ein Zeitalter wird besichtigt*. Auch er selbst, Varian Fry, beschrieb seine Zeit in Marseille. *Surrender on Demand* erschien 1945. [2] Es brauchte 40 Jahre, bis *Auslieferung auf Verlangen* auch auf Deutsch zu lesen war. [3]

Auftraggeber für Frys Rettungsaktion war das *ERC*, das *Emergency Rescue Committee*. Es war unmittelbar nach Abschluß des deutsch-französischen Waffenstillstandsvertrages in New York gegründet worden, arbeitete mit verschiedenen anderen Hilfsorganisationen in den USA zusammen und ist noch heute unter dem Namen *International Rescue Committee* tätig. Das *ERC* kümmerte sich in den Vereinigten Staaten um die Erfüllung der Voraussetzungen für die Einwanderung der Flüchtlinge aus Europa. Sie brauchten vor allen Dingen Fürsprecher, Bürgen und Geld, um Notvisa außerhalb der US-Quoten für Einwanderer zu erhalten.

Erich Lewinski lernte Varian Fry im Spätsommer 1940 kennen. Es war höchstwahrscheinlich Fritz Heine, der die beiden Männer miteinander bekannt machte. [4]

Heine, Sohn eines Orgelbauers aus Hannover, hatte sich früh der Sozialdemokratie angeschlossen und war als ausgebildeter Kaufmann im Bank- und Werbewesen Mitarbeiter des Parteivorstandes in Berlin geworden. Phantasie, Organisationstalent und persönlichen Mut bewies er Anfang der dreißiger Jahre, als er frühzeitig am Aufbau einer illegalen Parteileitung mitwirkte, verschiedene Führungspersönlichkeiten der SPD sicher ins erste Exil nach Prag brachte, selbst jedoch mehrfach nach Deutschland zurückkehrte, um Teile des so dringend benötigten Parteivermögens ins Ausland zu schaffen. Mit dem SPD-Vorstand ging Fritz Heine von Prag ins zweite Asyl nach Paris. Doch während sich die Parteileitung rechtzeitig nach London, an ihren dritten Exilort, begeben konnte, wurde Heine im Mai 1940 für einige Wochen in Frankreich interniert. Seit Juli 1940 hielt er sich als Beauftragter des SPD-Exilvorstandes in Marseille auf, um verfolgten Sozialdemokraten zur Flucht zu verhelfen. Fritz Heine war einer der ersten Ratgeber Varian Frys, nachdem dieser in Marseille eingetroffen war. [5] In dem kurz darauf dort durch Fry gegründeten *Centre Américain de Secours* arbeiteten beide eng zusammen.

Einbezogen in diese Arbeit zur Rettung von Nazi-Verfolgten wurden oft auch Emigranten, die in Südfrankreich selbst auf eine Fluchtmöglichkeit warteten – auf ihre Ausreisepapiere, auf eine Schiffspassage, auf eine Führung über die grüne Grenze der Pyrenäen nach Spanien und ins neutrale Portugal. Zu diesen Helfern auf Zeit gehörte auch Erich Lewinski. [6] Das erwähnte Foto zeigt ihn neben Fritz Heine inmitten anderer wichtiger Mitarbeiter des Amerikaners Varian Fry in Marseille. Unter ihnen waren der französische Diplomat Marcel Chaminade sowie dessen Landsleute Daniel Bénédite und Jacques Weisslitz, der deutsche Emigrant Heinz Ernst Oppenheimer und der Rumäne Marcel Verzeanu. Auch Hans Sahl, der Schriftsteller aus Deutschland, gehörte zeitweilig zum engeren Helferkreis; er hat die wohl liebenswerteste literarische Beschreibung Varian Frys geliefert. [7]

Wenig ist durch Erich Lewinski selbst über seine Mitwirkung bei der Fluchthilfeorganisation überliefert worden. Zusammen mit Fritz Heine gehörte er jener kleinen Gruppe von Beratern an, die dem *Centre Américain de Secours* zuarbeiteten. Dieses sogenannte *Screening Committee* setzte sich aus Wissenschaftlern, Künstlern, Schriftstellern und Vertretern verschiedener politischer Organisationen der Emigranten zusammen; sie bildeten einen kleinen Sachverständigenrat einerseits für den Bereich des politischen, andererseits für den des künstlerisch-literarischen Exils.

Erich Lewinski repräsentierte für die Dauer seines Aufenthalts in Marseille in diesem Gremium zwar den ISK, beschränkte sich in seinen Aktivitäten für das Fry-Komitée aber keineswegs auf diesen Kreis. Zu seiner wichtigsten Aufgabe im *Screening Committee* gehörte es, aus der großen Menge der Emigranten jene herauszuchen zu helfen, für die ein US-Visum am dringendsten beschafft werden sollte. Wie die anderen Helfer führte Lewinski täglich lange Gespräche mit hilfesuchenden Neuankömmlingen, um deren politischen Hintergrund und den Grad ihrer Gefährdung zu ermitteln; dann wurden alle Informationen erfragt, die für den amerikanischen Visumsantrag nötig waren. Wenn die Be-

145

Fluchthelfer: Im Auftrag des *Emergency Rescue Committee* verhalf der Amerikaner Varian Fry über tausend Künstlern und Wissenschaftlern zur Rettung vor den Nazis. Zu seinem Beraterteam in Marseille gehörten unter anderem Erich Lewinski (2.v.l.) sowie (weiter im Uhrzeigersinn) Fritz Heine, Jacques Weisslitz, Daniel Bénédite, Heinz Ernst Oppenheimer, Hans Sahl, Marcel Chaminade und Maurice Verzeanu.

suchszeit im *Centre Américain de Secours* beendet war, setzten sich die Interviewer zusammen, berieten über die »Fälle« des Tages und telegrafierten anschließend die Angaben über die neuen Visumskandidaten nach New York.

Erich Lewinski muß angesichts der vielen weiteren im Fry-Komitee zu lösenden Aufgaben Fähigkeiten in sich selbst entdeckt und entwickelt haben, die ihn, rückschauend aus New York, selbst erstaunten. »Ich denke mit einer gewissen Nostalgie an Marseille zurück; denn eine der zahlreichen Erfahrungen, die ich dort gemacht habe, war die, daß mir persönlich (...) Kräfte zuwuchsen und daß ich bessere Arbeit leisten konnte als je früher (...). Dabei ist nachweislich etwas herausgekommen. Seitdem wir wieder so viel diskutieren müssen«, beklagte Lewinski die spätere Situation unter den Emigranten in den USA, »sehe ich bei den Beteiligten einen unheimlichen Kräfteverbrauch.« [8]

Zu vielen Diskussionen war in Südfrankreich gewiß keine Muße gewesen. Es ging um die Rettung von Flüchtlingen; für die meisten ging es um Leben und Tod. Die Anforderungen an die Hilfsbereiten, an die selbst Gefährdeten wurden nicht geringer, sondern größer, nachdem Varian Fry in Südfrankreich eingetroffen war. »Noch bevor meine erste Woche in Marseille zu Ende ging, hatte es sich offenbar in der gesamten nicht besetzten Zone herumgesprochen, daß ein Amerikaner aus New York angekommen war, wie ein Engel vom Himmel gefallen sei, Taschen voller Geld und Pässe und einen direkten Draht zum State Department habe (...). Jemand erzählte sogar, daß es in Toulouse einen tüchtigen Geschäftsmann gab, der meinen Namen und meine Adresse für 50 Francs an Flüchtlinge verkaufte. Es stimmte natürlich nicht, daß ich so schnell Visa kriegen konnte (...), aber die Flüchtlinge glaubten es und kamen scharenweise.« [9]

Die Flüchtlinge, schwankend zwischen Hoffnung und Panik, glaubten damals Unwahrscheinlicheres. »In der apokalyptischen Stimmung im Marseille des Jahres 1940 gab es Tag für Tag Geschichten von absurden Fluchtversuchen; es gab Pläne mit Phantasiebooten und Fabelkapitänen, Visa für Länder, die auf keiner Karte zu finden waren, und Pässe für Staaten, die es gar nicht mehr gab. Man war es gewohnt, durch Flüsterpropaganda zu erfahren, welcher todsichere Plan an diesem Tag wieder wie ein Kartenhaus in sich zusammengefallen war.« [10] So beschrieb Lisa Fittko die damalige Atmosphäre. Selbst aufs Äußerste gefährdet, hatte sie die »F-Route« über die Pyrenäen ausgekundschaftet und, zusammen mit ihrem Mann Hans Fittko, viele Menschen von Banyuls-sur-mer auf der französischen Seite zu Fuß über die Berge nach Port Bou auf spanischer Seite geleitet.

Auch Eva Lewinski hatte Frankreich zu Fuß über einen Pyrenäenpaß verlassen. Sie überquerte das Gebirge jedoch, anders als die Fittkos, im Westen; dieser Weg lag Portugal, dem nächsten Ziel, weit näher als die »F-Route«. Erneut erlebte Eva einen couragierten Dorfbürgermeister, der die Verfolgten unterstützte; er machte sie mit einigen hilfsbereiten französischen Arbeitern in den Weinbergen bekannt. »Sehr früh am nächsten Morgen folgten wir ihnen, ohne daß irgend etwas gesprochen wurde. Sie zeigten uns den Weg zum Gipfel, von wo, da waren sie sicher, wir nicht fehl gehen konnten; und zum Abschied winkten sie uns. Wir waren vier. (...) Keiner von uns besaß irgendwelche Erfahrung im Bergsteigen. Und trotz der guten Wegbeschreibung unserer französischen Führer verirrten wir uns entsetzlich, als dichter Nebel aufstieg; wir hatten keine Ahnung, in welcher Richtung Spanien lag – ein merkwürdiges Gefühl von Blindheit und Hilflosigkeit (...). Und dann, wie ein Wunder, hörten wir im Nebel einen Zug pfeifen. Da wir wußten, daß die Bahn die Küste entlang fuhr, wurde uns plötzlich klar, wo wir waren und wohin wir uns wenden mußten. Wir kletterten noch ein Stück. Und als dann eine alte Bäuerin mit einem Esel unseren Weg kreuzte und wir einander mit *buenas tardes!* grüßten und sie lächelte – da wußten wir, daß wir es geschafft hatten.« [11]

Eva Lewinski war, ehe sie Frankreich illegal verließ, im Besitz eines Notvisums für die USA und der Transitvisa für Spanien und Portugal gewesen. Wie sehr viele Flüchtlinge hatte sie erst gar nicht den Versuch unternommen, das französische Ausreisevisum zu beantragen. Wegen der Zusammenarbeit der französischen Behörden mit der deutschen Besatzung auch im unbesetzten Süden des Landes hätte die Beantragung eines Ausreisevisums leicht eine erneute Internierung zur Folge haben können – oder die direkte Auslieferung nach Deutschland.

Doch auch der Weg durch die Berge bot keine Garantie auf Sicherheit. Er blieb riskant, weil Franco-Spanien mit Hitler-Deutschland verbündet war und Deutsche an der südfranzösischen Grenze nach deutschen Flüchtlingen Ausschau hielten. Überall, auch auf der spanischen Seite der Pyrenäen, lagen deutsche Fahndungslisten aus. Da das portugiesische Transitvisum nur Gültigkeit in Verbindung mit einem spanischen *Entrada*-Stempel besaß, mußten sich die Emigranten nach ihrer Flucht aus Frankreich zunächst bei den spanischen Grenzbeamten melden, um durch sie in den Besitz des wichtigen Stempels zu gelangen. Eva Lewinski hatte Glück. Nachdem sie den Weg durch die Berge hinter sich hatte, »war der Rest verhältnismäßig leicht. Der spanische Grenzoffizier gab uns den Eingangsstempel, ohne vorher in irgendwelche Nazi-Listen zu schauen (…).« [12]

Die Arbeit der Fluchthelfer in Marseille, insbesondere des als Wohltätigkeitsorganisation getarnten *Centre Américain de Secours*, bestand also keineswegs nur in der Beschaffung von US- und Transitvisa, sondern wesentlich auch im Auskundschaften neuer Wege aus der Falle Südfrankreich. Nicht immer waren die Papiere echt, die für jeden dieser Wege, ob über die Berge oder zu Wasser, benötigt wurden; in besonders dringenden Fällen scheuten sich Varian Fry und seine Mitarbeiter nicht, die Dienste von Fälschern, Devisenschiebern und anderen Ganoven in Anspruch zu nehmen.

Erforderlich waren insbesondere aber Aufbau, Erweitern und Pflege von Kontakten zu vertrauenswürdigen Menschen; ohne sie war die Arbeit in der Flüchtlingshilfe nicht zu leisten. Wenn auch jeder Helfer zuerst für »seine« Emigranten zu sorgen versuchte, so tauschte man sich doch auch untereinander aus. Zum Beispiel berichtete Fritz Heine, der zum Teil sehr prominente sozialdemokratische Politiker zu betreuen hatte, dankbar darüber, daß Erich Lewinski ihn mit dem führenden Schweizer ISK-Angehörigen René Bertholet bekannt gemacht hatte. Bertholet brachte als Mitglied der französischen *résistance* nicht nur Informationen, sondern auch Geld, Medikamente, Lebensmittel und Waffen aus der Schweiz über die Grenze nach Frankreich; seine enge Zusammenarbeit mit Regina Kaegi-Fuchsmann vom schweizerischen Arbeiterhilfswerk war für viele der in Südfrankreich festsitzenden Emigranten und ihre Betreuer zusätzlich hilfreich, auch für Heine:»Durch Lewinski kam ich in Verbindung mit dem Schweizer ISK-Mann René Bertholet. Bertholet war ein besonders mutiger und zudem höchst geschickter Mann. Es gelang ihm, was nur wenigen überhaupt möglich war, als Kurier zwischen Bern und Marseille zu wirken – angesichts der damaligen Verhältnisse gehörte schon ziemlicher Mut dazu, selbst als Schweizer Bürger. (...) Durch ihn habe ich manche Hilfe erfahren. (...) Dieser Kurier-Freund stellte eine wichtige Beziehung zu der sonst so verschlossenen Außenwelt dar.« [13] Lewinskis Verbindungen kamen also auch anderen zugute, wenngleich seine»spezielle Arbeit natürlich in erster Linie in der Betreuung der ISK-Mitglieder und -Anhänger (bestand), soweit sie in Marseille beziehungsweise im weiteren, nicht besetzten Teil Frankreichs waren (...); aber er war sehr hilfsbereit auch in anderen ›Fällen‹, in denen seine Kenntnisse und Fähigkeiten eingebracht werden konnten.« [14] Die Wertschätzung scheint beiderseits gewesen zu sein; denn Lewinski beschrieb Heine später als einen Mann, der sich in Marseille»außerordentlich bewährt« habe»als ein kluger, umsichtiger, immer hilfsbereiter und unerhört fleißiger Arbeiter«. [15]

Später, als sich beide in Sicherheit befanden, der eine in New York, der andere in London, blieben Heine und Lewinski in Verbindung. Es entspann sich ein sehr offener, zum Teil auch persönlicher Briefwechsel, in dessen Verlauf sich beide gelegentlich mit dem weiteren Schicksal Varian Frys beschäftigten. Fry scheint sich nach seiner Ende August 1941 erfolgten Ausweisung aus Frankreich in den USA nicht mehr akzeptiert gefühlt zu haben. Eleanor Roosevelt hatte ihn schon im Mai 1941 wissen lassen, daß sie ihn und seine Aktivitäten in Frankreich nicht mehr unterstützen könne, weil er zur Rettung von Verfolgten des Nazi-Regimes gar zu unkonventionelle Wege beschritten hatte, darunter solche, die von der US-Regierung schließlich nicht mehr gebilligt wurden. Sogar das New Yorker *Emergency Rescue Committee* zeigte nach Frys Rückkehr wenig Neigung, ihn an einflußreicher Stelle mitarbeiten zu lassen. Konservative Mitglieder des *ERC* fanden ohnehin, Varian Fry habe zu vielen»Linken« zur Rettung aus Frankreich in die USA verholfen. Auch beruflich faßte er in den

USA, mit Ausnahme einer vorübergehenden, interessanten Position, nicht mehr Fuß. Das Klima des Kalten Krieges, welches die Jahre nach 1945 politisch bestimmte, schadete Fry in ganz besonderer Weise; denn nun war er es, der für den vermeintlich destruktiven Einfluß der europäischen Emigranten auf die amerikanische Kultur verantwortlich gemacht wurde...

Erich Lewinski schilderte Fritz Heine seinen Eindruck von Fry ein Jahr nach dessen Rückkunft in New York. »Du schreibst über Varian. Ja, er ist sehr schlecht behandelt worden. Leider ist es aber so, daß er sich so ungeschickt (...) benimmt, daß er es denen, die ihn schlecht (...) behandeln wollen, außerordentlich leicht macht. (...) Im Anfang war das *Centre Américain de Secours* für ihn mehr ein interessanter Job, in den er, wie wir ja wissen, dann sehr hineingewachsen ist und in dem er ausgezeichnete Arbeit geleistet hat, die wir ihm nie vergessen wollen. Als er dann wiederkam, fühlte er sich noch als der Leiter, der umworbene Mächtige von drüben. Das hat er zu sehr herausgekehrt, hat alle Menschen und Behörden vor den Kopf gestoßen. Ratschläge seiner Freunde, zu denen ich z. B. (...) Sahl, mich etc. rechne, hat er wenig beachtet (...). Jetzt ist es zu spät. Er ist völlig unsicher geworden und macht eine *gaffe* nach der anderen. Ich stehe gut mit ihm, und ich spreche ziemlich offen mit ihm darüber. Aber es nützt nichts. Er schreibt nun ein Buch, nicht mit großer Begeisterung – was dabei herauskommt, wissen die Götter. (...) Wir wollen ihm nie seine Hilfs- und Einsatzbereitschaft vergessen.« [16]

Ein halbes Jahr hatte die Zusammenarbeit von Erich Lewinski und Fritz Heine in Marseille sowie die Mitarbeit beider in Varian Frys *Centre Américain de Secours* gedauert; dann rückte für Erich und Herta Lewinski der Tag der Übersiedlung in die USA in greifbare Nähe.

Die Entscheidung, in die Vereinigten Staaten auszuwandern, war Erich Lewinski nicht leicht gefallen. Womöglich hatte er schon damals, um die Jahreswende 1940/41, befürchtet, es werde sich zwischen ihm und seinen Freunden in Europa durch die neuerliche Flucht mehr an innerer Distanz entwickeln, als die äußere Entfernung über den Atlantik ausmacht. Hinzu kam die völlige Ungewißheit über die Zukunft. An Willi Eichler in London schrieb Lewinski, er gehe »mit einem heiteren und einem nassen

Auge fort aus Europa«; denn er »wäre gern näher an den Ereignissen geblieben, da wo der Kampf gegen Hitler mit aller Strenge ausgefochten wird, hätte mich gern so effektiv wie möglich daran beteiligt. Nun, da das nicht geht, werde ich versuchen, in Amerika dazu beizutragen, was in meinen Kräften steht.« [17]

Daß auch Herta Lewinski damals zwischen Ungewißheit und Zuversicht schwankte, kann nicht verwundern. Gern, so schrieb sie, würde sie nach Amerika gehen, »wenn man wüßte, daß es gelingt, auch dort drüben wieder nützliche und sinnvolle Arbeit zu leisten (...). Aber wer weiß, was uns dort erwartet, und ob wir es noch einmal so schaffen werden wie vor acht Jahren. Der Wille dazu ist da (...), hoffen wir, daß es gelingt.« [18]

Es war für Erich Lewinski zweifellos nützlich gewesen, an der Fluchthilfearbeit in Marseille zeitweilig mitgewirkt zu haben; so hatte er doch erfahren, daß dort, im Verein mit Freunden in Übersee, tatsächlich etwas bewegt werden konnte. Varian Fry und sein Hilfskomitee arbeiteten unter anderem eng zusammen mit den Unitariern, die in Marseille ebenfalls eine Hilfsorganisation für Flüchtlinge unterhielten; mit der sozialistischen Gruppe »Neu Beginnen«, deren Leiter Paul Hagen Fry *Surrender on Demand* widmete; mit dem *American Joint Labor Committee,* das in Marseille von Frank Bohn geleitet wurde und sich vordringlich um verfolgte Gewerkschafter kümmerte, mit der jüdischen Hilfsorganisation *Hicem* und mit den *American Friends of German Freedom*, in dem Erich Lewinski später in New York aktiv wurde.

Zuversichtlich stimmte Lewinski auch, daß seine Schwester Eva, kaum in New York angekommen, weitere Möglichkeiten suchte und neue Verbindungen knüpfte, um denen zu helfen, die immer noch in Südfrankreich festsaßen. »Ich freue mich auf die Zusammenarbeit mit Eva und den anderen Freunden«, notierte Erich kurz vor seiner Auswanderung. [19]

Eva Lewinski befand sich seit Mitte Oktober 1940 in den Vereinigten Staaten. Anfangs war es ihr mühsam erschienen, sich mit der Einwanderungs- und sonstigen Gesetzgebung vertraut zu machen, um die richtigen Wege der Hilfe für Verfolgte in Europa zu finden. »In dieser Situation durfte man nicht scheu oder zurückhaltend sein. Da jeder potentielle Empfänger eines Notvisums einen amerikanischen Förderer brauchte, der finanziell für ihn bürgte, machte ich es mir zur Aufgabe, solche Leute zu finden und sie dann von der Redlichkeit meiner Forderung zu überzeugen.«[20]

Bereits wenige Wochen nach ihrer Ankunft in New York schrieb sie an den ebenfalls exilierten Albert Einstein, um für einen Gefährdeten um Hilfe zu bitten; es handelte sich um den sozialistischen Publizisten, Lyriker und Dramatiker Julian Sorel, dessen eigentlicher Name Herzog war.»Kurz bevor ich Marseille verließ, hatte ich einen Brief von Wilhelm Herzog, in dem er mich bat, in Amerika zu veranlassen, daß sein Visum so schnell wie möglich erteilt wird. Und vor einigen Tagen kam (...) ein Telegramm aus Marseille, in dem er ausdrücklich darum bittet, daß ich mich mit Ihnen in Verbindung setze, damit seine Sache beschleunigt werde. Ich habe inzwischen hier mit Hermann Kesten gesprochen, der sich um ein Affidavit bemühen will, und einige unserer eigenen Freunde versuchen es ebenfalls. (...) Ich glaube, es besteht kein Zweifel darüber, daß Herzog im heutigen Frankreich außerordentlich gefährdet ist, und obwohl ich ihn persönlich kaum kenne, fühle ich mich, als eine der ›Geretteten‹, verpflichtet, bei seiner Rettung zu helfen.«[21]

Evas Absicht bestand aber nicht nur darin, in aller Stille individuelle Hilfe zu leisten; sie wollte vielmehr auch öffentlich wirken und über die Situation der Flüchtlinge in Europa, speziell in Frankreich, informieren. Sie muß dies mit außergewöhnlichem Engagement und in wirkungsvoller Weise getan haben; denn sie befand sich erst sehr kurze Zeit in den USA, als sie eingeladen wurde, Eleanor Roosevelt über die Lage in Südfrankreich zu unterrichten.»Daß ich, ein unbekannter Flüchtling, das Weiße Haus betreten durfte! Daß die Gattin des Präsidenten mich empfing, mit großer Wärme meine Hand schüttelte, meinem Bericht zuhörte, Fragen stellte und dann versprach, helfen zu wollen – das war vielleicht eine der wichtigsten Erfahrungen, die ich je gemacht habe.«[22] Später, als die Präsidentengattin sich für die Freilassung Hans Littens aus KZ-Haft einsetzen wollte und Informationen benötigte, trafen beide sich nochmals. Bei dieser Gelegenheit war Eva besonders beeindruckt vom legeren Umgang der Amerikaner mit »denen da oben«. Mrs. Roosevelt, die sich damals kurz in New York aufhielt, hatte nicht viel Zeit; sie bat Eva, sie zu einem Termin zu begleiten und das Gespräch während der Fahrt zu führen.»Vor dem Haus hielt ein umherfahrendes Taxi. Sie stieg ein und ich folgte. Der Fahrer sagte: ›Hallo, Eleanor, wie geht's?‹ Sie lächelte, als sie antwortete. (…) Für mich, den jungen Flüchtling vor der Unterdrückung in Deutschland, wo Furcht und Unterwürfigkeit gegenüber Autoritäten Nationaleigenschaften sind, war dies überwältigend. Und diese Begebenheit trug vielleicht mehr als jede spätere Erfahrung zu meiner Überzeugung bei, daß die Vereinigten Staaten ein Land waren, welches ich lieben würde.« [23] Eva Lewinski blieb in dem Land; nach Europa kehrte sie nur noch besuchsweise zurück.

Bedeuteten die Begegnungen mit Amerikas First Lady in erster Linie eine starke moralische Unterstützung für Evas Aktivitäten, so waren es zwei frühere Lehrerinnen an der Walkemühle, Anna Stein und Klara Deppe, die wertvollste konkrete Hilfe leisteten. »Sie luden mich ein und machten mich mit ihren Freunden bekannt, die ihrerseits Treffen mit anderen Leuten veranstalteten. (…) Dort berichtete ich ihnen von der Zwangslage deutscher und österreichischer Flüchtlinge, die in Südfrankreich gestrandet waren. Da ich gerade von dort kam, da ich in einem französischen Internierungslager gewesen war, da ich die Personen kannte, für die ich Hilfe erbat, (…), da ich Erfahrungen aus erster Hand mitteilte, öffneten sich mir die Sinne und die Herzen der Menschen. Für mich war das eine wunderbare Erfahrung – das Beste, was Amerika ausmacht. Und für unsere Freunde bedeutete dies: Bürgschaften (…), Notvisa (…), schließlich ihre Ankunft, um hier ein neues Leben zu beginnen. Unter denjenigen, die auf diesem Wege kamen, waren auch Erich und Herta.« [24]

Gegen Ende des Jahres 1940 hatte Lewinski, der lange vor seiner Frau nach Marseille gegangen war, Herta aus Montauban nachkommen lassen. In der dritten Etage eines alten Hauses, von dem Erich überzeugt war, es sei eigentlich ein Bordell, bezogen sie ein bescheidenes Zimmer und warteten auf die restlichen Papiere für ihre dritte Flucht.

Die Sorge um die Lewinskis und andere Freunde, aber auch die kriegsbedingten Schwierigkeiten rascher, aktueller Informationsübermittlung belegt ein Brief von Willi Eichler. Im Dezember 1940, als die Maßnahmen zur Rettung von Erich und Herta

Lewinski schon erfreulich weit gediehen waren, sandte Eichler einen dringenden Brief an einen Freund, den er bat, in einem Schreiben an die zuständige amerikanische Behörde den Grad der Gefährdung der in Südfrankreich festsitzenden Deutschen darzustellen:»In diesem Brief müßtest Du sagen, daß Dir bekannt sei, daß die folgenden Genossen an der Untergrundarbeit in Deutschland aktiv beteiligt gewesen seien, daß sie die Arbeit gegen die Nazis auch im Ausland fortgesetzt hätten und daß sie aus diesem Grund verdienten, vor der ihnen drohenden wesentlichen Gefahr an Leib und Leben durch die Ermöglichung ihrer Einreise in die USA bewahrt zu werden.« [25] Eichler nannte anschließend zwölf Namen, darunter Erich und Herta Lewinski, Otto Pfister, Erna Blencke, Nora Block und Hermann Platiel.»Mir scheint«, fuhr Eichler kritisch fort,»daß der hier nötige Beistand um so eher gegeben werden sollte, als natürlich, wie immer, eine Reihe von Menschen vorweg gerettet worden sind, die keineswegs die Creme der deutschen kämpfenden Avantgarde darstellt.« [26]

Zu diesem Zeitpunkt war die Abreise der Lewinskis nur noch eine Frage von Wochen. Die Wartezeit verbrachte Herta mit der Organisation des Alltags unter den außergewöhnlichen Umständen, die ihr Leben bestimmten, seit sie interniert worden war; sie litt, mit Kleidung nur dürftig ausgestattet, unter dem naß-kalten Winterwetter, bei dem sie regelmäßig viele Stunden vor Geschäften nach Lebensmitteln anstehen mußte. Unterdessen arbeitete Erich Lewinski täglich im Marseiller Büro des *ERC*.

Zuweilen ergaben sich dabei Situationen, in denen, statt sorgfältig geplanter, auch spontane Rettungsaktionen erforderlich wurden – und nicht immer hatten sie einen glücklichen Ausgang. Herta Lewinski berichtete von einem Fall, der tragisch endete, weil er nicht hatte vorbereitet werden können.»Eines Tages erfuhren wir, daß eine Gruppe von Freunden unter Bewachung nach Marseille gebracht wurde, ehe sie nach Deutschland zurückgeschickt wurden. Wir überlegten sofort, wie wir sie retten könnten. Jemand von uns machte sich, scheinbar freundlich, an die Bewacher heran, lud sie in eine Bar ein und machte sie betrunken. Unterdessen schafften andere die vier Gefangenen zum Hafen; der Kapitän eines kleinen Schiffes hatte sich bereit erklärt, sie die Küste entlang nach Spanien zu schmuggeln. Unglückli-

155

cherweise klappte das nicht. Das Boot war gar nicht seetüchtig und mußte nach Marseille zurückkehren. Dort wartete schon die Polizei; unsere Freunde wurden festgenommen und in ein deutsches Konzentrationslager gebracht.« [27]

Zu den Betroffenen dieses tragisch verlaufenden Fluchtversuchs hatte Franz Bögler gehört, ehemals SPD-Parteisekretär und dann Mitglied der kleinen, jedoch im Widerstand sehr effizienten linkssozialistischen Gruppe »Neu Beginnen«. »Nach meiner Erinnerung«, so berichtete Fritz Heine über den Fall, »haben wir – Fry, Lewinski und ich – Bögler und seine Mithäftlinge dringend vor dem Versuch gewarnt, mit einem Boot die Überfahrt nach Afrika zu wagen, da ja das Meer von deutschen Kriegsschiffen und Flugzeugen kontrolliert war. Wir sahen eine Chance, die vier bis zu einer besseren Fluchtmöglichkeit ›illegal‹ unterzubringen. Aber sie wollten nichts davon wissen – was menschlich verständlich war. Ihre Flucht und Wiederergreifung machte die Hilfsarbeiten für die anderen Flüchtlinge wegen der erhöhten Alarmbereitschaft der französischen Behörden schwieriger.« [28]

Dieser von den Lewinskis und Fritz Heine überlieferte Fall mindert nicht die ganz außergewöhnlichen persönlichen Verdienste Varian Frys, der, in ständiger Zusammenarbeit mit dem *ERC* in New York, allein im ersten Jahr seiner Tätigkeit in Marseille auf häufig höchst unkonventionelle Weise über 600 Menschen rettete, Menschen, deren Flucht Europa geistig verarmen ließ. Lion Feuchtwanger war unter den durch Fry Geretteten, Anna Seghers, Franz Werfel, Leonhard Frank, Alfred Döblin, Hans Marchwitza, Annette Kolb, Walter Mehring, Alfred Polgar, Hans Habe, Heinrich Mann und sein Neffe Golo, Hans Sahl, die Franzosen André Breton und Marc Chagall... »Es war nicht nur eine rein humanitäre Geste von uns, diese Leute hereinzulassen«, schrieb Varian Fry rückblickend. »Wir haben enorm von ihnen profitiert. Wir bekamen einige der besten Geister, die Europa in einer Generation hervorgebracht hat.« [29]

Endlich hatten Erich und Herta Lewinski alle Papiere beieinander, die sie vorab benötigten, um von ihren amerikanischen Visa Gebrauch machen zu können. Ihr Weg über die französisch-spanische Grenze war übrigens wesentlich angenehmer als der illegale Grenzübertritt von Eva Lewinski und von Tausenden anderer Flüchtlinge; denn Erich und Herta Lewinski waren im Besitz von französischen Ausreisevisa. Das erlaubte ihnen einen legalen Grenzübertritt als Bahnreisende.

»Es war eben eine durchaus verrückte Zeit«, kommentierte Fritz Heine rückblickend die damaligen Zustände und die sehr unterschiedlichen Schicksale der Flüchtlinge in Südfrankreich: »Während ein angesehener ehemaliger Chefredakteur einer der wichtigsten Berliner Zeitungen monatelang mit seiner Frau in einem Bordell ›wohnen‹ mußte, saß ein deutscher Dichter unbeschwert in seinem Landhaus nahe dem Mittelmeer. Während Breitscheid und Hilferding noch im Spätsommer 1940 auf dem Marseiller Boulevard vor ihrem Hotel ihren Kaffee tranken und mit Freunden sprachen, saßen sie wenige Monate später in Vichy und wurden an die Gestapo ausgeliefert. Es konnte passieren, und es ist passiert, daß man auf der Straße zufällig von einem Polizisten angehalten, festgenommen, ins Gefängnis und dann ins Lager gebracht wurde, und daß man dann – wenn man Pech hatte, wie mehr als 1000 aus dem Lager Les Milles – ausgeliefert wurde und in die Gaskammern kam. Aber es geschah eben auch, daß man durchaus ›legal‹ die französische Grenze und Port Bou passieren konnte, höchstwahrscheinlich ebenso wie ich mit Herzklopfen, aber ohne faktische Probleme.« [30]

Am 21. Februar 1941 verließen Erich Lewinski und seine Frau Herta ihr Asylland Frankreich, in dem sie siebeneinhalb Jahre lang gelebt hatten – das letzte dieser Jahre freilich unter allgegenwärtiger Bedrohung.

Angekommen in Spanien, wollte Erich Lewinski die Durchreise nutzen, um einiges von dem Land zu sehen. »Es war gefährlich, durch Franco-Spanien zu reisen; jeder war gewöhnlich sehr erleichtert, wenn er das neutrale Portugal erreichte. Aber Erich kümmerte sich nicht darum, nachdem wir Frankreich einmal hinter uns hatten. Er wollte sogar die Sehenswürdigkeiten von Barcelona und Madrid besuchen«, [31] berichtete Herta Lewinski. Sie allerdings hatte in dieser Situation weniger Sinn für die Schönheit Spaniens und bewog ihren Mann, auf dem kürzesten Weg weiterzureisen.

In Portugal mußten sie noch einmal Geduld aufbringen; es war damals nicht leicht, einen Platz für eine Atlantikpassage zu erhalten. Allein in den Jahren 1940 und 1941 kamen ungefähr 50 000 Menschen aus nahezu allen europäischen Ländern nach Lissabon, um von dort aus Europa zu verlassen. Es gab aber nur wenige Schiffe, die in kurzer Zeit eine so große Zahl von Flüchtlingen an Bord nehmen konnten. In Lissabon entstand gewissermaßen ein Rückstau, und die Preise für die Passagen erreichten schwindelerregende Höhen. Gerade in jenen Monaten, in denen Erich und Herta Lewinski den Entschluß zum Abschied von Europa fassen mußten, zwischen der Besetzung Frankreichs bis zum Verlassen des Landes, waren die Preise um 250 Prozent gestiegen. Rein technisch brauchten sich die Lewinskis um die Beschaffung eines Platzes auf einem Schiff jedoch nicht zu bemühen; das übernahm eine Hilfsorganisation der amerikanischen Unitarier. Das *Unitarian Service Committee*, gegründet im Mai 1940, hatte in Lissabon ein Büro eröffnet und kümmerte sich um den Weitertransport der Emigranten.

Während ihrer Wartezeit hatten Erich und Herta Lewinski die Freude, Otto Pfister wiederzusehen. Eva Lewinskis Verlobter war in die Hände der Deutschen geraten, hatte jedoch ein Lebenszeichen senden und sich später auf abenteuerliche Weise erneut nach Südfrankreich retten können. Dank Evas Bemühungen in New York und Washington erhielt er relativ rasch alle nötigen Visa, gelangte damit nach Lissabon und einige Wochen später auch in die USA, wo Eva und Otto Pfister heirateten.

Als erster von den drei – neben vielen anderen – in Lissabon Wartenden hatte Erich einen Schiffsplatz erhalten. Es wurde beschlossen, daß er die Gelegenheit nutzen und allein fahren sollte, während Herta bei nächster Gelegenheit folgen wollte. Doch in letzter Minute gab es eine Stornierung, und das Ehepaar Lewinski schiffte sich gemeinsam auf der *Guinee* ein, einem völlig überfüllten, ungepflegten ehemaligen Frachtdampfer, der einst im Handel an der westafrikanischen Küste eingesetzt gewesen war. Erich hatte das Glück, eine Erste-Klasse-Kabine mit nur einem weiteren Passagier teilen zu müssen; Herta war, zusammen mit acht anderen Frauen, weit weniger komfortabel untergebracht.

Was mag in Erich Lewinski vorgegangen sein, als sich der Hafen von Lissabon rasch dem Blick der Zurückschauenden entzog, als Europa und mit ihm Deutschland nach und nach hinter dem

Horizont verschwand? Später sagte er:»Wir draußen hatten das
›andere Deutschland‹ nicht vergessen, und wir liebten es, das von
Kant und Schiller, Goethe und Lessing, Grünewald und Dürer,
von Thomas Mann und Einstein, von Wassermann und Ehrlich,
von Bach, Mozart, Beethoven – das Deutschland der Kultur und
Humanität.« [32] Aber Lewinski blickte immer auch nach vorn.
Noch vor seiner Auswanderung in die USA hatte er bereits an
Rückkehr gedacht. Und als die Heimkehr nach vierzehn Jahren in
der Fremde später tatsächlich unmittelbar bevorstand, erzählte
er:»Vor kurzem erinnerte mich ein Freund an einen kleinen Vorfall aus dem Jahr 1941 in Marseille. Er suchte mich damals in seiner Emigrationssache in dem sogenannten *Fry-Committee* auf, in
dem ich half. Ich hatte gerade meine Emigrationspapiere bekommen, und ich sagte zu dem Freund (...):›Wie wir hier wegkommen,
wissen wir jetzt. Wüßten wir nur erst, wie wir wieder zurückkom-
men‹.« [33]
    Die Überfahrt dauerte zwei Wochen. Am 15. April 1941 kamen
Erich und Herta Lewinski in Amerika an. Am Quai von New York
wurden sie von Eva Lewinski und Maurice de Abravanel erwartet.»Wir wußten nicht, was die Zukunft uns bringen würde; aber
was für eine Erleichterung zu wissen, daß wir dem kriegszerstörten Europa entronnen und nun sicher in den USA waren!« [34]

[1] *Die Zeit*, Nr. 45, 3. 11. 1989, S. 49.   [2] Varian Fry: *Surrender on Demand*, Random House, New York 1945.   [3] Varian Fry: *Auslieferung auf
Verlangen – Die Rettung deutscher Emigranten in Marseille 1940/41*,
München/Wien 1986. – Im Folgenden wird die deutsche Ausgabe herangezogen. – Der Buchtitel zitiert eine Formulierung aus Artikel 19 des
deutsch-französischen Waffenstillstandsvertrages, in dem die *Auslieferung auf Verlangen* solcher Deutscher aus Frankreich vereinbart worden
war, die die deutsche Besatzung gegenüber französischen Behörden namhaft machen würde. Siehe Anm. 11 des vorangehenden Kap. – Eine Fern-
sehproduktion der späten achtziger Jahre erinnert übrigens ebenfalls an
Varian Frys Fluchthilfeaktionen in Marseille: *Das letzte Visum, Passage
unbekannt – Varian Fry und das Emergency Rescue Committee*, ein Film
von Karin Alles, Hessischer Rundfunk, 1987. In diesem Film ist, neben
vielen anderen damals noch lebenden Zeitzeugen, auch Erich Lewinskis
Schwester Eva Lewinski-Pfister zu sehen.   [4] Fritz Heine war sich des-

sen – nach über 50 Jahren, bei Entstehen dieses Buches – nicht mehr ganz sicher, hielt es aber für »höchst wahrscheinlich«, daß er es war, der Lewinski mit Fry bekannt gemacht hat: »Ich war ja durch Frank Bohn, der bis zur Aufnahme der Fryschen Aktivitäten unser US-Verbindungsmann in Marseille war, als erster mit Fry in Verbindung gekommen, bevor Fry mit anderen Sozialdemokraten/Sozialisten in Berührung kam. Daher ist es wohl logisch anzunehmen, daß ich die Verbindung zwischen Lewinski und Fry herbeiführte.« – Schriftl. Mitteilung von Fritz Heine, Bad Münstereifel, 24. 7. 1993. [5] Varian Fry, a. a. O., S. 19 ff. und schriftl. Mitteilung von Fritz Heine, Bad Münstereifel, 24. 7. 1993. – Fry nennt Fritz Heine mit dessen in der Tschechoslowakei benutzten Vornamen Bedrich (= Friedrich). [6] Vgl.: Werner Link: *Die Geschichte des Internationalen Jugendbundes (IJB) und des Internationalen Sozialistischen Kampfbundes (ISK) – Ein Beitrag zur Geschichte der Arbeiterbewegung in der Weimarer Republik und im Dritten Reich*, Bd. 1 der Marburger Abhandlungen zur Politischen Wissenschaft, Meisenheim am Glan 1964, S. 272. [7] Hans Sahl: *Die Wenigen und die Vielen*, Hamburg 1959. – Die Passage über Varian Fry ist auch abgedruckt in: Varian Fry, *Auslieferung* ... a. a. O., S. 301 f. – Hans Sahl berichtete noch Jahrzehnte später, kurz vor seinem Tod, in einer Fernsehsendung bewegt über seine Rettung durch Varian Fry: *Wir sind die letzten – fragt uns aus!*, produziert im Auftrag von *ZDF* und *arte*, 1992. [8] Erich Lewinski an Willi Eichler in Welwyn Garden City, England, New York, 26. 7. 1941, Archiv der sozialen Demokratie/ Friedrich-Ebert-Stiftung Bonn (AdsD), ISK-Archiv, Box 41. [9] Varian Fry: *Auslieferung*..., a. a. O., S. 37. [10] Lisa Fittko: *Mein Weg über die Pyrenäen*, München, Wien 1985. – Zitiert wird hier nach der mit einem zusätzlichen Anhang versehenen Taschenbuchausgabe, Ravensburg 1992, S. 135. [11] Eva Lewinski-Pfister, Otto Pfister: *To Our Children*, unveröffentlichtes Manuskript, Canoga Park, Kalifornien, USA, April 1979, S. 70 f. [12] Ebd., S. 71. [13] Schriftl. Mitteilung von Fritz Heine, Bad Münstereifel, 24. 7. 1993. [14] Ebd. [15] Erich Lewinski an Willi Eichler, a. a. O. [16] Erich Lewinski an Fritz Heine in London, Jackson Heights, NY, 9. 8. 1942, AdsD, Depositum Fritz Heine, Briefwechsel mit Erich Lewinski 1941-1944. [17] Erich und Herta Lewinski an Willi Eichler, Lissabon, 31. 3. 1941, AdsD, ISK-Archiv, Box 39. [18] Ebd. [19] Ebd. [20] Eva Lewinski-Pfister, Otto Pfister: *To Our Children*, a. a. O., S. 90. [21] Eva Lewinski an Albert Einstein, New York, 18. 11. 1940 (Kopie). [22] Eva Lewinski-Pfister, Otto Pfister: *To Our Children*, a. a. O., S. 93. [23] Ebd. [24] Ebd., S. 90 f. [25] Brief von Willi Eichler, Welwyn-Garden-City, England, 5. 12. 1940, AdsD, ISK-Archiv, Box 38 – Der nur als »lieber Freund« angesprochene Adressat war, lt. Auskunft von Susanne Miller, mit großer Wahrscheinlichkeit Edo Fimmen. [26] Ebd. [27] Herta Lewinski, zitiert in: Tom Lewinski: *What happened to the Lewinskis?*, unveröffentlichtes Manuskript, Holland-on-Sea, England, S. 75 f. [28] Schriftl. Mitteilung von Fritz Heine, Bad Münstereifel, 12. 8. 1993. [29] Varian Fry: *What has happened to them since?*, in: *Publishers*

Weekly, New York, 23. 6. 1945, zitiert nach: *Exil in den USA,* Bd. 3 der Reihe *Kunst und Literatur im antifaschistischen Exil 1933-1945,* Frankfurt am Main 1980, S. 62.   [30] Schriftl. Mitteilung von Fritz Heine, Bad Münstereifel, 3. 8. 1993. – In einem darauffolgenden Brief vom 12. 8. 1993 konkretisierte Fritz Heine:»Ich hatte bei dem erwähnten Dichter im Landhaus an mehrere gedacht (Alfred Neumann, Theodor Wolff, André Malraux) und bei dem Chefredakteur an Georg Bernhardt und seine Frau.« [31] Herta Lewinski, a. a. O., S. 76.   [32] Erich Lewinski, Rede anläßlich der Abschiedsfeier der Arbeiterwohlfahrt New York, Januar 1947. – Erich Lewinski meinte wahrscheinlich das Jahr 1940.   [33] Ebd. [34] Herta Lewinski, a. a. O., S. 77.

NEW YORK, NEW YORK

Bevor Erich und Herta Lewinski die beiden vertrauten Menschen am Anleger von New York hatten begrüßen konnten, war ihr Blick lange gefangen gewesen durch die amerikanische Freiheitsstatue vor der Skyline von Manhatten – eine fremdartige Kulisse für die zu Schiff anreisenden Europäer vor der Mitte des 20. Jahrhunderts. Doch wie Tausenden von Emigranten bedeutete dieses einst den Amerikanern von Franzosen geschenkte Wahrzeichen auch den Lewinskis ein Symbol der Hoffnung.

300000 Menschen aus Europa suchten in der Zeit zwischen 1933 und 1944 in den Vereinigten Staaten von Amerika eine neue Heimat, eine dauernde oder eine zeitweilige. Zentren der Emigration wurden auf der einen Seite der Großraum New York im Osten, auf der anderen Seite der Raum um Los Angeles an der Westküste der USA. Mehr als die Hälfte der Europäer kam, wie eine 1945 in den USA vorgelegte Studie ausweist, aus Deutschland und aus Österreich. Obwohl in den USA ein Quotensystem in Kraft war, nach dem aus den beiden genannten Ländern jährlich höchstens 27230 Menschen einwandern durften, wurde dieses Kontingent nur ein einziges Mal, nämlich 1939, im Jahr des Kriegsbeginns, ausgeschöpft. Außerhalb dieses Quotensystems wurden in dringenden Fällen auch Notvisa ausgestellt, wie die Lewinskis sie erhalten hatten.

Die ganz überwiegende Mehrheit der Einwanderer aus Deutschland und Österreich gab an, ihre Heimat wegen religiöser oder rassischer Verfolgung verlassen zu haben. Nur fünf Prozent, in absoluten Zahlen also etwa 7500 der deutschen und österreichischen Immigranten, erklärten, daß sie wegen ihrer oppositionellen Haltung gegenüber dem Nazi-Regime hatten auswandern müssen. [1]

Von vielen dieser Flüchtlinge wurde die bürokratische Handhabung der Einwanderungsformalitäten beklagt. Noch bevor die Emigranten den nordamerikanischen Kontinent betreten durften, wurden die meisten von ihnen auf ihre Einreisedokumente hin überprüft; darüber hinaus wurde kontrolliert, ob die Reisenden die Gewähr dafür boten, daß sie dem amerikanischen Staat finanziell nicht zur Last fallen würden. Diese Einreisebeschränkung war bereits im Jahr 1882 erlassen worden, hatte aber bis zum Beginn der Weltwirtschaftskrise eine untergeordnete Rolle gespielt; nun mußten Flüchtlinge Bürgen beibringen, die auf dem *affidavit of support and sponsorship* bestätigten, daß sie notfalls für den Unterhalt des betreffenden Neuankömmlings aufkommen würden. War an den Einreisedokumenten irgend etwas nicht in Ordnung oder schien dies nur nicht der Fall zu sein, dann wurden die Immigranten auf der kleinen, New York vorgelagerten Insel Ellis Island interniert – eine bittere Erfahrung für manche der Europäer, die kurz zuvor andere Lager erlebt hatten.

Erich Lewinski und seine Frau gelangten problemlos von Bord der *Guinee* an Land; ihre Papiere waren in Ordnung. Erich wurde kurz darauf unter der Nummer 7591623, Herta unter 7591619 registriert. Sie lebten nun als Ausländer deutscher Herkunft in New York. Noch im gleichen Jahr wurden sie zu Staatenlosen, denn deutschen Juden, die bereits lange im Ausland gelebt hatten, wurde im November 1941 die Staatsbürgerschaft durch das Nazi-Regime genommen.

Das so wichtige *affidavit*, die Zusage für etwa nötig werdende finanzielle Hilfe, hatte der alte Freund Maurice de Abravanel mit seinem 10 000-Dollar-Jahreseinkommen für Erich und Herta Lewinski geleistet. Schon beim Empfang in New York gab er ihnen 100 Dollar mit der Zusicherung, diese Summe als kleinen Grundstock monatlich zur Verfügung zu stellen. Auch sonst waren die Lewinskis, wie Erich an die Mutter Charlotte Martin nach Johannesburg schrieb, »gerade in den ersten Tagen wirklich ganz erschüttert über all die Freundschaftsbeweise, die wir empfingen. (...) Uns hat Eva einen so schönen Empfang bereitet, daß wir ganz benommen waren. Sie hat ein sehr schönes Zimmer für uns auf dem gleichen Flur mit ihr gemietet, mit *kitchenette* und Badestubenbenutzung, so daß wir vier jetzt zusammen wohnen. (...) Jetzt hast Du also einen Teil Deiner Kinder in New York beieinander, und Deine Sorgen und Gedanken brauchen sich über einige Länder und Meere weniger zu verteilen. (...) Wir stehen wieder so da wie 1933, das heißt ohne einen Sou. Die Gestapo hat unsere Wohnung und unseren Betrieb beschlagnahmt in Paris – alles gestohlen, und so fangen wir wieder von neuem an.«[2]

Bei diesem erneuten Beginn halfen andere Freunde und Bekannte, die Erich Lewinski bei seiner Ankunft in New York antraf. Einer von ihnen war der zwanzig Jahre ältere Albert Grzesinski, ursprünglich Metallfacharbeiter, später zeitweilig preußischer Innenminister, zuletzt, unmittelbar vor seiner Flucht aus Deutschland, Polizeipräsident von Berlin; im Pariser Exil war er Mitarbeiter in dem von Heinrich Mann geführten »Komitee zur Vorbereitung einer deutschen Volksfront« gewesen, ehe er im Sommer 1937 nach New York ging. Seine interessante politische Karriere hatte den in Pommern geborenen Sozialdemokraten schon vor dem Ersten Weltkrieg als Gewerkschaftsfunktionär nach Kassel geführt, wo er bei Kriegsende den Arbeiter- und Soldatenrat leitete und später Stadtverordneter sowie Stadtverordnetenvorsteher wurde.

Albert Grzesinski hatte in den zwanziger Jahren früh zu Erich Lewinskis Mandanten und zum weiteren Kreis seiner politischen Freunde gehört. Er nahm eine Stellensuche Erichs im gemeinsamen New Yorker Exil zum Anlaß, dies in einem Schreiben zu bezeugen. »Ich bin sehr erfreut, Ihnen Herrn Erich Lewinski empfehlen zu können; ich kenne ihn seit über 25 Jahren. (...) Ich habe ihn stets als einen ausschließlich hilfsbereiten und guten Menschen erlebt. Seine Zuverlässigkeit ist über jeden Zweifel erhaben, und er war allen als ein durch und durch demokratischer Mensch und als ein entschiedener Kämpfer gegen den Nationalsozialismus bekannt.«[3]

Grzesinski verstand sich als Vertreter des SPD-Exilvorstandes in den USA; er war Mitinitiator verschiedener sozialdemokratisch orientierter Vereinigungen und Gründer des *German-American Council for the Liberation of Germany from Nazism*, dem kurz nach seiner Ankunft in Amerika auch Erich Lewinski beitrat.

Es erscheint ganz erstaunlich, zu was für einem frühen Zeitpunkt und in welchem Maß Lewinski sich an seinem dritten und letzten Asylort politisch engagierte. Allein die Bewältigung des Alltags im Exil, insbesondere die dauernde Sorge um die Sicherung eines Lebensunterhalts, hat andere Emigranten bereits voll ausgelastet. Lewinski aber arbeitete zusätzlich in verschiedenen politischen Emigrantengruppen und Hilfsorganisationen mit, darunter dem *Emergency Rescue Committee,* der *German Labor Delegation,* dem *Jewish Labor Committee,* und ermöglichte es daneben noch, in ständigem Briefkontakt mit seinen Angehörigen sowie mit den ISK-Genossen und anderen politischen Freunden im europäischen Exil zu bleiben.

Ganz besonders interessierte ihn, was sich in der »Union deutscher sozialistischer Organisationen in Großbritannien« tat – schon weil es unter den linken Exilgruppen in den USA nichts Vergleichbares gab. Zur »Union«, wie sie kurz genannt wurde, hatten sich im März 1941 auf Anregung der *Labour Party* die führenden Mitglieder der vor dem Nazi-Regime nach England geflüchteten Vertreter von SPD, SAP, ISK und »Neu Beginnen« zusammengeschlossen, damit das sozialistische Exil mit einer Stimme gegenüber der Regierung des Gastlandes auftreten konnte; zudem war die *Labour Party* nicht gewillt gewesen, jeweils mit jeder einzelnen der deutschen Exilgruppen in Verbindung zu treten. Auf der anderen Seite erhofften sich die Mitglieder der »Union« aus dem Zusammenschluß, im Verein mit Politikern ihres Asyllandes, wirksamere Möglichkeiten des Kampfes gegen das Nazi-Regime. Aber die Deutschfeindlichkeit in Großbritannien erwies sich als zu stark. Die »Union« zerfiel dennoch nicht, sondern begann gegen Jahresende 1942 mit Beratungen über eine sozialistische Politik im Deutschland nach Hitler und legte ein Jahr später dazu seinen ersten gemeinsamen Programmentwurf vor. Willi Eichler, als Vorsitzender des ISK, hatte wesentlichen Anteil sowohl an der Formulierung dieses Programms als auch an dem vorausgegangenen Zusammenschluß der in Großbritannien exilierten sozialistischen Gruppen, der später zur Eingliederung der meisten ihrer Mitglieder in die Nachkriegs-SPD führte. [4]

Erich Lewinski besaß in seinem Freund Willi Eichler also einen Informanten, der ihn aus erster Hand über höchst interessante, wenn auch nicht unumstrittene Entwicklungen im europäischen Exil unterrichten konnte. Daß Lewinski daran früh und positiv Anteil nahm, belegt unter anderem die Bemerkung in einem Brief aus dem Sommer 1941 an Fritz Heine:»Im Übrigen ist die Bereitschaft der Gr. [Grzesinski], K. [Katz] etc., zu einer Zusammenarbeit nach Londoner Muster zu kommen, noch sehr gering. Vielleicht sollte man von London aus versuchen, da etwas Dampf dahinter zu machen. Ich kann das dortige Experiment schlecht von hier aus beurteilen – soviel scheint mir aber gewiß, daß es nicht sinnlos ist, sondern vielmehr die Keime einer vernünftigen Arbeit in sich trägt.« [5]

Allerdings fühlte sich Lewinski, wie auch andere seiner in den USA exilierten Freunde, in den folgenden Jahren an der weiteren Diskussion innerhalb der »Union« nicht ausreichend genug beteiligt. Der Krieg war schon zu Ende, als Willi Eichler ihm Mitte Oktober 1945 nach New York mitteilte, der ISK sei »der SP (...) nun wieder beigetreten unter Aufrechterhaltung einer Reihe von Bedingungen, die wir als nötig betrachten zur Durchführung von solchen Arbeiten, von denen wir glauben, daß sie nur von uns geleistet werden«. [6] Prinzipiell begrüßte Erich Lewinski diese Entscheidung, obwohl er »ein schmerzliches Gefühl dabei nicht loswerden« konnte. [7]»Das Wichtigste ist, daß dieser Schritt gerechtfertigt wird durch das Gelingen einer guten und fruchtbaren Zusammenarbeit. Wir wollen nur hoffen, daß der alte Ungeist der Enge und Dogmatik verschwindet. (...) Für uns wird es wichtig und interessant sein festzustellen, wie groß der Beitrag gewesen ist, den zwanzig Jahre ISK für die Arbeiterbewegung gebracht haben.« [8] Kritisch bewertete Lewinski die Tatsache der Rückkehr in die alte bestehende Partei; ihm wäre weit lieber gewesen, wenn der ISK als gleichberechtigter Partner mit den anderen sozialistischen Gruppen »gemeinsam etwas Neues mit neuem Programm« geschaffen hätte. [9] Im übrigen hätte dieser Schritt »nach meiner Meinung nicht vollzogen werden sollen, ohne daß unsere außerhalb Englands (oder Europas) lebenden Freunde Gelegenheit zur Stellungnahme gehabt hätten, (...) ganz besonders, wenn es sich um einen so folgenschweren Schritt, den wichtigsten seit der Gründung, handelt«. [10]

Das Gefühl, nicht eingebunden zu sein, hatte Erich Lewinski während der Jahre des Exils in den fernen Vereinigten Staaten wiederholt. Um so mehr Gewicht besaßen alle Kontakte, die er unterhielt; sie waren eine Brücke zum vertrauteren Europa. Jeder

Brief der umfangreichen Korrespondenz Lewinskis, ob er überwiegend politischen oder ausschließlich privaten Charakter hatte, brachte ein Stück Heimat mit.»Man kann sagen«, so beschrieb rückblickend Eva Lewinski-Pfister die Situation der Exilierten,»daß für die meisten von uns, insbesondere für die älteren, diese New Yorker Jahre während Emigration und Krieg eine einsame schwere Zeit des Wartens waren. Wir hatten wenig Neigung, uns den völlig neuen Umständen mehr als unbedingt erforderlich anzupassen.

Und so blieben wir wie eine Insel voller Schiffbrüchiger in dem Ozean New York – New York, das uns großzügig Möglichkeiten des Weiterlebens bot, aber niemals unsere Heimat wurde. Unsere wesentlichen Bindungen bestanden zu Europa; und die Hoffnungen für die Zukunft, sofern man sie sich bewahren konnte, waren ebenfalls nach Europa orientiert.« [11] Das traf selbstverständlich auch auf Erich Lewinski zu, wenn er den Freunden in Europa über die Stimmungslage, den Diskussionsstand, die Aktivitäten der in New York lebenden Emigranten berichtete und erwartete, seinerseits über die Vorstellungen und Initiativen der in Europa exilierten Freunde informiert zu werden.

Schon im Juli 1941, ein Vierteljahr nach seiner Ankunft in den USA, teilte Lewinski Willi Eichler nach London mit,»daß ich Mitglied des *German-American Council for the Liberation of Germany from Nazism* geworden bin«. [12] Er war als Individuum, nicht als ISK-Repräsentant in den *Council* aufgenommen worden und sah die personelle Zusammensetzung und damit die Wirkungsmöglichkeiten dieses Gremiums keineswegs unkritisch; insbesondere bemängelte er bald den Führungsstil Albert Grzesinskis. Als»Zweck dieser Vereinigung« nannte Lewinski:»die Vertretung der deutschen Emigration, insbesondere in Washington, wo die Mitglieder des *boards* bereits offene Türen und zahlreiche offene Ohren haben«. [13] Allerdings sei»die Vertretung der deutschen Emigration keineswegs komplett. (...) Was die Aussichten auf eine wirklich erfolgreiche und solide Arbeit dieses *councils* betrifft, so bin ich sehr skeptisch. Es ist nicht recht möglich, die Schwierigkeiten schriftlich darzustellen, aber es wird Dir genügen, wenn ich sage, daß sie vor allem darin liegen, daß die Hauptträger der Arbeit zwar eine Vergangenheit haben, aber weder eine Gegenwart noch eine Zukunft. Man möchte nach der Niederlage Hitlers an den Tag anknüpfen, an dem man die Ministersessel verließ ... Ob es den lebendigeren Elementen gelingen wird, etwas neuen Geist in diese Institution hineinzubringen, ist zweifelhaft (...). Trotzdem wollen wir weiter mitmachen.« [14]

Lewinski berichtete anschließend über die Schaffung kleiner themenorientierter Arbeitsgruppen innerhalb des *Councils*, von denen jene zum Studium der US-Kriegsverwaltung, soweit deren Maßnahmen Emigranten betreffen könnten, ihn besonders interessierte. »Man möchte dazu beitragen, daß für den Fall des Eintritts Amerikas in den Krieg vermieden wird, daß die aktiven Kämpfer gegen Hitler in der Ausübung dieses Kampfes behindert werden.« [15] Weiter gab es eine Arbeitsgruppe »zum Studium der Fragen *After Hitler – what?* Zur Vorbereitung dieser Arbeit würde es mich sehr interessieren, die Ergebnisse Eurer Studien zu dieser Frage zu kennen.« [16]

Lewinski beendete seinen Brief – den ersten von Aktivitäten berichtenden, den Willi Eichler von ihm erhielt – mit einer Bemerkung, die ahnen läßt, wie mühselig die politische Arbeit im Exil bereits war und sich auch später gestaltete: »Es bedrückt und schmerzt mich sehr, daß wir in einer Zeit, wo wir unendlich viel Effektives zu arbeiten haben, das an Zeit und Kraft, was die Berufsarbeit und die äußeren nicht leichten Umstände uns übrig lassen, in endlose und immer neue Mißverständnisse auslösende mündliche und schriftliche Diskussionen stecken müssen, von deren Fruchtbarkeit ich keineswegs überzeugt bin.« [17]

Am Ende der Antwort von Willi Eichler, mit der sich dieser ebenfalls recht kritisch über einige Mitglieder des *Councils* äußerte, klang bereits ein Dissens zwischen Exil in Europa und Exil in Übersee an, der später noch deutlicher zu Tage trat. Eingehend auf Lewinskis Bemerkung über die »endlosen Diskussionen« unter den USA-Emigranten, stellte Eichler fest, »viel an Euren Auseinandersetzungen, die das wörtlich sind, (ist) leeres Stroh. (...) Du glaubst gar nicht, wie tot das wirkt, gerade in diesem Lande hier, wo Krieg herrscht, und wo man sich auf Wesentliches konzentriert. Ich bin leider in Briefen nach USA noch immer gezwungen, das Wesentliche erst einmal als solches herauszustellen.« [18]

Erich Lewinski ließ sich nicht entmutigen. Als Albert Grzesinski im November 1941 den Vorsitz der aus dem *German-American Council* hervorgegangenen *Association of Free Germans Inc.* übernahm, zählte Lewinski als Mitglied des *Executive Committee* auch dort zu seinen Mitstreitern.

Dem Führungsgremium der *Association* gehörten überwiegend exilierte Parlamentarier der Weimarer Republik an, außerdem Bürgermeister großer deutscher Städte, einige Wissenschaftler und Künstler. Erich Lewinski, der keiner dieser Gruppen zuzurechnen war, lernte bedeutende seiner Zeitgenossen aus Deutschland erst bei der Arbeit im Exil kennen. Die Chefredakteure der *Vossischen Zeitung* und des *Vorwärts*, Georg Bernhardt und Friedrich Stampfer, zählten dazu; unter den Reichtagsmitgliedern waren die beiden Parlamentarierinnen Toni Sender und Marie Juchacz, unter den Politikern Max Brauer und Herbert Weichmann, die in der späteren Bundesrepublik Deutschland noch eine bedeutende Rolle spielten.

Das Deutschland nach Hitler war es, für dessen Gestaltung die Mitglieder der *Association of Free Germans* Vorstellungen und Pläne entwickeln wollten. Ihr Ziel formulierte die Vereinigung unter Berufung auf die Atlantik-Charta: Deutschland solle auf der Basis politischer und wirtschaftlicher Demokratie neu geordnet werden; weiter wurden Abrüstung und die Eingliederung Deutschlands in eine neue internationale Friedensordnung gefordert.

Erich Lewinski aber verkehrte und arbeitete nicht nur in verschiedenen, sich personell zum Teil überschneidenden sozialdemokratisch orientierten Exilkreisen; er suchte auch Kontakte und Gedankenaustausch mit Nicht-Deutschen und fand sie unter anderem in der wiedergegründeten Menschenrechts-Liga. *The International League for the Rights of Men and for the New Democracy* war von Persönlichkeiten, überwiegend Hochschullehrern, gegründet worden, die zum Teil Amerikaner waren, zum größeren Teil aber aus verschiedenen europäischen Ländern stammten. Der Kreis der um Mitgliedschaft gebetenen Personen wurde auf fünfzig beschränkt; zu den Deutschen unter ihnen zählten die früheren Reichstagsabgeordneten Toni Sender und Siegfried Aufhäuser, die Erich Lewinski besonders schätzen lernte.

Es verstand sich von selbst, daß er über die große Zahl »mehr oder minder guter Veranstaltungen« der League seinen Freunden in Europa nicht im Detail berichtete, wohl aber über solche, welche »die Schwierigkeiten, vor denen wir (...) stehen, deutlich machen. Eine groß angelegte Veranstaltung richtete sich gegen die Hitler-Barbarei in den besetzten Ländern.« [19] Hier nun hatten die deutschen politischen Emigranten das deprimierende Erlebnis, von einigen der Redner mit dem in Deutschland herrschenden Regime sowie dessen Gefolgsleuten und Mitläufern gleichgesetzt zu werden. Eine aus Luxemburg stammende Diskussionsteilnehmerin sprach, nach Lewinskis Schilderung, »so haßerfüllt und verbohrt gegen alle Deutschen, daß es erschreckend war. Man dürfe keiner wie auch immer gearteten deutschen Regierung der Zukunft mehr trauen, alle seien gleich. Dieses Volk wäre nicht erziehbar; man müsse Deutschland völlig zertrümmern etc. Das besonders Beängstigende war, daß sie bei weitem den stärksten Beifall der ziemlich großen, aus sogenannt fortschrittlichen Menschen bestehenden Versammlung hatte.« [20]

Die Kraft, derartige Unterstellungen anzuhören, ihnen in der Diskussion aktiv zu begegnen und darüber hinaus den Antrieb zur politischen Weiterarbeit nicht zu verlieren, hat Erich Lewinski ganz offensichtlich aus seinem glücklichen Naturell bezogen – und aus der unerschütterbaren Überzeugung, das Richtige zu wollen und zu tun. In einem viel späteren Brief an Willi Eichler schrieb er einmal, »daß man (...) persönliche Befriedigung in seinem Leben im Grunde nur dann finden kann, wenn man seiner Überzeugung entsprechend sein Leben einrichtet, auch wenn es nicht immer bequem ist. Letzten Endes zahlt es sich aus. Deshalb verstehe ich heute weniger denn je die Ängstlichen, die Bedachten.« [21]

Kraft gaben ihm außerdem Begegnungen mit interessanten, liebenswerten, weltoffenen Menschen. Einer von ihnen war Dorothy Hill; sie wurde zunächst für Eva, dann auch für Erich und Herta Lewinski zur Freundin fürs Leben. Eva Lewinski hat die Direktorin des *Wellesley Summer Institute of Social Progress*, die sie durch Anna Stein kennengelernt hatte, beschrieben. »Abgesehen von (...) mehreren Organisationen in New York, wie das *Jewish Labor Committee*, das *Emergency Rescue Committee*, das *Pres-*

ident's Advisory Committee und andere, gab es eine Person, die mehr half als irgend jemand hätte erwarten können und die bald zu meiner, dann zu unserer besten Freundin wurde – Dorothy Hill. (...) Sie war eine Dame, eine Dame im wirklichen Sinn des Wortes; sie hatte Kontakte zu den richtigen Leuten, sie wurde von allen geachtet und von den meisten geliebt. Und sie schloß uns in ihr Herz. Ihre Empfehlungsschreiben hatten Gewicht; ihre Telefonanrufe öffneten Türen, die mir sonst verschlossen geblieben wären. Ich war doch ein Niemand, den außerhalb unseres Freundeskreises kein Mensch kannte, eben jemand, der eine Geschichte zu erzählen hatte, und dadurch, daß er sie erzählte, helfen wollte. Mit ihrer Warmherzigkeit und Großzügigkeit half Dorothy mir, Dinge zu erreichen, die normalerweise unmöglich gewesen wären« [22], darunter die Bekanntschaft mit Eleanor Roosevelt und die auch durch deren Vermittlung erfolgte Rettung Otto Pfisters.

Erich Lewinski verbrachte nach langer schwerer Krankheit zwei Sommermonate des Jahres 1944 im Wohnhaus von Dorothy Hill in Massachusetts. Er nutzte die Zeit der Muße, um Willi Eichler ausführlich über das *Summer Institute for Social Progress at Wellesley* zu berichten. Vielleicht fühlte er sich ein wenig an die Erwachsenenschule der Walkemühle erinnert; sicherlich konnte er sich vorstellen, ein Institut der Erwachsenenbildung wie das in Wellesley/Massachusetts könnte Vorbildcharakter für ähnliche Einrichtungen im Deutschland nach Hitler besitzen. Zunächst aber interessierte Lewinski, der mehrfach an Lehrgängen in Wellesley teilnahm, »zu sehen, wie man in diesem Lande versucht, für liberale und radikale Ideen zu arbeiten – wer es tut, in welchem Geiste man es tut, was an den Methoden gut und übernehmenswert erscheint. Daneben ist es natürlich wichtig und anregend, interessante Menschen zu finden und Kontakte mit ihnen herzustellen.« [23]

Ausführlich schilderte Lewinski diese Menschen: Überwiegend US-Bürger, darunter ein hoher Prozentsatz Farbiger, außerdem auch Amerikaner asiatischer Herkunft, von der Tätigkeit her viele gesellschaftspolitisch engagierte Frauen, auch Studenten, Geschäftsleute, Angestellte, alles aufgeschlossene liberale Persönlichkeiten. Allerdings: »Der Glaube, daß *the American way of life* zu einer wirklichen Demokratie führt und die größte Sicherheit gegen autokratische Systeme (bietet), daß jeder eine *fair chance* haben soll in freiem Wettbewerb, ist allgemein. Er ist bestimmend für die Art des Denkens hier, und *labor* unterscheidet sich da kaum von anderen Gruppen«. [24] Als Teilnahmemotiv entdeckte Lewinski bei den amerikanischen Lehrgangsbesuchern eine weitere Überzeugung, die ihm, dem Nelson-Schüler, zunächst fremd erschienen sein muß:»der starke Glaube an die (...) Notwendigkeit der Beeinflussung als demokratische Methode«, die Beeinflussung der Politiker durch gut informierte, selbstbewußte, vieles hinterfragende, kritisierende, fordernde Bürger. [25]

Interessant ist, wie Lewinski seinem Freund in London die Führungspersönlichkeiten des *Summer Institute* schilderte und mit wem er sie verglich: Die Gründer waren »eine Reihe fortschrittlicher Männer und Frauen, insbesondere Frauen, die alle aus mehr oder weniger wohlhabenden Kreisen kommen, die aber für demokratische, liberale und radikale Ideen Ohr und Herz offen hatten und haben (und die immerhin so konsequent waren und sind, außer Ohren und Herz auch das Portemonnaie weit auf zu machen). Führend sind gebildete Frauen, die mich mitunter an den alten und guten Typ der europäischen Frauenbewegung erinnern: Anita Augspurg, L. G. Heymann, A. Salomon.« [26]

Erich Lewinski war, ohne unkritisch nur diese eine Seite gesehen zu haben, begeistert von dem offenen Umgang der Menschen miteinander, insbesondere begeistert über »die absolute Freiheit, sich zu äußern, die Toleranz, mit der man den Gegner anhört, die Achtung gegenüber der Meinung von jungen Menschen«. [27] Und er war begeistert von der Möglichkeit, an Dorothy Hills Institut bei offener gesellschaftspolitischer Diskussion Menschen kennenzulernen, von denen einige gute Freunde wurden. Doch nicht nur diese Freunde, sondern auch Menschen, die er am *Summer Institute* nur flüchtig erlebt hatte, und weitere, denen dort nach dem Krieg lediglich von dem früheren Kursteilnehmer Dr. Lewinski berichtet wurde, zeigten Verbundenheit und Solidarität, indem sie später Briefe, Kleidung und Lebensmittelpakete von Amerika nach Kassel schickten.

Auch andere in die USA emigrierte Freunde aus dem ISK hatten wiederholt an den Kursen des *Summer Institute for Social*

Progress teilgenommen, darunter vor allem Erna Blencke, die als Pädagogin in ganz besonderer Weise an den Methoden von Kenntnisvermittlung und Diskussion interessiert war; auch sie berichtete darüber den Freunden im englischen Exil. Eine der an Jahren ältesten Besucherinnen der Lehrgänge in Wellesley dürfte Marie Juchacz gewesen sein. Sie stammte aus ärmlichsten kleinbürgerlichen Verhältnissen, hatte sich als Arbeiterin durchgeschlagen, war früh in der sozialdemokratischen Frauenbewegung aktiv geworden und später Mitglied von Nationalversammlung, Reichstag sowie SPD-Parteivorstand gewesen; 1919, in der Folge der Frauen-Sozialarbeit während des Ersten Weltkriegs, hatte sie die Gründung der Arbeiterwohlfahrt angeregt und war Vorsitzende der Organisation geworden. Marie Juchacz war 62 Jahre alt und sprach kein Wort Englisch, als sie, wie die Lewinskis, 1941 nach mehreren Exilstationen in den USA ankam. Gegen Ende des Zweiten Weltkriegs war sie beteiligt an der Gründung der »Arbeiterwohlfahrt USA«, die es sich zur Aufgabe machte, in Deutschland gebliebene oder nach Deutschland zurückgekehrte Opfer des Nazi-Regimes mit dem damals Allernötigsten zu unterstützen. [28]

Die Lewinskis haben diese Parlamentarierin der ersten Stunde, eine in sich gekehrte, doch äußerst warmherzige Frau, im Exil schätzen gelernt; besonders Eva fand zu ihr ein nahes, freundschaftliches Verhältnis. Marie Juchacz hatte ihr in einer schweren Lebenssituation liebevoll beigestanden – als Evas erstes Baby wenige Stunden nach der Geburt starb und zur gleichen Zeit Otto, ihr Mann, kaum von den Nazis gerettet, mit einer Spezialtruppe der US-Armee zum Kampf gegen Hitler-Deutschland nach Europa ging, nachdem er gebeten worden war, sich dieser Freiwilligeneinheit anzuschließen.

Unterdessen bemühten sich die Lewinskis weiter um die Rettung gefährdeter Menschen aus Europa. Der Freundin Nora Platiel konnten sie jedoch nicht helfen; sie erhielt niemals ein Notvisum, weil ihr in den USA lebender Schwager als Kommunist galt und dies, nach damaliger amerikanischer Sichtweise, gegen die politische Zuverlässigkeit der in Frankreich festsitzenden angeheirateten Verwandten sprach. Auch sonst wurde die Situation schwieriger. Über die Arbeit im *Emergency Rescue Committee*, an der besonders Eva Lewinski-Pfister beteiligt war, äußerte Erich Lewinski schon im Sommer 1941, daß es immer fraglicher werde, ob weitere Flüchtlinge nach den USA geholt werden könnten.»Mehr als gelegentliche Einzelfälle werden kaum zu schaffen sein. Dazu kommt, daß die Geldschwierigkeiten immer größer werden – ein fast unlösbares Problem. [29] Die Möglichkeiten sind so ziemlich ausgeschöpft, selbst die gutwilligsten Menschen hier haben heute andere Sorgen als die Rettung einiger Emigranten.« [30]

Auch Lewinski selbst hatte, bei aller Hilfsbereitschaft, andere, jedenfalls zusätzliche Sorgen. Das Schicksal seines Sohnes beschäftigte ihn. Obwohl Theoluz, der inzwischen auch von seinen Eltern immer häufiger Tom genannt wurde, sehr häufig schrieb, enthalten viele Briefe Lewinskis an politische und persönliche Freunde im englischen Exil die Bitte, den Jungen aufzusuchen und sich ein Bild von seiner Entwicklung zu machen; denn je länger die Emigrationszeit in den USA dauerte, desto stärker schien Erich und Herta Lewinski der Umstand bekümmert zu haben, daß ihr Sohn wichtige Entwicklungsjahre ohne sie verbringen mußte. Gleichzeitig bedeuteten Nachrichten von Tom aber auch Lichtblicke im New Yorker Alltag der Emigranten.»Nur eines ist wirklich gut: unser Sohn. Er schreibt sehr zufrieden wirkende Briefe über sein Leben auf der Farm in England. Er arbeitet sehr gern, sein Chef mag ihn sehr, (...) und er lernt eine Menge. Gerade heute erhielten wir einen sehr netten Brief von ihm, dazu ein Foto, das zeigt, was für ein starker Junge er geworden ist. Er ist nun siebzehn – die Zeit für seine erste Freundin. Er schreibt darüber nett und offen (...). Ich glaube«, kommentierte Lewinski diese Zeilen an seine Mutter,»das Leben, das er führt, ist gut und gesund. Das einzige: Es wird noch lange dauern, bis wir ihn wiedersehen.« [31]

Die Korrespondenz mit den in Südafrika lebenden Verwandten und mit verschiedenen Freunden in Europa wurde übrigens überwiegend in englischer Sprache geführt. Dies sollte den Zensurbehörden, die im Krieg ohnehin alle Post ins Ausland kontrollierten, die Arbeit erleichtern – und damit den Brieftransport beschleunigen. Charlotte Martin, Lewinskis innig geliebte Stiefmutter, behielt in ihren stets überaus besorgten Briefen nach New York nur in der Anrede –»*My very dear* Herthakind *and my dearest* Dik-ker« – zwei deutsche Vokabeln bei. [32]

Die Nachrichten, die zwischen New York und Johannesburg ausgetauscht wurden, waren oft niederdrückend – die in Konzentrationslagern umgekommenen Verwandten und gemeinsamen Freunde, die quälende Ungewißheit über das Schicksal anderer Angehöriger.»Millionen sind ermordet worden oder verhungert, und leider muß ich Dir mitteilen, daß unter ihnen auch Tante Grete ist. (…) Ich bin wirklich froh, daß Tante Fanny schon vorher gestorben ist; sie wäre nie imstande gewesen, dies alles zu ertragen. Wir wissen übrigens nichts über Mutter Voremberg und Hertas ganze Familie; aber wir haben wenig Hoffnung, daß sie in Paris haben bleiben können. Doch wie sollte die alte kranke Frau das Leben im Ghetto ertragen? Da wir ständig in Gedanken bei all diesen Menschen sind, können wir kaum unser relativ gutes Leben genießen, die Freiheit, die nette Wohnung, die Arbeit. Einzig der Gedanke, daß wir ein wenig dazu beitragen, die Nazi-Pest zu beenden, hilft uns weiterzuleben. Manchmal hilft auch Musik.« [33]

Diese Sorgen waren über längere Zeit vergrößert gewesen um die Schwierigkeiten, Arbeit für den Lebensunterhalt zu finden. Die Ankunft der ersten Flüchtlinge aus Europa war in die Zeit der Weltwirtschaftskrise gefallen; in den Vereinigten Staaten gab es eine große Zahl von Arbeitslosen, denen sich nun die Emigranten noch hinzugesellten. Viele von ihnen waren Intellektuelle. Wenn sie nicht Wissenschaftler waren, denen von amerikanischen Hochschulen, wie der *New School for Social Research*, Professuren angeboten wurden, hatten sie kaum Möglichkeiten, in ihrem Lehr- und Forschungsbereich tätig zu sein. Sie waren auf schlecht bezahlte und unsichere Hilfsarbeit angewiesen, deren geistiger Anspruchslosigkeit und körperlicher Anstrengung sie in der Exilsituation häufig weder psychisch noch physisch gewachsen waren. Über die Rechtswissenschaftler stellte der Germanistik-Professor an der *University of Nebraska* und Kenner der deutschsprachigen Immigration in die USA, Helmut E. Pfanner, fest:»Die absolut schlechtesten Voraussetzungen für die berufliche Weiterarbeit im amerikanischen Gastland hatten aber die geflüchteten Juristen.« [34] Erich Lewinski besaß also keine

Chance, in den USA in seinem Beruf zu arbeiten – und er tat alles andere als dies. Seine ersten Dollar verdiente er als Packer bei *Penguin Book Inc.*, die nächsten, zusammen mit seiner Frau Herta, als Koch im »Zanzibar«, einer damals eben eröffneten vegetarischen Gaststätte in New York City.

Lewinski war nicht der Mensch, den schlichteste Hilfsarbeit, wie seine ersten Jobs in den USA es gewesen waren, geniert hätte. Daß auch seine neue Umgebung daran nichts Bemerkenswertes fand, hatte er früh in seinem Gastland erfahren; er war davon so beeindruckt, daß er Jahre später noch darüber sprach. »Überall gibt es Vorurteile der mannigfachsten Art, auch in Amerika. Aber ein Vorurteil habe ich drüben nie erlebt, das ich von Europa und ganz besonders von Deutschland her kannte: daß nämlich die soziale Stellung oder gar der Wert eines Menschen ausschließlich oder im wesentlichen bestimmt werden durch seinen Beruf oder seine Tätigkeit.«

»Wenn ein Wort für die Vereinigten Staaten wahr ist, so dies: daß Arbeit nicht schändet. Ich erlebte am ersten Tag meines Aufenthaltes in New York folgendes: Ich lernte bei meiner Wirtin eine junge, sehr intelligente Amerikanerin kennen und fragte (...), was diese Dame mache. ›Das ist eine junge, tüchtige Ärztin‹, antwortete man mir, ›aber die Praxis trägt noch nicht die Unkosten, und so verkauft sie am Nachmittag auf dem Broadway Speiseeis.‹ Das war so selbstverständlich, daß ich meine Verwunderung bald in eine Bewunderung dieser wirklich demokratischen Haltung umwandeln konnte. Niemand ist gesellschaftlich degradiert oder deklassiert, weil er die eine oder andere Arbeit macht, und kein Beruf ist ›feiner‹ als der andere.« [35]

Trotzdem war es für Lewinski erfreulich, mit etwas Glück und durch die Fürsprache der Freundin Dorothy Hill im Sommer 1942 eine Tätigkeit gefunden zu haben, die seinen Fähigkeiten und Neigungen ein wenig entsprach. Er wurde *research assistant* beim *Office of European Economic Research*, einer der US-Regierung nachgeordneten Behörde. Dort war er mit der Auswertung europäischer Zeitungen, Zeitschriften und anderer Informationsmittel beschäftigt, die im Wesentlichen volkswirtschaftliche Themen behandelten; außerdem bereitete er Veröffentlichungen aufgrund seiner Analysen vor. Lewinski hatte nun eine Kopfarbeit, die inhaltlich mit Europa zu tun hatte und ihn unter den gegebenen Umständen außerordentlich befriedigte. Er stehe gut mit seinem Chef und mit seinen Kollegen, schrieb er seiner Mutter. »Wir erledigen, wie mir scheint, eine in Kriegszeiten notwendige und nützliche Arbeit, und der Eindruck, an den Ereignissen teilzunehmen, macht mich ganz glücklich. Ich bin auch nicht mehr überarbeitet, obwohl ich eine Menge zu tun habe. Aber wenn man etwas macht, was man mag, fühlt man sich nie so erschöpft.« [36] Tatsächlich scheint Erich Lewinski der besorgten Mutter sein Befinden etwas beschönigt dargestellt zu haben. In Briefen an Freunde klang dagegen schon in den ersten Jahren des US-Exils gelegentlich an, daß es mit seiner Verfassung, anfangs besonders der seelischen, nicht immer zum Besten stand. Unter anderem erwähnte er gegenüber Fritz Heine, mit dem er in einem regen, zuweilen auch sehr kontroversen Gedankenaustausch stand, seine Stimmungslage mehrfach. »In mir ist oft eine riesengroße Traurigkeit, und es erfordert viel Anstrengung, immer weiter zu machen.« [37] – »Manchmal packt einen Traurigkeit und Müdigkeit in einem rasenden Ausmaß. (...) Du gehörst zu den paar Menschen, nach denen mich mitunter rechte Sehnsucht überkommt.« [38] – »Manchmal, wenn es besonders hart kommt, frage ich mich auch, wo man immer wieder die Kraft und den Mut herholt. Die Antwort ist wohl die: Wir haben trotz allem eine Heimat, eine unverlierbare, im Reich der Ideen und Ideale. Und wir haben einige Menschen, aus deren Beziehung zu uns neue Belebung und Kräfte erwachsen.« [39] – »Groß und lastend und schlaflose Nächte bereitend bleibt die Sorge um die Angehörigen und Freunde, die den Nazis in Frankreich in die Hände gefallen sind. Wir wissen (...) nichts von Hertas Mutter und Geschwistern, die (...) heute möglicherweise schon in Polen sind. Wir wissen nichts von Nora und ihrem Mann. (...) Und wir wissen von so vielen anderen Freunden nichts. Mitunter wundert man sich, wie man selber dabei ein verhältnismäßig ruhiges Leben weiter zu führen in der Lage ist.« [40]

Trotz des außergewöhnlich lebhaften Briefkontakts Erich Lewinskis mit seinen politischen Freunden im europäischen Exil, trotz des regen Austauschs von Informationen, Gedanken, Plänen und Meinungen ist in der Korrespondenz früh und nicht nur zwischen den Zeilen eine Irritation spürbar. Lewinski, der sich differenziert auszudrücken verstand, hatte offenbar schon nach einem Jahr des Aufenthaltes in den USA den Eindruck, von den ISK-Genossen in Europa nicht mehr so recht verstanden zu werden. Er litt sehr darunter. Briefe, die dieses Thema berühren, vermitteln ein Gefühl fast bodenloser Traurigkeit; aber gerade auch dadurch sind sie ein Zeugnis für die überaus starke innere Bindung, die Erich Lewinski zum ISK und zu jeder Persönlichkeit, die ihn verkörperte, empfand.

»Seit über einem Jahr haben wir nichts mehr direkt voneinander gehört,« [41] schrieb er im Januar 1943 an Willi Eichler. »Es ist nicht Zufall, daß ich so lange nicht schrieb, auch keine Nachlässigkeit. Schwierigkeiten, innere, die von außen geschaffen wurden, äußere, die von innen kamen, machten es mir zu schwer. Ich habe verschiedentlich versucht zu schreiben (...) – die Briefe gingen nicht ab, weil ich fürchtete, nicht den richtigen Ton gefunden zu haben. (...) Ich hatte es nicht für möglich gehalten, daß verschiedenartige äußere Erlebnisse die Verständigung zwischen Menschen, die zusammengehören, so erschweren könnten. Manche Erlebnisse in Briefwechseln der vergangenen Jahre zeigten mir, daß es kaum ein Zusammenreden – fast immer nur ein Auseinanderreden gab. Harmlose Differenzen bekamen ein schweres Gewicht, das durch die Langwierigkeit und Schwierigkeit der Nachrichtenübermittlung lastend und lastender wurde.« [42] Diese Gegebenheiten allein haben Lewinski aber nicht gehindert, den Dialog fortzusetzen; vielmehr habe er festgestellt, daß sein Urteil und der Versuch, notwendige Kritik anzubringen, nicht ernst genommen oder derart mißverstanden wurden, »daß er erst mal für lange Zeit in mir (...) die Hoffnung darauf, auch nur ernsthaft angehört zu werden, tötete.« [43] Er vermutete einen »Mangel an Kredit«, der ihm, Lewinski, durch seine ISK-Genossen in Europa eingeräumt werde. Außerdem kritisierte er bei seinen Freunden in London einen »Mangel an Menschenbehandlung (...), der zu Katastrophen hätte führen können, hätte es sich bei den Angegriffenen nicht um Menschen mit ganz besonders fester innerer Haltung gehandelt. Da wo ein feines Chirurgenmesser in wohltuender Weise Geschwüre hätte entfernen können, richteten Axthiebe geradezu Verwüstungen an.« [44]

Es ist in diesem Zusammenhang unerheblich, welche Auseinandersetzungen oder Mißverständnisse zu diesem Urteil Erich Lewinskis geführt hatten. Wichtig ist, daß er, der sich mit Kopf und Herz den Idealen Nelsons verbunden fühlte, der danach lebte und dafür kämpfte, den Eindruck hatte, von seinen nächsten Freunden nicht ernst genommen, ja, ungerecht behandelt zu werden. Das kränkte ihn zutiefst.

Gleichzeitig sah er klar, daß es sich hier um ein Problem der Kommunikation handelte, um ein typisches Problem der räumlichen Distanz unter den Bedingungen von Krieg und Exil.

Andere Menschen unter ähnlichen Umständen erlebten oder befürchteten diese Verständigungsprobleme auch – und im günstigsten Fall wurden sie angesprochen, geklärt und ausgeräumt. Als Fritz Heine und Erich Lewinski in ausführlichen Schreiben darüber räsonnierten, wer in ihrer gemeinsamen Zeit in Frankreich welche Namenslisten zur Rettung von Gefährdeten aus was für Beweggründen hergestellt hatte, und wer dabei bevorzugt oder benachteiligt worden war, kam es zwischen den beiden Männern zu Meinungsverschiedenheiten, die sich in langen, mit viel Engagement geschriebenen Briefen niederschlugen. Am Ende entschuldigte sich Fritz Heine bei seinem Freund Lewinski,»daß ich diesen ganzen Brief mit dem Gespräch über den weiß Gott nicht wichtigen Frankreich-Bericht verbracht hab'. Wären wir beisammen, um einen Tisch, die Sache hätte uns wenige Minuten gekostet. So dauert es Stunden, und die Gefahr, daß der Empfänger etwas anderes herausliest als der Sender hineinschreiben wollte, ist immer noch groß.« [45]

Möglicherweise reagierte Erich Lewinski auf Mißverständnisse, Intrigen und Rivalitäten, die, wie überall, auch im sozialistischen Exil vorkamen, unter anderem deshalb so sensibel, weil zu allen anderen Sorgen gesundheitliche Probleme hinzukamen; umgekehrt hat das Leben in der Emigration zweifellos zu der dramatischen Verschlechterung seines Gesundheitszustandes beigetragen. Es handele sich zwar um nichts Besonderes, teilte er im Januar 1943 mit, um»eine in keinem Verhältnis zu meiner Arbeit stehende ewige Müdigkeit und Abgespanntheit, mitunter sehr unangenehme Schlaflosigkeit. Vielleicht ist es nichts als die Jahre (ich bin nun schon ganze 44!); aber die letzten zehn Jahre waren ja nicht so ganz einfach: Im März sind es zehn Jahre, seit wir auf der Wanderschaft sind ...« [46]

Unmittelbar vor jenem zehnten Jahrestag der Flucht aus Deutschland schrieb Erich Lewinski an seine Mutter.»Was für ein Alptraum war jene Zeit! Was haben diese Nazi-Schweine uns und Dir vor zehn Jahren getan! Und dann die vergangenen zwei Jahre: die Niederlage Frankreichs, die erneute Flucht, das monatelange Sich-Verstecken, dann all' die Aufregung, um Visa zu bekommen, der Weg in die USA, wo wir wieder und wieder unter ziemlich schweren Bedingungen neu anfangen mußten. Es war wirklich schlimm genug – und dazu die nicht endenwollenden Sorgen um die Freunde und die Familie, die in Europa geblieben waren, verfolgt durch die braune Pest. Und die Angst um die Zukunft. Es wäre ein Wunder gewesen, wenn all' das spurlos an einem vorbeigegangen wäre.« [47]

Als Erich Lewinski im März 1943 diesen Brief nach Johannesburg abschickte, war er bereits mehrere Wochen schwer krank; spurlos war an ihm, dem so vital wirkenden Mann, nichts vorübergegangen. Die Erschöpfung, die Schlafstörungen hatten ihren Grund; daß sein Leben in Gefahr war, war ihm zum damaligen Zeitpunkt noch nicht klar. Wie ernst es um ihn stand, wurde Willi Eichler durch einen Brief von Erna Blencke nach London berichtet; gleichzeitig ist dieser Brief ein beeindruckendes Zeugnis für die Zuneigung, die Lewinski entgegengebracht wurde, und für die Anteilnahme, welche die meisten der ISK-Freunde füreinander empfanden.»Sehr ernste Sorge hat uns eine Erkrankung von Erich bereitet (...). Die Entdeckung dieser Krankheit verdankt Erich dem Umstand, daß er die Mitgliedschaft in einer Krankenkasse abgelehnt bekam, da man bei der Untersuchung Eiweiß im Urin feststellte. Da er, wie wir alle, seit seinem Hiersein schon immer müde war, hatte er gemeint, es sei das Klima und versuchte, mit dem Willen dagegen anzugehen. Diese Untersuchung veranlaßte ihn, sofort zu einem guten Arzt zu gehen, der in umgehend veranlaßte, eine Kur zu beginnen. Niere, Herz und Galle sind bei ihm so sehr in Unordnung, daß der Arzt heute der Ansicht ist, daß Erich (...) schon tot sein könnte, wenn nicht sofort die Kur eingesetzt hätte. Da die eine Niere nicht mehr arbeitet, sammeln sich Giftstoffe im Körper an, die, zusammen mit dem schlechten Herzen, der Anlaß zu Anfällen werden können, bei denen Erich sofort sterben kann. Erich hat (...) einige solche gehabt. (...) Der Arzt sieht die Sache ernst. Er ist heute der Ansicht, daß die unmittelbare Gefahr behoben ist; ob eine vollkommene Heilung möglich ist, weiß er noch nicht. Auf alle Fälle aber kommt in Zukunft nur noch ein beschauliches Leben für Erich in Frage (...). Diese Erkrankung hat uns wieder viel Nachdenken bereitet. Das Tempo, in dem wir leben, nimmt uns zu sehr mit. Auf den wenigen Menschen lastet zuviel; nun fällt wieder wieder einer aus. (...) Gerade vorher hatte Erich neben seinem Beruf viel Arbeit und viel Initiative aufgebracht, um eine schöne Solidaritätsaktion (...) auf die Beine zu stellen, eine Veteranenhilfe für solche verdienten Emigranten, die durch Alter und ungeeignete Berufe den Kampf um das Leben hier nicht bestehen können. Diese Hilfe, die in den Anfängen ist, umspannt die verschiedenartigsten Menschen und hilft den verschiedenartigsten Menschen – wirklich ein Stück praktischer Solidarität, wobei sicher Erich mit seinem Schwung viel beschleunigt hat.« [48]

Der »Kur« – wochenlanger Bettlägrigkeit mit regelmäßigen Arztbesuchen, Entgiftung des Körpers und verordneter Gewichtsabnahme – folgte nicht der erhoffte Genesungsaufenthalt auf dem Lande, sondern die Einweisung ins Krankenhaus. Erst gegen Jahresende fand Erich Lewinski die Kraft, seinen Freunden in London zu berichten. »Seit Februar bin ich krank, eine ziemlich ernsthafte Herzsache, die rasch und gründlich behandelt werden mußte. Eine Nierensache, die schnell vorbeiging. Und schließlich eine böse Gallengeschichte, die, nachdem das Herz etwas gekräftigt war, operiert werden mußte. Die sehr entzündete Gallenblase wurde mit mehr als hundert Steinen herausgeschnitten – eine komplizierte Sache, da die Ärzte nicht sicher waren, ob mein Herz durchhalten würde. (Die Entscheidung zur Operation habe ich dann getroffen, weil so gequält weiter zu machen und so nutzlos auch keinen Sinn hatte.) Nun, Du siehst, das Herz hat durchgehalten, die Entscheidung war richtig. Das Herz hat mir zwar drei Tage nach der Operation noch einen Possen gespielt mit einem 36stündigen Krampf, der mich bis an die Grenze brachte. Nun geht es mir aber wieder viel besser, und nachdem der Störenfried beseitigt ist, besteht die Chance, daß auch mein

Herz wieder einigermaßen in Ordung kommt. Ich gehe schon aus, und die Ungeduld (...), die ich spüre, wieder an vernünftige Tätigkeit zu kommen, zeigt, daß ich auf dem Wege der Gesundung bin.«[49]

Das Herz kam nie wieder »in Ordnung«; der Schaden führte schon 1956 zu Lewinskis frühem Tod. Die Umstände des Lebens im Exil waren gerade nach dem Krankenhausaufenthalt weniger denn je dazu angetan, eine Genesung zu fördern. Lewinski stellte nach zehn Monaten erzwungener Ruhe fest, daß »die Verhältnisse in der Emigration unverändert« seien, »d.h. unerfreulich. Gescheites läßt sich überhaupt nur im kleinen Kreis anfangen. Die Ehrgeizlinge zerstören jeden Versuch einer Zusammenfassung der Kräfte. Sie sind dumm; sie sehen nicht, daß sie auf diese Weise zwischen allen Stühlen sitzen bleiben werden, alle durch die Bank – und das ist nicht nur eine verdiente und gerechte Strafe, sondern auch objektiv erfreulich. So hat alles Schlimme auch seine gute Seite.« [50]

Herta Lewinski hatte sich nur zeitweilig um ihren kranken Mann kümmern können. Sie mußte, schon zur Begleichung der enormen Kosten für Ärzte und Krankenhaus, weiterhin als Haushaltshilfe Geld verdienen, und zwar vorübergehend auch außerhalb ihres Wohnorts. Glücklicherweise hatte das *Office of European Economic Research* Lewinski auch während seiner Krankheit Gehalt bezahlt – in den USA keine Selbstverständlichkeit. Doch das *Office* wurde im September 1943 geschlossen, der Rest seines Aufgabenbereichs der Administration in Washington eingegliedert. Alle Mitarbeiter wurden entlassen.

Für Erich Lewinski zeichnete sich aufgrund seiner im *Office* erwiesenen hohen Qualifikation die Möglichkeit ab, in der amerikanischen Hauptstadt Arbeit zu erhalten. Doch der Arzt wollte die gesundheitliche Verfassung seines Patienten weiter beobachten können und empfand die in Aussicht genommene Tätigkeit für ihn ohnehin als zu anstrengend. Erich Lewinski war nach der langen Zeit der Krankheit keineswegs ein gesunder Mann. Er hatte, wie schon vor der Operation, häufig leicht erhöhte Temperatur und litt unter chronischer Gelenkentzündung mit wiederholten schweren rheumatischen Schüben; zur Vermeidung von weiteren Herzrhythmusstörungen erhielt er dauernd Digitalis und zur Verhinderung erneuter Herzanfälle bei Bedarf Nitroglycerin. Es war Lewinski übrigens nicht unsympathisch, daß sein Arzt Bedenken wegen eines Ortswechsels hatte; ihm lag viel daran, in der Stadt New York, bei seinen Freunden und seinen Mitstreitern zu bleiben.

Es kam anders. Um seinen Lebensunterhalt zu sichern, mußte er New York, die Stadt und den Staat, für einige Zeit verlassen. Nachdem er im ersten Halbjahr seines Amerika-Aufenthaltes zwei Quartiere in der City bewohnt hatte, war er im Herbst 1941 nach Jackson Heights auf Long Island und ein Jahr später nach Forest Hills, ebenfalls Long Island, New York, gezogen. Dort lebten Erich und Herta Lewinski die längste Zeit während ihres Exils in den USA.

Der Aufenthalt in Forest Hills wurde unterbrochen durch Erichs Beschäftigung als Küchenchef, die er in einem Hotel in Hartford, der Hauptstadt des Nachbarstaates Connecticut, aufnahm. Dort arbeitete er ein reichliches Jahr, bis zum Dezember 1945, ohne allerdings seine Wohnung in New York aufgegeben zu haben. Er verdiente sehr gut in dem Job, bei dem ihm die in seinem Pariser Restaurantbetrieb erworbenen Organisations- und Verwaltungsfähigkeiten zustatten kamen. Geld brauchte er besonders dringend, um ohne Hilfe durch andere eine Operation finanzieren zu können, der sich nun seine Frau Herta unterziehen mußte. Nachdem sie sich erholt hatte, arbeitete sie im Hartford-Hotel als *salad girl*. Dennoch war Erich Lewinski unzufrieden mit der Situation. Ihn störte nicht nur, daß er als Vegetarier und Abstinenzler sowohl für die Zusammenstellung fleischhaltiger Menüs als auch für die Aufsicht über den Weinkeller zuständig war; stärker litt er unter dem Umstand, daß ihm außerhalb des Jobs kaum Energie für anderes blieb. »Unsere Möglichkeiten sind hier sehr begrenzt (...). Dazu kommt, daß der Existenzkampf sehr schwer ist (...). Uns hier in Hartford (...) bleibt nach der Berufsarbeit nicht mehr Kraft genug, um mehr zu tun als sich durch Lesen und Schreiben auf dem Laufenden zu halten, Pakete nach Frankreich, Holland etc. zu machen und zu ruhen.« [51] Entscheidend aber war: »Wir sind hier sehr abgeschlossen.« [52]

Der Krieg war inzwischen schon einige Monate zu Ende. Es

drängte Erich Lewinski nach New York zurück. Dort wollte er sich mit den Freunden austauschen; und von dort aus wollte er seine Heimkehr nach Deutschland in die Wege leiten.

[1] Vgl.: M. R. Davie: *Refugees in America – Report of the Committee for the Study of Recent Immigration from Europe*, New York 1947, zitiert nach: *Exil in den USA*, Bd. 3 der Reihe *Kunst und Literatur im antifaschistischen Exil 1933-1945*, Frankfurt am Main 1980, S. 39 ff.   [2] Erich Lewinski an Charlotte Martin, New York City, 30. 4. 1941.   [3] Albert Grzesinski an *The Office of European Economic Research* in New York City, Elmhurst, Long Island, 13. 7. 1942 (Kopie).   [4] Vgl.: Werner Röder: *Die deutschen sozialistischen Exilgruppen in Großbritannien – Ein Beitrag zur Geschichte des Widerstands gegen den Nationalsozialismus*, Hannover 1968.   [5] Erich Lewinski an Fritz Heine in London, New York City, 3. 8. 1941, Archiv der sozialen Demokratie/Friedrich-Ebert-Stiftung Bonn (AdsD), Depositum Fritz Heine, Briefwechsel mit Erich Lewinski 1941-1944.   [6] Willi Eichler an Erich Lewinski in New York, Welwyn Garden City, England, 16. 10. 1945   [7] Erich Lewinski an Willi Eichler, o. O. (Hartford, Conn.), 26. 11. 1945   [8] Erich Lewinski an Willi Eichler, o. O. (Hartford, Conn.), 29. 10. 1945   [9] Erich Lewinski an Willi Eichler, 26. 11. 1945.   [10] Ebd.   [11] Eva Lewinski-Pfister, Otto Pfister: *To Our Children*, unveröffentlichtes Manuskript, Canoga Park, Kalifornien, USA, April 1979, S. 95.   [12]Erich Lewinski an Willi Eichler, New York, 26. 7. 1941, AdsD, ISK-Archiv, Box 41.   [13] Ebd.   [14] Ebd.   [15] Ebd.   [16] Ebd.   [17] Ebd.   [18] Willi Eichler an Erich Lewinski, 11. 8. 1941.   [19] Erich Lewinski an Willi Eichler, New York, 28. 8. 1942, AdsD, ISK-Archiv, Box 45   [20] Ebd.   [21] Erich Lewinski an Willi Eichler, o. O., 4. 1. 1948.   [22] Eva Lewinski-Pfister, Otto Pfister: *To Our Children*, a. a. O., S. 91 f.   [23] Erich Lewinski an Willi Eichler, Wollaston/Massachusetts, 21. 7. 1944, AdsD, ISK-Archiv, Box 52   [24] Ebd.   [25] Ebd.   [25] Ebd.   [26] Ebd.   [27] Ebd.   [28] Vergl. Helga Grebing (Hg.): *Lehrstücke in Solidarität – Briefe und Biographien deutscher Sozialisten 1945-1949*, Bd. 23 der Reihe *Quellen und Darstellungen zur Zeitgeschichte*, Stuttgart 1983.   [29] Erich Lewinski an Fritz Heine in London, New York City, 3. 8. 1941, a. a. O.   [30] Erich Lewinski an Fritz Heine, Jackson Heights, N. Y., 21. 9. 1941, a. a. O.   [31] Erich Lewinski an Charlotte Martin in Johannesburg/Südafrika, Forest Hills, 22. 3. 1943.   [32] div. Briefe von Charlotte Martin an Erich und Herta Lewinski.   [33] Erich Lewinski an Charlotte Martin, Forest Hills, N. Y., 20. 12. 1942   [34] Helmut E. Pfanner: *Eine spröde Geliebte – New York aus der Sicht deutscher und österreichischer Exilanten* in: *Fluchtpunkte des Exils*, Bd. 5 des Internationalen Jahrbuchs der Gesellschaft für Exilforschung,

München 1987, S. 46. [35] Erich Lewinski: *Erfahrungen und Lehren aus der Emigration*, unveröffentlichtes Manuskript eines Vortrages, gehalten u. a. in der Volkshochschule Kassel am 24. 7. 1947 und vor der sozialistischen Studentengruppe in Göttingen am 14. 11. 1947 [36] Erich Lewinski an Charlotte Martin, a. a. O. [37] Erich Lewinski an Fritz Heine, Jackson Heights, N. Y., 21. 9. 1941, a. a. O. [38] Erich Lewinski an Fritz Heine, Jackson Heights, N. Y., 9. 8. 1942, a. a. O. [39] Erich Lewinski an Fritz Heine, Forest Hills, N. Y., 5. 1. 1943, a. a. O. [40] Ebd. [41] Erich Lewinski an Willi Eichler, Forest Hills, NY, 31. 1. 1943, AdsD, ISK-Archiv, Box 47. [42] Ebd. [43] Ebd. [44] Ebd. [45] Fritz Heine an Erich Lewinski, London, 25. 12. 1941, a. a. O. [46] Erich Lewinski an Fritz Heine, Forest Hills, NY, 5. 1. 1943. a. a. O. [47] Erich Lewinski an Charlotte Martin, Forest Hills, NY, 22. 3. 1943. [48] Erna Blencke an Willi Eichler, o. O. (New York), 1. 3. 1943, AdsD, ISK-Archiv, Box 47 [49] Erich Lewinski an Fritz Heine, Forest Hills, NY, 2. 12. 1943, a. a. O. [50] Ebd. [51] Erich Lewinski an Willi Eichler, o. O., 9. 10. 1945 [52] Ebd.

»Jeder Abschied ist ein neuer Anfang«

Als sich Erich Lewinski auf der *Queen Elisabeth* einschiffte, um nach Europa zurückzukehren, begann er, ein Tagebuch zu schreiben. Es blieb bei dem Beginn; er kam nie über die erste Schreibmaschinenseite hinaus. »Notizen über den Versuch eines neuen Anfangs« nannte er seine geplanten Aufzeichnungen, [1] und er stellte ihnen zwei Dichter-Worte voran, eines auf Englisch, das andere auf Französisch; sie lassen in schmerzlicher Deutlichkeit erkennen, mit welchen Empfindungen er nach Deutschland zurückkehrte. Von Thomas Wolfe zitierte er: »*And he never had the sense of home as when he felt that he was going there. It was only when he got there that his homelessness began.*« Dann folgte ein Schlüssel-Zitat von Voltaire: »*Cela est bien dit, répondit Candide, mais il faut cultiver notre jardin.*«

»In zwölf Stunden sind wir auf dem Boot, das uns nach Europa bringt«, notierte Lewinski am Tag vor der Abreise. »Heimkehr? – Wohl eher der Beginn einer vierten Emigration. Aber dieser Weg ist freiwillig. Und selbst die Tatsache, daß wir ohne Illusionen nach dem verwüsteten Land zurückkehren wollen, kann nicht die Erwartung töten, die an jedes neue Unternehmen sich unvermeidlich knüpft: daß es Gelegenheit geben wird für fruchtbringendes Tun.« [2]

Die Einschiffung in New York erfolgte am 5. Februar 1947; solange hatte die Erledigung aller Formalitäten gedauert. Erich Lewinski war immer entschlossen gewesen, nach Deutschland zurückzukehren. Nicht alle Bekannten, mit denen er in den USA darüber gesprochen hatte, brachten dafür Verständnis auf; vor allem manche der jüdischen Freunde bewerteten seine Bereitschaft, sich dem Staat nach Hitler für ein Amt zur Verfügung zu stellen, äußerst kritisch. Hans Mangold, ein an Jahren jüngerer Jurist, der Lewinski erst nach der Heimkehr in Kassel kennengelernt hatte, erinnerte sich an Gespräche über dieses Thema. »Das hat eine ganz große Rolle gespielt: wie einsam die ersten Juden waren, die nach Deutschland zurückkamen. Das hat er mir selbst und das hat mir auch Herta gesagt: Ich solle doch nicht glauben, daß sie noch viele Freunde unter den Freunden aus der Emigration hätten; von nicht wenigen, jedenfalls, sei er als Verräter empfunden worden. Er verdrängte das dann sofort wieder durch seine Aktivität; er hatte hier seine Aufgabe, und die forderte ihn, und dafür war er da. Das negative Urteil von Mit-Emigranten konnte Erich sicherlich auch deshalb leichter verschmerzen, weil er niemals religiöser Jude war und als Nelson-Schüler sogar aus der Religionsgemeinschaft ausgetreten war. Viel mehr reflektierte dieses Problem Herta, die religiös ja ganz anders verwurzelt gewesen war als Erich.« [3]

Unmittelbar nach seiner Rückkehr sprach Erich Lewinski dieses Problem an:»Als wir die Vereinigten Staaten verließen, um in das verwüstete Deutschland zurückzukehren, waren es nur wenige Menschen, die unsern Entschluß verstanden. ›Wie könnt Ihr zurückgehen nach allem, was geschehen ist, was Ihr erlebt habt? Habt Ihr alles vergessen?‹ Auch hier fragen uns manche Menschen diese und ähnliche Fragen.« [4] Lewinski betonte, daß er und seine Frau nichts, aber auch gar nichts vergessen hätten und niemals vergessen wollten. Und dann gab er eine scheinbar paradoxe Begründung für die Rückkehr: Gerade weil er nichts vergessen habe, komme er zurück. Das Nicht-Vergessen »soll uns davor bewahren, stumpf und gleichgültig zu werden. (...) Wir (wollen) empfindsame Instrumente bleiben bei unserer Mithilfe an dem Versuch, geordnete und gerechte Zustände herzustellen.« [5]

Diese Einstellung schützte aber nicht von vornherein vor Gefühlen der Fremdheit. Zur Einsamkeit des zurückkehrenden Juden konnte unter Umständen die Einsamkeit des zurückkehrenden Emigranten hinzukommen. Erich Lewinski war sich dessen bewußt.»Ich zweifle nicht«, hatte ihm schon im Frühjahr 1942 Fritz Heine geschrieben;»wir werden wohl, kommen wir nach Hitlers Sturz zurück, für lange Zeit, wenn nicht für immer, eine andere Sprache sprechen als die Freunde, die drinnen blieben. Diese (...) Jahre, in dieser Zeit, haben ihre Spuren bei uns allen hinterlassen, tiefe und eindringliche Spuren – und andere bei denen draußen als bei denen drinnen.« [6]

Es gab auch generelle Bedenken. Kurt Oppler, Jude, Sozialist,

Jurist und Emigrant wie Lewinski, äußerte sie, als er nach Kriegsende im hessischen Justizministerium arbeitete, gegenüber Josef Lang, der im New Yorker Exil ein guter Freund der Lewinskis geworden war:»Erich Lewinski soll ja in diesen Tagen eintreffen, und wir erhalten sonderbarerweise Anfragen bis aus Shanghai von Leuten, die gern zurückkehren wollen. Es ist hier ein viel erörtertes Problem, ob man ehrlich jemandem dazu raten soll, und ich muß sagen, daß es einem jeden Tag schwerer fällt zuzureden. Die allgemeine Entwicklung der Dinge läßt dies nicht angezeigt lassen. (...) Die ganze Entwicklung steht augenblicklich meiner Meinung nach unter zwei besonders bedrückenden Ereignissen: das ist die Wiederkehr der Nazis in ihre alten Stellungen und der Niedergang der soz.[ialistischen] Bewegung.« [7] Optimistischer, allerdings auch vordergründiger war eine Feststellung Willi Eichlers gegenüber Erich Lewinski:»Ich bin ganz überzeugt, daß Du mit den Deutschen hier sofort wieder richtigen Kontakt haben wirst. Ich selber habe dazu keine acht Tage gebraucht.« [8] Gewiß war auch Erich Lewinski zuversichtlich, zu den Menschen in seiner Wahlheimatstadt Kassel – und darüber hinaus – rasch wieder Kontakt zu finden. Etwas anderes aber war für ihn die innere und äußere Verfassung dieser Menschen. Immer wieder teilte er in der Zeit zwischen Kriegsende und Heimkehr seinen Freunden mit, er habe »nicht die geringsten Illusionen über das, was mich dort erwartet, in physischer, moralischer oder sonstiger Hinsicht«. [9]

Daß Eva Lewinski-Pfister, zu der Erich unter all seinen Geschwistern immer die stärkste Beziehung gehabt hatte, nicht nach Deutschland zurückkehrte, hatte keine politisch, moralisch oder emotional bestimmten Gründe, sondern recht private. Nachdem sich Otto, ihr Mann, 1945 wieder in den USA befand, wurden nach der Tochter Kathy bald die Zwillinge Tom und Peter geboren. Die Familie hatte begonnen, in Amerika Wurzeln zu schlagen.»Wir schienen nicht mehr nur Flüchtlinge zu sein, die dort gestrandet waren. Ein zartes Gefühl, zu einer neuen Gemeinschaft zu gehören, hatte begonnen, sich zu entwickeln.« [10] Eine Rückkehr nach Europa aber hätte bedeutet, das wenige bis dahin Gewachsene zu zerstören und noch einmal von vorn anfangen zu müssen. Eva jedoch, der nach dem Urteil aller, die sie erlebt haben, in Deutschland eine bedeutende politische Karriere offengestanden hätte, wollte endlich ein ganz normales Familienleben führen. Politischer Kampf, Verfolgung, Flucht, Exil, Hilfe für andere Gefährdete hatten sie bereits die allerbesten Frauenjahre gekostet.

Es wurde für Eva ein schwerer Abschied von ihrem Lieblingsbruder und dessen Frau. Aber Eva kannte Erich wie wenige Menschen sonst. Sie wußte, daß er es nach Kriegsende vor sich selbst nicht würde verantworten können, an dem Thema *After Hitler – what?* weiterhin nur aus der Distanz zu arbeiten.

Schon ein Jahr, nachdem er im Frühling 1941 den sicheren Hafen New Yorks erreicht hatte, war er durch einen Brief aus London angeregt worden, sich über ein späteres, neues deutsches Rechtswesen schriftlich zu äußern. Fritz Heine hatte ihm mitgeteilt, daß er begonnen habe, einerseits Informationen über »Nazi-Terrorurteile gegen oppositionelle Deutsche« zu sammeln, andererseits aber auch »Material über kleine und größere Nazibonzen (...), und die Galerie schwillt täglich, obwohl sie schon einige Tausend Namen umfaßt. (...) Hast Du Dir eigentlich schon einmal Gedanken gemacht, wie und in welcher Weise die Dinge gehandhabt werden sollen, nach Hitlers Sturz, (...) im Rechtsleben und im Strafvollzug? (...) Wie soll die Rechtsprechung aussehen? (...) Worauf sollen Zivil- und Strafrecht in Zukunft beruhen? Wo sind die Juristen, qualifiziert und vertrauenswürdig, die diese Aufgabe vorbereiten?« [11]

Zum damaligen Zeitpunkt bemühte sich Erich Lewinski um einen Forschungsauftrag an der *New School for Social Research*, die zahlreichen emigrierten Akademikern zu Arbeitsmöglichkeiten verholfen hatte. Die Sache zerschlug sich; aber er hatte sich mit den von Heine angesprochenen Problemen vorbereitend befaßt. »Die Aufgabe ist, ein Strafrecht für das Nach-Hitler-Deutschland von unsern Gesichtspunkten her zu erarbeiten. Dabei werden grundsätzliche Erörterungen und Untersuchungen ebenso anzustellen sein wie rechtsvergleichende Studien, und natürlich eine Abrechnung mit dem Mist, den die Nazi-Juristen angestellt haben. Ich habe (...) schon eine Menge gelesen von dem, was sie auf diesem Gebiet angestellt haben – es ist einfach erschreckend. Von dem, was in der Vor-Hitler-Zeit an ernsthaftem

Rechtsforschen vorhanden war (und es war eine Menge, obgleich man keineswegs mit allem einverstanden sein konnte), ist nichts übrig. Und wir werden nichts, radikal nichts übernehmen können von dem, was sich dort jetzt als Justiz ausgibt. Es wird das Beste sein, von Null anzufangen. Ein Kapitel für sich ist dabei: die Übergangszeit.« [12] Auch in den verschiedenen Gremien, an deren Diskussionen sich Lewinski im Exil beteiligte, ging es, häufig aufgrund seiner Initiative, um rechtspolitische Fragen.

Als der Krieg zu Ende ging und die Rückkehr nach Deutschland nur noch eine Frage der Zeit war, hoffte er, für die restliche Zeit seines Aufenthaltes in den USA einen Job zu finden, der »mir Zeit und Kraft genug ließe, mich in Ruhe hinzusetzen und zu studieren. Ich möchte mich gern mit den Dingen beschäftigen, die ich eventuell drüben brauchen werde, sei es in der Justiz oder Verwaltung. Ich bin sehr heraus aus allem Technischen, und ich möchte gern auffrischen.« [13] Doch die dafür erforderliche Muße fand er auch am Ende seiner Emigrationszeit selten.

Wenn Erich Lewinski an seine Möglichkeiten und Absichten im Deutschland der Nach-Hitler-Zeit dachte, kam ihm nie in den Sinn, seine frühere Tätigkeit als Rechtsanwalt wieder aufzunehmen. »Ich möchte, wenn es geht, irgendeinen richterlichen oder administrativen Job (mit politischen Möglichkeiten).« [14] – »Ich glaube, daß ich in der Justiz, sei es auf einem Chefrichterposten oder im Ministerium, am ehesten eine sinnvolle Arbeit machen kann.« [15] Er war überzeugt, nur in einer solchen Position leisten zu können, was er für die Aufgabe seiner ganzen Generation hielt, »nämlich: hinüberzuretten, was hinüberzuretten ist in eine bessere, der Vernunft und Menschlichkeit mehr zugängliche Zeit, und: Dünger zu bilden für diese bessere Zeit durch das lebendige Beispiel.« [16]

Das lebendige Beispiel konnten aber nur solche Menschen geben, die sich in der ersten deutschen Republik nicht durch antidemokratisches Verhalten schuldig gemacht, die dem NS-Staat nicht gedient und die sich nicht mit ihm arrangiert hatten. »Wir wissen, daß einer der wichtigsten Gründe für das Zusammenbrechen der Weimarer Republik und für das Heraufkommen des Nationalsozialismus das schmähliche Versagen der deutschen Justiz war, die sich in den Händen von Reaktionären, Nationalisten und später von Nationalsozialisten befand. Dieser Fehler darf unter keinen Umständen wiederholt werden.« [17] Lewinski ertrug es schwer zu erleben, wenn Fehler wiederholt wurden – durch Wegschauen, durch Beschwichtigen, durch unentschlossenes Handeln, durch mangelnden Mut. »Ich verabscheue es, andere guten Leute dieselben Fehler machen zu sehen. Der Preis ist zu hoch.« [18]

Doch, so fragte Lewinski, bezogen auf sein Metier, die Justiz, schon Jahre vor der Rückkehr nach Deutschland: »Woher die Richter nehmen? Ich denke, wir werden keine zwei Dutzend aus den Tausenden von Lumpen herausfinden, die brauchbar sein werden für eine am Recht orientierte Justiz. Ich glaube, man wird sehr radikale, ganz neuartige Lösungen zu finden haben.« [19] Dazu wollte er beitragen, insbesondere da er überzeugt war, »daß diejenigen Menschen, die nach Herkunft, Ausbildung, Kenntnissen und Erfahrungen geeignet sind, am Wiederaufbau Deutschlands zu einem demokratischen, den Frieden und das Gesetz liebenden Staat mitzuarbeiten, kein Recht haben, abseits zu stehen«. [20] Sein ausdrücklicher Wunsch, in einem Richteramt oder auch in der Justizverwaltung beschäftigt zu werden, gründete sich auf die Erwartung, hier wie dort auf Auswahl sowie Aus- und Fortbildung des Nachwuchses am ehesten Einfluß nehmen zu können.

Es war Theo Hüpeden, sein ältester Freund, dem er seine Pläne zuerst mitteilte; jahrelang hatte er mit ihm nicht in Verbindung stehen können. Hüpeden war nach 1933 mit seiner Familie in die Niederlande geflüchtet, nach der Besetzung Hollands durch deutsche Truppen jedoch zwangsweise in seine Heimatstadt Kassel zurückgebracht worden. In einem »Hochverrats«-Prozeß war der engagierte Gegner des Nazi-Regimes zu fünf Zuchthausjahren verurteilt worden; erst das Kriegsende brachte ihm die Befreiung – und unmittelbar darauf neue politische Verantwortung. Theo Hüpeden informierte Georg August Zinn über die Bereitschaft Erich Lewinskis zur Rückkehr nach Kassel. Zinn, später fast zwei Jahrzehnte lang Ministerpräsident in Hessen, und Lewinski kannten einander seit den zwanziger Jahren sehr gut; damals hatte auch Zinn als Rechtsanwalt, daneben als SPD-Stadtverordneter und als Reichsbanner-Mann, in Kassel gewirkt. Seit

1946 war er Justizminister in Hessen. Über Theo Hüpeden ließ er Lewinski wissen, daß er willkommen sei, beim Aufbau eines demokratischen Rechtswesens in Groß-Hessen, wie das Land damals noch hieß, mitzuwirken; vorgesehen wurde für ihn die Position eines Landgerichtsdirektors in Kassel. »Mein Fall wird ein Präzedenzfall sein«, berichtete Erich Lewinski Willi Eichler, »da bisher noch kein politischer *refugee* von hier aus nach Europa zurückgegangen ist, es sei denn er war Amerikaner und ging im Auftrag des *American government* oder einer amerikanischen Organisation.« [21]

Doch erst ein reichliches Jahr nach Kriegsende erhielt Lewinski über das hessische Justizministerium die zur Rückkehr erforderliche Genehmigung der amerikanischen Militärregierung in Wiesbaden. Sie war verbunden mit der Aufforderung, er möge den Dienst beim Landgericht Kassel »baldmöglichst« antreten. [22] Aber das war nicht so einfach.

Alle Korrespondenzen in dieser Sache mußten über die *civil affairs division* des US-Kriegsministeriums in Washington abgewickelt werden, selbstverständlich auch die langwierige Erledigung aller Formalitäten. Zu diesen Formalitäten gehörte, daß Erich Lewinski – der ausgewiesene Nazi-Gegner, der aus politischen und rassischen Gründen Verfolgte, der in drei Asylländer Geflüchtete – auch jenen Katalog von weit über hundert Fragen beantworten mußte, wie er in der amerikanischen Besatzungszone Deutschlands im Rahmen der Entnazifizierungskampagne jedem Bürger vorgelegt wurde, darunter allein vier Dutzend Fragen nach der Mitgliedschaft in NS-Organisationen.

Lewinski füllte alles wahrheitsgemäß aus. Nur in einem Punkt schrieb er nicht die Wahrheit: als Geburtsort gab er, der in Goldap/Ostpreußen Geborene, die Stadt Kassel an. Auch in allen anderen Formularen nannte er Kassel als seine Heimatstadt, etwa in dem Antrag auf ein Besuchervisum für Montreal. Nach dem in Kanada tatsächlich erfolgten Kurzaufenthalt hätte die legale Wiedereinreise in die USA Erich und Herta Lewinski unter Umständen die Erlangung der amerikanischen Staatsbürgerschaft erleichtern können; aber beide blieben auch danach Staatenlose. Erich Lewinski hatte auf seine deutsche Staatsbürgerschaft schon 1933 verzichtet, ehe sie 1941 allen im Ausland lebenden Juden aus Deutschland entzogen wurde. Staatenlos zu sein, war für einen Verfolgten des Nazi-Regimes weniger gefährlich als einen deutschen Paß zu besitzen, der irgendwann abgelaufen wäre und auf einem deutschen Konsulat in Frankreich hätte verlängert werden müssen. Eine Vernichtung der deutschen Personalpapiere erscheint also verständlich. Spekulation bleibt jedoch, warum Erich Lewinski in allen offiziellen Papieren, die er im Exil auszufüllen hatte, einen anderen als den wirklichen Geburtsort angab: Wollte er sichergehen, eines Tages nach Kassel – und nicht etwa ins ostpreußische Goldap – heimkehren zu können? Wollte er, wie auch vermutet wird, nicht als »Ostjude« gelten, der er ja auch nicht war?

Das früheste erhaltene Dokument, in dem Kassel statt Goldap als Ort seiner Geburt genannt wird, ist der französische Demobilisierungsbescheid der *prestataire*-Armee vom 18. Juli 1940. [23] Die Personalangaben auf diesem Papier sind nicht durch Erich Lewinski selbst eingetragen, aber von ihm unterzeichnet worden. Vielleicht, da er als Emigrant zuvor aus Kassel stammend registriert worden war, beruhte der Eintrag »Kassel« als *lieu de naissance* nur auf einem Irrtum, den Lewinski übersah oder bewußt nicht richtigstellte. Jedenfalls war dieser Demobilisierungsbescheid - und nicht der Paß, den er bei seiner Flucht in die Schweiz noch bei sich gehabt haben muß – das Personaldokument, mit dem sich Lewinski auswies, als er in die Vereinigten Staaten einreiste; auf der Rückseite des französischen Papiers befindet sich der Stempel der US-Einwanderungsbehörde mit dem Datum von 15. April 1941. Spätestens von diesem Zeitpunkt an muß Lewinski bei der falschen Angabe geblieben sein, vielleicht um behördliche Irritationen zu vermeiden. Als er später tatsächlich wieder in Kassel lebte, gab er übrigens seinen wirklichen Geburtsort an, jenes kleine Städtchen in Ostpreußen. Aber Kassel verstand er als seine Heimat.

Wer wie Erich Lewinski lange nicht dort gewesen war, erkannte die Stadt nach dem Krieg kaum wieder. Im Oktober 1943 war sie durch einen Luftangriff zu mehr als achtzig Prozent zerstört, ihre Innenstadt vollständig vernichtet worden. Lewinski war über den äußeren Zustand Kassels zu einem sehr frühen Zeitpunkt informiert worden. Die bewegendsten Berichte schrieb ihm Sergeant John Martin, sein Bruder Hans.

Vier Wochen nach Kriegsende kam Martin in die Stadt, in der er einen Teil seiner Kindheit verbracht hatte. »Ich hatte schon von anderen Kameraden, die kürzlich in Kassel gewesen waren, gehört, wie stark die Stadt zerstört worden ist; aber ich mußte mit meinen eigenen Augen sehen, daß da einmal eine Stadt namens Kassel gewesen war, und als ich in die Stadt hineinkam, schwand meine Hoffnung, ein Haus an einer bestimmten Adresse wiederzufinden. Glaubt es oder nicht, aber ich fand den Weg durch Kassel nicht; die Stadt ist nicht wiederzuerkennen.« [24] Doch Martin fragte sich durch und traf unter mehreren alten Freunden der Lewinskis auch Theo Hüpeden und seine Frau Grete, die unmittelbar darauf mit Erich Lewinski in New York Kontakt aufnahmen. Auf der Suche nach Freunden, Bekannten und Verwandten besuchte John Martin Kassel ein zweites Mal. Er entdeckte weitere Überlebende und stellte die Verbindung zwischen ihnen und seinem Bruder in den USA her; er hörte aber auch von Bekannten und Verwandten, die in Konzentrationslagern umgekommen waren oder deren Schicksal nach der Deportation zum damaligen Zeitpunkt noch unbekannt war. Wieder fand sich John Martin in dem einst vertrauten Stadtbild nicht zurecht. »Ich hatte kein Fahrzeug zur Verfügung; deshalb verbrachte ich eine Menge Zeit damit, zu Fuß durch Kassel zu gehen, genauer durch die Ruinen von Kassel. Und langsam fand ich die Orientierung wieder. (...) Ich folgte dem alten Weg zur Schule, bei der kein Stein mehr auf dem anderen steht. Die Große Rosenstraße ist vollständig verschwunden; sie ist nicht einmal mehr als Straße erkennbar, weil sie voller Schutt liegt. Also, praktisch ist das ganze Zentrum der Stadt eingeebnet worden.« [25]

In diese Stadt wollte Erich Lewinski zurückkehren. Wäre eine Bestätigung für seine Entscheidung nötig gewesen, dann hätten ein paar weitere Briefzeilen seines Bruders sie geliefert: »Die deutschen Städte sind ein Nährboden für Gerüchte; und schon als ich zum erstenmal in Kassel war, gab es Leute, die mir sagten, Du, Erich, seiest zurück in Kassel; Du seiest dort bereits gesehen worden. Ich bin überzeugt davon, daß in diesem Fall der Wunsch tatsächlich der Vater des Gedankens war. Und ich bin sicher, wenn es Dir möglich wäre, nach Kassel zurückzukommen, dann würdest Du mit offenen Armen empfangen werden, und Du würdest mehr

Arbeit und wichtige Arbeit vorfinden, als Du bewältigen könntest.« [26]

Daß die Erledigung der Formalitäten weit über ein Jahr Zeit in Anspruch nahm, war den Lewinskis anfangs nicht unsympatisch, denn sie warteten ohnehin auf die Übersiedlung ihres Sohnes von England in die USA. Doch nachdem Tom das Visum erhalten hatte, gab es für ihn keine Transportmöglichkeiten. Da entschied er, auf die Amerikareise zu verzichten. Erich und Herta Lewinski beschlossen daraufhin, über England heimzureisen, um dort ihren Sohn zu treffen, den sie vor Kriegsbeginn als Kind zum letztenmal gesehen hatten und der nun ein verheirateter junger Mann war. Der weitere Weg sollte über Frankreich führen, damit Herta Lewinski ihre nächsten Angehörigen, die versteckt in Paris überlebt hatten, in die Arme schließen konnte. Was den Lewinskis so selbstverständlich und naheliegend erschien, war für die US-Bürokratie unter den damaligen Umständen etwas Außergewöhnliches. Es bedurfte zahlreicher Briefe und mündlicher Erläuterungen, weiterer Anträge und Genehmigungen, vieler Wochen Wartezeit, bis Erich und Herta Lewinski alle Papiere besaßen, die für ihre Heimkehr nach Deutschland auf dem Umweg über England und Frankreich erforderlich waren.

Die Arbeiterwohlfahrt New York bereitete ihnen einen herzlichen Abschied. Die Lewinskis ließen viele Freunde zurück; manche von ihnen kamen einige Zeit später ebenfalls nach Deutschland. Erich Lewinski fand »das lange Abschiednehmen anstrengender als die Vorbereitungen der Fahrt. Abschied nehmen wir seit so vielen Jahren; es wird fast eine Gewohnheit wie bei andern Menschen die Ferienreise. Nur eine schmerzliche. Aber hinter jedem Abschied steht ein neuer Anfang.« [27]

Die lange Überfahrt auf der *Queen Elisabeth* erlebte Lewinski als »ziemlich langweilig und mit dem Gefühl einer leichten Hirnschrumpfung, die weder lesen, schreiben noch denken zuließ. All das wahrscheinlich eine Folge der Überanstrengung aus der Zeit vor der Abreise.« [28] Doch dann kam nach acht Jahren das Wiedersehen mit dem Sohn in England, die Begegnung mit der Schwiegertochter, das Treffen mit dem Bruder Hans-John, seiner Frau und deren Kindern, Besuche bei weiteren Verwandten und ein erster Gedankenaustausch mit den Freunden in

London, schließlich in Frankreich das Wiedersehen mit Hertas Familie.

Es war ein später März-Sonntag, an dem sie in Paris ankamen.

Schon am Montag setzte sich Erich Lewinski an eine Schreibmaschine, spannte Durchschlag- und Kohlepapier ein, schrieb gleichlautende Briefe an seinen Sohn und dessen Frau Edna, an seinen Bruder und dessen Frau Jeanne, an seine Schwester Eva und deren Mann Otto. Bei der Lektüre ist noch Jahrzehnte später die freudige Bewegung zu spüren, die Erich an jenen Frühjahrstagen des Jahres 1947 empfunden hatte.

»Es war einer dieser aufregenden Pariser Frühlingstage mit warmem Sonnenschein, mit Menschen, die in den Straßen saßen, auf den Parkbänken, vor den Haustüren oder den Cafés; jeder strahlte, sah glücklich aus angesichts der Schönheit der Bäume mit den grün-goldenen Knospen an den Spitzen ihrer Zweige. Und dieser unglaubliche Himmel, blaß-blau, aber von jenem eindringlichen Blau, wie man es nur auf der *Ile de France* sieht. Dies allein war Grund genug, sich ein bißchen wie über den Wolken zu fühlen. Alles kam mir ein wenig wie im Märchen vor: nach etlichen tausend Jahren in Amerika nun zurückzukommen, nach schlechten Zeiten voll Leid und Krankheit (Ich meine nicht das Persönliche, sondern das Leid und die Krankheit in unserer Welt!), nach Zeiten von Krieg und Zerstörung (...); nach all' dem zurückzukommen und diese entzückte und entzückende Stadt genauso vorzufinden, wie man sie verlassen hat, ganz so, daß man nach wenigen Minuten das Gefühl hat: Oh, hier war ich gestern erst. (...) Und es scheint erst einige Tage her zu sein, daß ich mit jenem Händler sprach, der mir allerlei für das Restaurant verkaufte und der jetzt dort ist, wo er vor tausend Jahren mit seiner staubigen Baskenmütze schon war; und da, im *Café Brabant*, ist immer noch einer der alten Kellner, der mir sehr oft in jenen Jahren vor einigen Zeitaltern meinen Kaffee serviert hat. (...) Wie ist es möglich, daß nichts diese Stadt verändern kann? Wirklich – ›*la ville éternelle*‹. Und die Leute auf den Straßen – wie immer. Die hübschen Mädchen im Frühlingssonnenschein – wie immer, die Taxifahrer laut und witzig – wie immer; jeder ist nett gekleidet, ›*très chic*‹, nicht elegant, denn am Morgen trifft man die ›eleganten Leute‹ noch nicht. (...) Und dann der Bummel über die *Champs Elysées*...« [29]

Erich Lewinski kam England in den Sinn, das Land, das seinem Sohn, seinem Bruder und manchen seiner politischen Freunde zur Heimat geworden war. Eben von dort abgereist und in Frankreich angekommen, fiel ihm zurückschauend die Ärmlichkeit Englands auf, die dürftigen Lebensverhältnisse seiner Menschen, aber auch ihr ruhiges Wesen und ihre tiefe Ernsthaftigkeit. Welten schienen Engländer und Franzosen, beide zu den Siegermächten gehörend, nach Mentalität und Lebensumständen voneinander zu trennen. »Mag sein, der Unterschied liegt in dem Umstand, daß in dem einen Land die Menschen unter so viel Nebel leben müssen, während sie in dem anderen unter gut dosiertem Sonnenschein leben. Ich weiß nicht... Und ich weiß nicht, was ich vorziehen würde. Mein Kopf nimmt all' die hervorragenden ernsten Dinge wahr, die bei den Briten zu bewundern sind; mit meinen Sinnen und vielleicht auch mit meinem Herzen freue ich mich an Frankreich und liebe es.« [30]

Die Heimkehr nach Europa, sie brachte Erich und Herta Lewinski zunächst eine bewegende Zeit der Freude, Erleichterung und Rührung, eine Zeit vieler Gespräche und intensiven Gedankenaustauschs. »Die Wochen reiner Harmonie: das Kennenlernen, das Wiederkennenlernen, das Miteinandersein. Stunden wahren Glücks. Acht Jahre der Trennung ins Nichts zerronnen. Die Gegenwart ist lebendig, die Zukunft ohne Furcht.« [31]

Aber es dauerte nicht lange, da begannen Erichs Gedanken »mehr und mehr um die Zukunft zu kreisen, um die Arbeit, die zu leisten sein wird. (...) Wenn die Freunde drüben nur nicht zu sehr enttäuscht sein werden. Wir werden weniger zu machen in der Lage sein als sie erwarten.« [32]

Schließlich waren sie unterwegs. Staats- und Zonengrenzen, außerdem noch nicht behobene Kriegsschäden machten die Fahrt langwierig – zwanzig Stunden von Paris bis nach Bebra, dem früheren großen Eisenbahnknotenpunkt. Lewinski aber fand die Reise komfortabel. Am Abend des 14. April, es war ein Montag, erreichten sie Kassel. Vierzehn Jahre und drei Wochen waren vergangen, seit sie die Stadt Hals über Kopf hatten verlassen müssen.

Erich Lewinski hatte angenommen, über den äußeren Zustand seiner Heimatstadt durch die Berichte seines Bruders und durch

Briefe von Freunden einigermaßen orientiert zu sein; er fühlte sich vorbereitet auf den Anblick einer Stadt, die zu großen Teilen zerbombt war und in deren Straßen er manches nicht wiedererkennen würde. Aber was er bei seiner Rückkunft zwei Jahre nach Kriegsende vorfand, übertraf alle seine Vorstellungen.

»Der entsetzliche Anblick dieser Stadt, so vollständig zerstört, ist schreckliche Realität. Wir kamen am Abend in Kassel an, und wir fuhren durch die Straßen, wo wir einmal gearbeitet haben, wo ich (...) meine Kanzlei hatte, wo wir einst lebten.« [33] Lewinski schrieb diese Zeilen zwei Tage nach seiner Ankunft in Kassel. Es war sein erster Brief aus Deutschland. Er machte wieder Durchschläge auf der Schreibmaschine, denn es gab vielen Menschen so vieles zu berichten. Der Brief wurde in Englisch geschrieben, gewohnheitsgemäß.»Am nächsten Tag, gestern, sahen wir Teile der Stadt bei Tageslicht. Aber Nacht- oder Tageslicht – es ist ein Alptraum, und es reicht, dies nur eine Sekunde lang gesehen zu haben, um es auf immer einzubrennen in die Seele, einzugraben ins Gedächtnis und um klarer als jemals zu machen: Das Verbrechen jener, die der Welt solches Elend gebracht haben, ist grenzenlos, und wenn man weiterleben will, dann gibt es nur eins, was zu tun ist, wo immer man das tun kann: zu kämpfen und zu kämpfen und zu kämpfen gegen jene Kräfte des Bösen, die, wie niemals in der Geschichte zuvor, durch die Nazis verkörpert worden sind.« [34] »Die Grausigkeit der Verwüstungen packt einen stündlich von Neuem – und es geht uns vor diesen Trümmern genau wie vor den Trümmern in Madrid, in London, in Bristol, in Nordfrankreich: klagen hilft nichts, und Wiederaufbau ist zu wenig, wenn nicht gleichzeitig daran gearbeitet wird, daß die Ursachen solcher Barbarei verschwinden. Wenn wir nicht mit aller Kraft und dem Mute der Verzweiflung daran arbeiten, daß die Wurzeln des Übels ausgerottet werden, dann sollten wir lieber gleich den Trümmerhaufen liegen lassen.« [35]

Die Hauptaufgabe, meinte Lewinski, sei deshalb »keine nationale oder in einem Lande oder Erdteil gelagerte, sondern eine internationale, weit hinausgehend über die unmittelbaren Tagesaufgaben der Brot- und Unterkunfts- und Arbeitsbeschaffung. Mir ist das nie so bewußt geworden wie hier vor den Trümmern.« [36] Aber dann fuhr Lewinski in diesem zweiten Brief aus

Deutschland fort: »Es ist so unendlich tröstlich, überall inmitten von Trümmern, zu sehen, wie Menschen ihre Gärten bestellen. Es hat etwas großartig Symbolisches, und ich muß immer an den Schluß von ›Candide‹ denken: ›(...) mais il faut cultiver son jardin‹.« [37]

Die Beobachtungen und Gedanken, die Erich Lewinski während der ersten Wochen nach seiner »vierten Emigration« mitteilte, sind in ihrer Dichte und Detailgenauigkeit ein sehr unmittelbares Zeugnis der deutschen Nachkriegszeit. Er beschrieb hungernde Kinder und in Schutt verschwundene Straßenzüge, das veränderte Äußere seiner Freunde aus der Vorkriegszeit, das allgegenwärtige Gesprächsthema »Nahrungsbeschaffung«, die Zustände auf dem Schwarzmarkt, den Inhalt von Care-Paketen, die Notunterkünfte der Menschen. Aber er machte auch Beobachtungen, die ein genaueres Hinschauen und Zuhören benötigen. »Wir werden hier unendlich viel zu lernen haben, bevor die Hilfe, die wir ev. leisten können, effektiv sein wird. Wir hatten den Eindruck, daß wir erst einmal lernen müssen, die Sprache der Menschen zu verstehen. Es ist tatsächlich so, daß nach vierzehn Jahren – und welchen vierzehn Jahren! – die Menschen nicht mehr zu sprechen scheinen wie zu unserer Zeit. Zuerst kam es mir so vor, als wenn alle Menschen ›Übersetzungen‹ aus einer anderen Sprache ins Deutsche sprachen. Man gewöhnt sich daran natürlich schnell, und man ›versteht‹ es allmählich wieder.« [38]

Irritiert war Lewinski auch durch eine andere Beobachtung: »Das Angestarrtwerden auf der Straße hat zuerst etwas Unangenehmes, aber man gewöhnt sich auch daran, wenn man merkt, daß es weniger der jüdischen Nase als dem Mantel aus gutem Stoff und den amerikanischen Strümpfen gilt.« [39]

Dagegen vermittelte ihm das erste Treffen mit den politischen Freunden aus Kassel sofort ein Gefühl der Vertrautheit. »Es war nichts davon zu spüren, daß wir uns seit vierzehn Jahren nicht gesehen hatten – der enge vertrauensvolle Kontakt war in der Minute da, wo wir uns begrüßten. Es wird sich erst in Zukunft zeigen, wie weit noch Übereinstimmung in den wesentlichen Dingen besteht. Ich bin da ziemlich hoffnungsvoll, obgleich ich sicher bin, daß in vieler Hinsicht unser Blickfeld ganz anders ist als das ihre. Das ist auch nur natürlich. Diejenigen unter ihnen, die so lange Jahre im Zuchthaus oder KZ gesessen haben, scheinen besonders gereift und vertieft (...). Jedem von ihnen sieht man an, was sie gelitten haben. Aber es ist wunderbar zu erleben, wie von ihnen nichts von den Idealen hat zerstört werden können, für die sie Freiheit und zum Teil Gesundheit haben hergeben müssen. (...) Trotz der ungeheuer schweren Arbeit und der so häufig auftretenden Hoffnungslosigkeit ihrer Anstrengungen denkt keiner daran, das Rennen aufzugeben. Sie haben den Satz von den ›Ausdauernden‹ wahr gemacht und sind darin wirklich beispielgebend.« [40]

[1] Erich Lewinski: *Notizen über den Versuch des neuen Anfangs*, private Aufzeichnungen während der Rückkehr von den USA nach Deutschland, Februar/März 1947. [2] Ebd. [3] Mündl. Mitteilung von Hans Mangold, Kassel, 29. 7. 1993. [4] Erich Lewinski in seiner Ansprache aus Anlaß des Empfangs durch die Stadt Kassel am 26. 4. 1947, unveröffentlichtes Redemanuskript. [5] Ebd. [6] Fritz Heine an Erich Lewinski, London, 17. 3. 1942, Archiv der sozialen Demokratie/Friedrich-Ebert-Stiftung Bonn (AdsD), Depositum Fritz Heine, Briefwechsel mit Erich Lewinski 1941-1944. [7] Kurt Oppler an Josef Lang, Wiesbaden 31. 3. 1947, zitiert in: *Lehrstücke in Solidarität – Briefe und Biographien deutscher Sozialisten 1945-1949*, herausgegeben von Helga Grebing, Bd. 23 der *Quellen und Darstellungen zur Zeitgeschichte*, Stuttgart 1983, S. 290. [8] Willi Eichler an Erich Lewinski, Köln, 12. 9. 1946. [9] Erich Lewinski an Hanna Bertholet, Forest Hills, NY, 20. 4. 1946. [10] Eva Lewinski-Pfister, Otto Pfister: *To Our Children*, unveröffentlichtes Manuskript, Canoga Park, Kalifornien, USA, April 1979, S. 106. [11] Fritz Heine an Erich Lewinski, London, 17. 3. 1942, a. a. O. [12] Erich Lewinski an Fritz Heine, Jackson Heights, NY, 3. 5. 1942, a. a. O. [13] Erich Lewinski an Willi Eichler, o. O. (Hartford, Conn.), 29. 10. 1945. [14] Erich Lewinski an René Bertholet, o. O. (Hartford, Conn.), 6. 11. 1945. [15] Erich Lewinski an Hanna Bertholet, a. a. O. [16] Ebd. [17] Erich Lewinski an den hessischen Justizminister in Wiesbaden, Forest Hills, NY, 15. 4. 1946. [18] Diskussionsbeitrag von Erich Lewinski auf der Abschlußveranstaltung des *Summer Institute for Social Progress at Wellesley*, 14. 7. 1944, Anlage zum Brief an Willi Eichler, Wollaston/Massachusetts, 21. 7. 1944, AdsD, ISK-Archiv, Box 52. [19] Erich Lewinski an Fritz Heine, a. a. O. [20] Erich Lewinski an den hessischen Justizminister, a. a. O. [21] Erich Lewinski an Willi Eichler, Forest Hills, NY, 31. 7. 1946. [22] Schreiben des Großhessischen Staatsministeriums, Minister der Justiz, an Erich Lewinski in New York,

Wiesbaden 12. 6. 1946, Aktenzeichen 2010 a E 184. [23] *Centre de Demo-bilisation du Canton de Toulouse*, Entlassungsbescheid Nr. 2520, ausge-stellt auf Erich Lewinski, Toulouse, 18. 7. 1940. – Auch die im Stadtarchiv Kassel verwahrte polizeiliche Meldekarte dokumentiert die vorhanden gewesene Ungewißheit über den tatsächlichen Geburtsort Lewinskis. Da ist Goldap eingetragen und durchgestrichen, dann Kassel eingetragen und durchgestrichen, schließlich wieder Goldap eingetragen und mit dem Zusatz »lt. Heiratsurkunde« versehen worden. Die Meldekarte dokumen-tiert unter »Bemerkungen« auch: »Dr. Erich Lewinski hat auf Grund sei-ner Anstellung im Staatsdienst die deutsche Staatsangehörigkeit zurück-erhalten« (lt. Schreiben des Ausländeramts vom 31. März 1949). [24] John Martin an Herta und Erich Lewinski, Bad Nauheim, 3. 6. 1945. [25] John Martin an Erich und Herta Lewinski sowie an Otto Pfister und Eva Lewinski-Pfister, Bad Nauheim, 23. 6. 1945. [26] Ebd. [27] Erich Lewinski: *Notizen über den Versuch des neuen Anfangs*, a. a. O. [28] Erich Lewinski an *the Juniors, Pfisters, Martins*, Paris, 31. 3. 1947. [29] Ebd. [30] Erich Lewinski: *Notizen über den Versuch des neuen An-fangs*, a. a. O. [31] Ebd. [32] Ebd. [33] Erich Lewinski *to: the Juniors, Pfisters, Martins*, Kassel, 16. 4. 1947. [34] Ebd. [35] Erich Lewinski an Freunde im Ausland, Kassel 23. und 28. 4. 1947. [36] Ebd. [37] Ebd. [38] Ebd. [39] Ebd. [40] Ebd.

SOLIDARITÄT

Sollte Erich Lewinski bis weit in seine vierziger Jahre hinein nicht gewußt haben, was Heimkehr ist, so hat er es damals, bei der Wiederbegegnung mit seinen Freunden, erfahren. »Wenn es etwas gibt, das ein ›Nachhausekommen‹ bedeutet, dann kann sich das immer nur auf Menschen beziehen, nicht auf Orte. Und dies war so etwas wie ein ›Nachhausekommen‹. (...) Und dann ist da immer das Gefühl: daß es ganz einfach sein wird, einander zu verstehen und dann zu entdecken, daß – trotz der langen Trennung und trotz der oft fürchterlichen Erfahrungen in der Zwischenzeit – die ganz feste Grundlage unserer Überzeugung, unseres gemeinsamen Glaubens uns zu denselben Schlüssen geführt hat. (...) Diese Erfahrung geht sehr tief, und ich glaube, das ist von großer Bedeutung – und keineswegs nur aus persönlichen Gründen«. [1]

Die alten Freunde trugen wesentlich dazu bei, daß sich die Lewinskis heimisch fühlen konnten – aller Dürftigkeit der äußeren Lebensumstände zum Trotz. Die Stadt, im Verein mit dem Landesjustizminister und dem Regierungspräsidenten, bereitete Erich und Herta Lewinski, den ersten Emigranten, die aus den USA nach Kassel zurückgekommen waren, am 26. April 1947 im Magistratssaal des Rathauses einen Willkommens-Empfang. Lewinski war klar, daß dies nicht nur eine freundliche Geste war. »Die Absicht der Einladenden ist offenbar voll erfüllt worden: Die Presse hat sehr davon Notiz genommen (...), *et tout le monde en parle.* So ist unsere Rückkehr zu einer Art Demonstration geworden (...) für die Idee der Solidarität und der Verbundenheit unter Genossen«. [2] Aber die Festveranstaltung galt, ganz vordergründig, auch als Signal: Wir freuen uns über Rückkehrer, besonders wenn sie politisch unbelastete, qualifizierte, einsatzbereite Menschen sind. Und das sah Lewinski ebenso, denn er betonte gegenüber seinen noch nicht aus dem Exil heimgekehrten Freunden: »Ich erzähle Euch das zur Ermunterung für manche, die nicht recht wissen, ob ihr Platz hier ist. Denen müßt Ihr es sagen.« [3]

Theo Hüpeden und seine Frau Grete, die sich ein paar Tage frei genommen hatten, kümmerten sich besonders liebevoll um die Rückkehrer. Sie brachten Erich und Herta Lewinski zeitweilig bei sich zu Hause, vorübergehend auch im Gästehaus der Stadt Kassel unter, bis ihre Freunde im Frühsommer 1947 in der Stahlbergstraße 1 in Kassel-Kirchditmold eine eigene Wohnung fanden. Es wurde ihnen auch bei der anfangs äußerst bescheidenen Möblierung der Räume geholfen; denn außer einer großen Zahl von Büchern, teils in den USA gekauften, teils aus Paris mitgebrachten, besaßen Erich und Herta Lewinski kaum etwas. Die Ausstattung von Wohnung und Kanzlei war durch die im März 1933 erfolgte überstürzte Flucht der Lewinskis unwiederbringlich verloren. Einzig ein juristisches Fachbuch, versehen mit den Stempeln der Rechtsanwälte Katzenstein und Lewinski, fand sich nach dem Krieg in einem Kasseler Antiquariat...

Erich Lewinskis Junior-Sozius Hans Reinach hatte 1933 wenigstens die sehr bedeutende rechtswissenschaftliche Bibliothek vor dem Zugriff der Nazis retten wollen. Gern hätte sie der Züricher Anwalt Rosenbaum gekauft, der den emigrierten Kollegen aus Kassel kurz nach dessen Ankunft in der Schweiz beschäftigt hatte; das hätte den Lewinskis, die bei ihrer Flucht nur 400 Reichsmark besaßen, den Start im Exil ein wenig erleichtert. Doch ehe es zum Verkauf der Bibliotheksbestände kam, mußte Hans Reinach Deutschland ebenfalls fluchtartig verlassen. Reinachs Vater sah in Lewinskis Kanzlei anschließend gelegentlich nach dem Rechten und fand sie eines Tages ohne jedes Inventar vor; eine frühere Mitarbeiterin hatte SA-Männer kurz vorher beim Leerräumen der Anwaltspraxis beobachtet.

Während Erich Lewinski bei der Einrichtung der von Katzenstein übernommenen Kanzlei im Lauf der Jahre nur einige ergänzende Veränderungen vorgenommen hatte, war die erste gemeinsame Wohnung des Ehepaares Lewinski bei der Heirat im Jahr 1925 von Grund auf neu und sehr individuell ausgestattet worden. Erich beschrieb die Wohnung später, als er Entschädigungsansprüche geltend machte, als »mindestens gut bürgerlich eingerichtet mit ausgezeichneten Sachen« [4] und erwähnte neben Tafelsilber, silbernen Körben, einem edlen Teppich sowie zahlreichen Aquarellen und Sepia-Zeichnungen, die er damals gesammelt hatte, ausdrücklich »ein eichenes, besonders schönes Eßzimmer, das die Kopie eines alten Renaissance-Eßzimmers aus dem britischen Museum darstellte«. [5] Vor ihrer Auswanderung nach Südafrika brachte Lewinskis Mutter den handlicheren Teil dieser Gegenstände bei Verwandten in Hanau unter. Doch auch sie endeten im Holocaust; und was sie vor ihrer Deportation nach Auschwitz noch besessen hatten, konfiszierten die Behörden des NS-Staates.

Hätten Erich Lewinski und seine Frau mit der Hilfe ihrer Kasseler Freunde nicht sicher sein können, so hätten sie 1947 nicht anders dagestanden als die Millionen von Flüchtlingen, die damals aus dem ehemals deutschen Osten und aus der sowjetischen Besatzungszone in den Westen Deutschlands strömten. Lewinski war klar, um wieviel es ihm besser ging; und es freuten ihn auch die kleinen Dinge. »Ihr solltet unseren hübschen (...) Garten sehen, der jetzt voller Blumen in verschiedenen Farben, voller Vögel und Schmetterlinge ist – ein Frühling, so herrlich wie selten. Wir sind in fast jeder freien Minute im Garten, und ich erledige sogar einen guten Teil meiner Arbeit draußen.« [6] »So gibt es inmitten von Zerstörung und Ruinen immer Hoffnung und etwas, das man liebt und an dem man Freude hat.« [7] Aber der Garten am Haus in der Stahlbergstraße diente damals auch der Ernährung. Kräuter- und Salatsamen wurden in die Erde gebracht, Kartoffeln und Gemüse gepflanzt, Beerensträucher und Obstbäume abgeerntet.

Die Frage der Nahrungsmittelversorgung spielte in den Berichten Lewinskis nach Übersee eine große Rolle; es war das Alltagsthema der meisten Stadtmenschen jener Jahre. »Denk aber nicht, daß wir verhungert seien«, schrieb er im Vorfrühling 1948 an die Freundin Dorothy Hill. »Wir sehen gut aus, und wir haben sogar etwas zugenommen, einfach durch die Tatsache, daß unsere Diät hauptsächlich aus Kartoffeln und Hafer besteht. Und solange wir das haben, verhungern wir nicht. Und ich sage immer, solange wir an Senf und Meerrettich kommen, haben wir eine nette Abwechslung: Kartoffeln mit Senfsauce und Kartoffeln mit Meerrettichsauce. Nun ja, dies sind gerade die schlechtesten Monate im Jahr. In ein paar Monaten wird es Gemüse geben, und dann geht es besser.« [8]

Doch trotz der Währungsreform im Sommer desselben Jahres gab es auch danach noch großen Mangel an höherwertigen Nahrungsmitteln. »In diesem Jahr hungern wir nicht mehr«, berichtete Lewinski nach Amerika; »Brot, Kartoffeln und Gemüse sind keine Raritäten mehr. Aber es gibt praktisch kein Fleisch, was uns natürlich nicht stört. Mangel besteht in deutschen Haushalten (...) an Fett, Fleisch, Käse – Eier gibt es überhaupt nicht. Aber alle sehen besser ernährt aus als im vorigen Jahr, das (...) wirklich entsetzlich war. Das Problem hat sich verändert: Es gibt nun Waren in den Läden, aber das Geld ist knapp, und die Menschen mit begrenzten Einkommen können sich die herrlichen Konserven, Kaffee, Wein etc., die man überall sieht, nicht kaufen. Zum Beispiel kostet ein Pfund Kaffee etwa 22 Mark. Ein Metallarbeiter hat einen Stundenlohn von ungefähr einer Mark. Ein Angestellter im Öffentlichen Dienst hat ein Durchschnittseinkommen von 250 bis 350 Mark. In den höchsten Positionen ist es mehr. Ich, beispielsweise, habe 640 Mark nach Abzug der Steuern. (...). Wenn Ihr also Berichte über Deutschland lest und darüber, wie wunderbar die hochkapitalistische Währungsreform all' die herrlichen Dinge ans Licht gebracht hat, seid lieber etwas skeptisch.« [9]

Lewinski war sich bewußt, daß er zu den Privilegierten gehörte – nicht nur wegen seines überdurchschnittlich hohen Gehalts. Er hatte im Exil viele Freunde gewonnen, darunter auch einige, die ihm wegen seiner Rückkehr nach Deutschland größte Bewunderung zollten. Sie unterstützten ihn und alle fremden Hilfsbedürftigen, die er ihnen nannte. Die Korrespondenz Lewinskis ist bis etwa 1950 voll von Äußerungen des Dankes für immer wieder erhaltene Paketsendungen aus Amerika.

Hilfe in ganz besonderer Weise leisteten Dorothy Hill, die Direktorin des *Summer Insitute for Social Progress at Wellesley*, und Grace Osgood, die Geschäftsführerin des Instituts; beide blieben mit den Lewinskis auch nach deren Abschied von den USA noch jahrelang in Verbindung. »Dorothy, während der vergangenen drei Wochen haben wir so viele Pakete von Dir und von der guten Grace erhalten, daß wir wirklich beschämt sind; und ich brauche Dir nicht zu erzählen, daß nichts verdorben ist, daß wir bescheiden leben und anderen Leuten helfen, indem wir abgeben. Aber wir haben das Gefühl, daß Du und Grace Euch unseretwegen vieler Dinge selbst beraubt; es ist einfach zuviel, was Ihr für uns tut. (...). Unter all' den nützlichen Dingen, die ihr geschickt habt, fand Herta einiges, das sie für sich selbst behalten hat und das sie wirklich brauchte – das schwarze zweiteilige Kleid, das ihr sehr gut steht. Die drei Mäntel haben wir schon verteilt, und ihr könnt Euch vorstellen, daß da einige Menschen strahlende Augen bekamen. Dann erhielten wir sechs Pakete über das Schweizer Arbeiterhilfswerk. (...) Die Schweizer Pakete waren wundervoll zusammengestellt, und alles war von sehr guter Qualität. Wir konnten einer Menge Leute helfen, und unsere eigene Speisekammer ist nun so hervorragend ausgestattet, wie sie es selten vorher war. Dorothy und Grace, Ihr beiden wunderbaren Freundinnen, wir danken Euch wieder und wieder!« [10]

Die beiden Frauen aber taten noch mehr. Sie berichteten den Teilnehmern ihrer Lehrgänge *at Wellesley* von Erich Lewinski, von seiner Lebenseinstellung, von den Gründen seiner Emigration und von seinen Motiven zur Rückkehr nach Deutschland. Daraufhin schrieben einige dieser Lehrgangsteilnehmer den Lewinskis, stellten sich als Schüler des *Summer Institute* vor und schickten ebenfalls Lebensmittel- und Kleidungspakete.

Er kenne ihn nicht, bekannte Lewinski gegenüber einem Absender von Paketen aus den USA.»Zum erstenmals las ich Ihren Namen, als wir zehn Care-Pakete zur Verteilung an andere erhielten. Obwohl ich noch nicht weiß, durch wen Sie unsere Adresse erhalten haben, möchte ich Ihnen herzlichst danken für die wunderbare Gabe, die es uns ermöglicht, viele Menschen sehr glücklich zu machen. Mrs. Lewinski und ich setzten uns nach Erhalt der Pakete sofort daran und fertigten eine Liste der Leute, die den Inhalt der Pakete bekommen sollen. (...) Ich möchte Ihnen kurz über die Verteilung berichten, die wir vorhaben: Zuallererst geben wir die Hälfte eines jeden Pakets Leuten mit Kindern, die am stärksten unter dem Mangel an bestimmten Nahrungsmitteln leiden. Es handelt sich in allen Fällen um Leute, die aktiv gegen die Nazis gekämpft oder ihnen zumindest tapfer widerstanden haben – viele von ihnen waren in Gefängnissen oder Konzentrationslagern. Einige dieser Personen sind, zusammen mit Mrs. Lewinski, aktiv in der ›Arbeiterwohlfahrt‹, einer Wohlfahrtsorganisation der Arbeiterschaft. Wir hoffen (...), damit der Absicht der großzügigen Spender dieser Gaben zu entsprechen.« [11]

Einem anderen ihm fremden Paketsender, der am *Summer Institute* von Lewinski gehört hatte, berichtete Erich 1947 von seinem eigenen Flüchtlingsschicksal und der Solidarität, die er selbst erfahren hatte, nachdem er zuerst in Deutschland, dann nochmals in Frankreich alles verloren hatte und mit einem Minimum an Geldmitteln in den USA angekommen war. Er berichtete auch von den Schwierigkeiten, im Deutschland der frühen Nachkriegszeit politisch zu wirken. »Damit habe ich angefangen, kaum daß ich zurückgekommen war, und heute stehe ich mittendrin, als sei ich nie weg gewesen. Neben meiner beruflichen Arbeit bin ich in der Sozialdemokratischen Partei tätig, was heutzutage, wie Sie sich vorstellen können, nicht so leicht ist. (...) Besonders gern arbeite ich mit jungen Leuten zusammen. (...) Entsetzlich ist nur die überwältigende Not, so daß auch die besten Leute immer nur an Nahrung denken können, die ihnen fehlt, an Wohnraum, den sie nötig haben, (...) an Schuhe, an Kleidung. Unter diesen Umständen sind nur die Besten in der Lage, politisch konstruktiv zu arbeiten. Und darum ist Ihre Hilfe so sehr willkommen. Es ist nicht nur ein Zeichen der Barmherzigkeit, das Sie senden. Es ist politische Arbeit, jene am Leben erhalten zu helfen, die für eine bessere Welt kämpfen«. [12]

Erich Lewinski scheute sich nicht, seine Kontakte in Amerika auch zu nutzen, um förderungswürdigen Menschen, die erst nach dem Krieg in die USA gingen, Wege zu ebnen, die sie allein nur mühsam oder gar nicht gefunden hätten. Hermann Godess, ein damals noch junger, begabter Konzertpianist, Jude und Überlebender mehrerer Konzentrationslager, war so ein Mensch. Durch freundlich werbende, jedenfalls überzeugende Briefe Erich Lewinskis fand er in Amerika bereits einige Türen geöffnet, als er im Frühjahr 1950 dort eintraf.

Die meisten Briefe Lewinskis waren jedoch Dankschreiben für empfangene Hilfssendungen, verbunden mit Informationen über die politische, wirtschaftliche und soziale Situation im Nachkriegs-Deutschland. Nur gelegentlich bat er bei seinen amerikanischen Freunden für einzelne, besonders bedürftige Menschen, von deren Schicksal er oft auch durch seine Frau erfuhr. Herta

Lewinski arbeitete nicht nur aktiv in der Arbeiterwohlfahrt mit, sondern wirkte mit viel Engagement auch in der Frauenliga für Frieden und Freiheit, zudem in einem Hilfskomitee für Flüchtlinge aus dem Osten und bei der Organisation der Schulspeisung. In diesen Bereichen erhielt sie Einblicke, die Erich Lewinski gelegentlich zu, wie er es nannte, *emergency calls* veranlaßte, zum Beispiel für jene Flüchtlinge aus Ostpreußen, Mutter und Tochter, die niemals gemeinsam ausgehen konnten, weil sie zusammen nur ein Paar Schuhe und einen Mantel besaßen.

Ein Notruf war es auch, den Lewinski eines Tages im Spätherbst 1949 an seine Freunde Dorothy und Grace richtete:»Herta war nicht einverstanden, als ich ihr erzählte, daß ich Euch in dieser Sache schreiben wollte. Aber ich habe das Gefühl, daß es richtig ist, und daß Ihr mich verstehen werdet. Es geht um folgendes: Unter meinen Richtern ist (seit drei Monaten) ein sehr außerordentlicher Mann, ungewöhnlich klug und einer der integersten Leute, die mir je begegnet sind. Wir wurden schnell Freunde. Er kam aus der Ostzone zu uns, aus der er fliehen mußte. Seine Frau und drei Jungen zwischen neun und zwölf Jahren hat er dort gelassen; seine vierzehnjährige Tochter geht hier zur Schule. (...) Er hofft, seine Familie im Frühjahr über die Grenze bringen zu können, natürlich illegal. Die Situation ist nicht so sehr verschieden von unserer vor einigen Jahren. Nach folgendem möchte ich nun fragen: Habt Ihr immer noch Möglichkeiten, für diese Familie etwas Kleidung und Schuhe zu bekommen? Er hat keinen Wintermantel, und es ist ihm ganz unmöglich, (...) einen zu kaufen. (...) Die drei Jungen besitzen zusammen nur ein Paar Schuhe. Natürlich kann man schon alles in den Geschäften kaufen. Aber das ist eine Frage des Geldes. Und sechs Leute, die überhaupt nichts besitzen, einzukleiden, ist sogar für gut situierte Leute unmöglich. Mag sein, daß es dreist, ist, Euch um Hilfe zu bitten nach allem, was Ihr für uns und unsere Freunde getan habt. (...) Ich versichere Euch, daß ich nicht geschrieben hätte, wenn ich einen anderen Weg gewußt hätte.« [13]

Das Gefühl der Solidarität und die Bereitschaft zur Hilfe schienen bei Erichs amerikanischen Freunden unerschöpflich zu sein. Umgehend kam die Zusage zur Versorgung der DDR-Flüchtlinge mit Kleidung, verbunden mit der Frage nach Kleider- und Schuhgrößen. Lewinskis Antworten waren detailliert; er nannte die Körpermaße und legte Umrißzeichnungen der Füße aller sechs Familienmitglieder bei... Es handelte sich übrigens um Fritz Werner und seine Angehörigen. Erich Lewinski verlor den von ihm so geschätzten Kollegen schon wenig später, denn er machte Karriere zunächst als Oberverwaltungsgerichtsrat in Lüneburg, am Ende als Präsident des Bundesverwaltungsgerichts.

Die Dankbriefe, die Lewinski in die USA schickte, waren sehr individuell abgefaßt und immer mit großer Herzlichkeit formuliert. Er machte sich die Mühe, viele der Personen zu schildern, die mit dem Inhalt der Paketsendungen bedacht wurden; er beschrieb die Lebensumstände der Empfänger und ihre politische Haltung, die für Lewinski immer auch eine moralische war. Doch manchmal dauerte es lange, ehe er schrieb. Die viele Arbeit, die er glaubte leisten zu müssen, und die zahlreichen außerberuflichen Aktivitäten, die er pflegte, wurden häufig unterbrochen durch Krankheiten; sein Gesundheitszustand war weiterhin bedrohlich schlecht. Später bestätigte die Entschädigungsbehörde, was Lewinski lange schon gewußt hatte: daß ein erheblicher Prozentsatz seiner körperlichen, zum Teil allerdings anlagebedingten Leiden »im Sinne einer wesentlichen Mitverursachung bzw. richtunggebenden Verschlimmerung (...) auf nationalsozialistischen Gewaltmaßnahmen« beruhte. [14] Zwar sah die Behörde für die ersten sieben Jahre der Emigration keinen Anlaß, verfolgungsbedingte Gesundheitsschäden anzunehmen, fand es aber gerechtfertigt, für die Zeit nach der Besetzung Frankreichs eine Minderung der Erwerbsfähigkeit von 30 Prozent, für die Jahre ab 1943 auf 50 Prozent, anzuerkennen.

So war Lewinskis zweites Leben in Kassel einerseits geprägt durch ein Übermaß an Arbeit, andererseits durch dramatische körperliche Zusammenbrüche. In einem Brief vom Sommer 1949 bat er um Verständnis dafür, daß er lange nichts von sich hatte hören lassen; »aber Ihr habt vielleicht erfahren, daß ich monatelang sehr krank war. Zuerst hatte ich im Februar eine starke Grippe, und im April bekam ich eine gefährliche Leberentzündung, der sich eine schwere Gelbsucht anschloß. Ich war ungefähr acht Wochen im Krankenhaus und bin noch immer nicht ganz wiederhergestellt. (...) Wir hatten wirklich eine harte Zeit. Herta hatte es am schwersten. Mehr als sieben Wochen lang war sie Tag und Nacht an meinem Bett im Krankenhaus. Die ersten beiden Wochen waren schlimm; es bestand Lebensgefahr, und ich delirierte während der Zeit. Na, nun ist es vorbei (...), und ich sehne mich nach Arbeit. Ich bin kein Mensch, der einfach tatenlos im Bett bleiben und dort nur lesen oder nachdenken kann.« [15]

Ein Jahr später war Erich Lewinski erneut wochenlang ans Bett gefesselt. Er hatte, damals erst 49 Jahre alt, einen Schlaganfall erlitten und war noch lange Zeit danach matt und wenig belastbar. Kaum hatte er sich etwas erholt, beklagte er auch schon die andauernde Neigung zu rascher Erschöpfung. »Das ist ein *handicap* für einen Menschen mit meinem Temperament.« [16] Wenn Herta, selten genug, an die Freunde in Amerika schrieb, geschah dies meistens, weil ihr Mann dazu außerstande war: »In den vergangenen sechs Wochen ist Erich wieder krank gewesen; vier Wochen mußte er im Bett bleiben. Es war wieder ein Herzmuskelinfarkt (...). Nun fühlt er sich schon besser. (...) Er hofft, in zwei Wochen wieder arbeiten zu können – aber langsam.« [17]

Neben den amerikanischen Freunden, denen er Dank für Hilfe abzustatten hatte, gab es die politischen Kampfgefährten, die länger als Erich Lewinski in ihrem Asylland blieben. Unter ihnen war Marie Juchacz, die als Siebzigjährige 1949 nach Deutschland zurückkehrte, erneut frauenpolitisch in der SPD arbeitete und Ehrenvorsitzende der Arbeiterwohlfahrt wurde; sie starb wenige Wochen vor Lewinski. Erna Blencke verließ die USA erst 1951. 1950 kam Josef Lang zurück, deutscher Jude mit ungarischem Paß, erst KPD-, dann KPO-Mann, schließlich führendes Mitglied der SAP, nach dem Krieg, wie auch Erna Blencke, Vorstandsmitglied der Frankfurter SPD, von Beruf Buchhändler. Die Lewinskis hatten »Jola«, wie er allgemein genannt wurde, zweifellos schon im gemeinsamen Pariser Exil kennengelernt, wo er seinen Lebensunterhalt damit verdiente, daß er aus einem Bauchladen voller Bücher in deutschsprachigen Emigrantenkreisen Lektüre verlieh. »Jola« und seine Frau Erna Halbe, wie die Lewinskis 1941 in die USA gekommen, bildeten in New York nach Kriegsende den Mittelpunkt von »Solifonds«, dem Solidaritätsfonds des *International Rescue and Relief Committee.* »Solifonds« organisierte eine mehrjährige Paketaktion zur Unterstützung von Antifaschisten im Nachkriegs-Deutschland, an der sich vor ihrer Rückkehr auch Erich und Herta Lewinski beteiligt hatten. Diese und weitere Freunde aus Emigrantenkreisen informierte Lewinski während der ausgehenden vierziger Jahre vorwiegend über seine Beobachtungen und Erfahrungen aus dem engeren politischen Bereich – auch dies ein Zeichen der solidarischen Verbundenheit mit den Gesinnungsgenossen.

Ein Problem machte ihm besondere Sorge: »Wie kommen wir an die jungen Menschen heran? Keine der bestehenden Parteien hat bisher Zugang zu ihnen gefunden. Außer der nationalistischen Ideologie (...) zeichnet sich keine ab, die im Augenblick Zugkraft für junge Menschen hat. (...) Die sozialistische Idee wird nach meiner Auffassung erst dann wieder attraktiv für junge Menschen sein, wenn die idealistischen und ethischen Züge ihr das vorherrschende Gepräge geben werden. Die wertvollen unter den jungen Menschen lehnen mit Recht einen öden Materialismus ab. Ich habe in zahlreichen und verschiedenartigen Jugendgruppen gesprochen und Kurse gehalten. Überall habe ich dieselbe Erfahrung gemacht. Soweit es sich um ernsthafte, vorwärts strebende junge Menschen handelt, sind sie ratlos, weil sich ihnen nichts anbietet, was ihrem Bedürfnis nach Idealen Rechnung trägt.« [18]

An anderer Stelle äußerte Lewinski über das Desinteresse der Jugendlichen für öffentliche Angelegenheiten, sie seien »alle sehr enttäuscht von den Erlebnissen während der Nazi-Zeit und mißtrauen deshalb fast jedem, der sie an politische Fragen heranführen will. Es ist etwas Gesundes an dieser Reaktion; sie möchten ihren Weg selbst finden. Nichtsdestoweniger ist das gefährlich, denn die Wurzeln des Nationalismus sind noch nicht ausgerottet. Und was sie durch die Besatzungsarmee erleben, hat sie nicht davon überzeugt und kann sie nicht davon überzeugen, daß the American way of life etwas besseres ist«. [19] Lewinski fand es kennzeichnend, daß Wolfgang Borcherts Drama Draußen vor der Tür seiner Einschätzung nach das einzige war, welches junge Menschen ansprach: Borchert hatte die Fragen der jungen Menschen und ihr Lebensgefühl zum Thema seines berühmt gewordenen Theaterstücks gemacht.

Daß Orientierungs- und Perspektivlosigkeit in die Kriminalität führen kann, wußte Lewinski; doch in seiner beruflichen Praxis erlebte er dies unmittelbar. Kaum aus Amerika zurückgekehrt, war er zunächst Vorsitzender einer Jugendstrafkammer geworden und als solcher entschlossen, jungen Kriminellen mit Geduld und ohne Vorurteile gegenüberzutreten. Er war überzeugt davon, daß straffällig gewordene Jugendliche »mehr oder weniger Opfer der Vergangenheit mit ihrer Anarchie und ihrer Gesetzlosigkeit« [20] seien; jedenfalls, so schrieb er, werde es »sehr interessant sein herauszufinden, wie weit ihr Schicksal auf den Einfluß der kriminellen Nazi-Methoden zurückzuführen ist«. [21]

Bei der Erwachsenen-Generation der Nachkriegszeit entdeckte er nur selten ein Verhalten, das Jugendlichen zum Vorbild hätte dienen können. Schon wenige Tage nach seiner Ankunft in Kassel erlebte er Menschen seiner eigenen Generation, und zwar »ganz widerliche Leute, die 1933 auf die andere Straßenseite guckten, um zu vermeiden, uns zu grüßen, Leute, die sich heute tief verbeugen und die so schamlos sind, daß man einen Brechreiz bekommt. Na ja, wir wußten, daß diese Typen nicht verschwunden sind, und wahrscheinlich werden uns künftig noch mehr von ihnen begegnen.« [22]

Sehr beschäftigte Erich Lewinski auch die Entscheidung der Bürger bei den hessischen Kommunalwahlen im Frühjahr 1948; sie schien ihm zu Hoffnung auf ein grundsätzliches Umdenken der Menschen wenig Anlaß zu geben. Lewinski, der, ohne selbst ein Mandat angestrebt zu haben, den Wahlkampf der Sozialdemokraten aktiv mitgestaltet hatte, teilte den deutschen Freunden in den USA ausführlich seine Einschätzung der Lage mit. Die Wahlen hätten »in erster Linie gezeigt (...), daß regierende Parteien in Notzeiten immer verlieren. So ist es nicht erstaunlich, daß SPD und CDU, die letztere mehr als die SPD, erheblich verloren haben. (...) Die Kommunisten haben sich mit knapper Mühe und Not halten können, ja sie haben relativ sogar verloren. (...) Die Rechte hat erheblich gewonnen. (...) Ihre Anhängerschaft setzt sich zusammen aus bisherigen Nichtwählern, die unzufrieden sind, aus Leuten, die in echter Opposition zur bisherigen linken Regierung stehen, (zu dieser Kategorie rechne ich auch die äußerlich entnazifizierten, innerlich braun gebliebenen Nazis) und aus

Menschen, die ihrer Unlust gegen die Amerikaner Ausdruck geben. Man muß sich wundern, daß die amerikanische Militärregierung solche Parteien überhaupt erlaubt hat (...). Es kann sein, daß dafür maßgebend war die Idee: *you have to give them a chance.*« [23]

Kritisch beleuchtete Erich Lewinski schließlich auch die eigene Partei, die hessische Sozialdemokratie, in der seiner Auffassung nach viel zu wenig über die tieferen Gründe der Wahlverluste nachgedacht wurde. »Der alte Parteisekretär-Geist ist noch keineswegs überwunden, und sein Vorhandensein verhindert es, daß junge und lebendige Kräfte neu gewonnen werden können. Erst wenn es gelingen wird, junge Menschen zu gewinnen, können wir etwas beruhigter in die Zukunft sehen.« [24]

Menschen gewinnen, vor allen Dingen junge Menschen gewinnen – das blieb Erich Lewinskis Thema und seine Hauptsorge in den Jahren, die ihm nach der Rückkehr aus dem Exil noch blieben. Und dazu war mehr und anderes nötig als direkte politische Ansprache. Deshalb dachte Lewinski schon 1948 an eine Art Jugendaustausch. Zum Beispiel hätte er es schön gefunden, wenn es deutschen Jugendlichen ermöglicht werden könnte, sich in den USA »in guten, liberalen Kreisen den Wind um die Nase wehen zu lassen und sich auszuweiten«. [25] Doch selbst wenn dies zu einem so frühen Zeitpunkt nach dem Krieg schon hätte realisiert werden können – es hätten nur wenige davon profitiert.

Aber man konnte den Menschen das Neue, das Fremde, die Welt eines offenen, freiheitlichen Geistes auch auf andere Weise nahebringen; man konnte diese Welt ins nazi-geschädigte deutsche Trümmerland holen. Und darum bemühte sich Erich Lewinski mit ganz erstaunlichem Erfolg. Es war die Kunst, um die es ihm ging.

[1] Erich Lewinski an: *The Juniors, Pfisters, Martins*, Kassel, 16. 4. 1947.
[2] Erich Lewinski an Freunde im Ausland, Kassel, 23. und 28. 4. 1947.
[3] Ebd. [4] Erich Lewinski in seiner Entschädigungssache an Rechtsanwalt Reichmann in Wiesbaden, Kassel, 22. 12. 1953. [5] Ebd. [6] Erich Lewinski an Dorothy Hill, Kassel, 25. 4. 1948. [7] Erich Lewinski an

dies., Kassel, 14. 3. 1948. [8] Ebd. [9] Erich Lewinski an Dorothy Hill und Grace Osgood, Kassel, 26. 1. 1949. [10] Erich Lewinski an dies., Kassel, 2. 6. 1948. [11] Erich Lewinski an William E. Smith, *The First National Bank Trust*, in Floral Park, N.Y., Kassel, 8. 2. 1949. [12] Erich Lewinski an Harvey T. Mann in New York City, Kassel, 16. 9. 1947. [13] Erich Lewinski an Dorothy Hill und Grace Osgood, Kassel, 15. 11. 1949. [14] Feststellungsbescheid des Regierungspräsidenten in Kassel, Entschädigungsbehörde, Aktenzeichen 01960-99-J-Le., 29. 7. 1955. [15] Erich Lewinski an Dorothy Hill und Grace Osgood, Kassel, 5. 7. 1949. [16] Erich Lewinski an dies., Kassel, 4. 12. 1950. [17] Herta Lewinski an Dorothy Hill, Kassel, 14. 6. 1952. [18] Erich Lewinski an Erna Blencke, Eva Lewinski-Pfister, Josef Lang u. a., Kassel, 13. 5. 1948. [19] Erich Lewinski an Marie Talbot, o. O., 10. 2. 1949. [20] Erich Lewinski an Dorothy Hill, Kassel, 2. 5. 1947. [21] Ebd. [22] Ebd. [23] Erich Lewinski an Erna Blencke, Eva Lewinski-Pfister, Josef Lang u. a., a. a. O. [24] Ebd. [25] Ebd.

Kunst in Trümmern

Der Liebhaber von Musik, Malerei und Dichtung hatte eine außerordentlich hohe Meinung von der positiven Wirkung, welche die Kunst auf Menschen auszuüben vermag. Umgekehrt hielt er nur solche Menschen für wirklich offene, empfindsame, dem anderen zugetane Wesen, die zu Kunstgenuß befähigt sind. Gegenüber Minna Specht hatte Erich Lewinski einmal geäußert: Wer eine »Liebe zum Schönen, Wahren« nicht fühle und entwikkele, der »vertrocknet, verdörrt«, denn »derjenige, der die *Winterreise* begreift oder der die *Matthäus-Passion* nicht hören kann, ohne für Tage am Herzen zu bluten, der Eichendorff und Jean Paul und André Gide und Thomas Wolfe annimmt und Rembrandt und Vermeer und Vincent und Renoir und die Berge und das Meer und die Nacht und die Sterne, der ist besser vorbereitet und mehr bereit, sich selber einzusetzen als derjenige, der sich zwar mit dem Erkenntnisproblem auseinanderzusetzen weiß, aber nicht erkennen kann, daß die Liebe zum Schönen der Weg ist zu Solidarität, Einsatzbereitschaft und wirklicher Furchtlosigkeit«. [1] Zwar war Lewinski nicht der Mensch, der diejenigen geringer geachtet hätte, welche die genannten Künstler und ihre Werke nicht kannten; aber seine Lebenserfahrung sagte ihm, daß Empfindsamkeit und Offenheit für das »Schöne, Wahre« alle anderen Möglichkeiten im Menschen vervielfachen könnten. »Und deshalb sollte der Ausbildung dieser Seite im Menschen so große Bedeutung geschenkt werden, mehr noch als früher.« [2]

Vor dem Hintergrund dieser Überzeugung war es naheliegend, daß Erich Lewinski den Verwüstungen, die Nationalsozialismus und Krieg in den Köpfen und Seelen der Menschen angerichtet hatten, nicht nur sein persönliches Engagement in Politik und Rechtswesen entgegensetzen wollte; er betätigte sich intensiv auch auf kulturpolitischem Gebiet. Seine Liebe zur Kunst, besonders zum Musiktheater und zur Malerei, war nicht ausschlaggebend für die Einsatzbereitschaft auf diesem zusätzlichen Feld;

aber sie machte ihm die Lösung der selbstgestellten Aufgabe angenehmer.

Um den Bürgern im extrem stark zerstörten Kassel Möglichkeiten zu bieten, eine »Liebe zum Schönen, Wahren« in sich zu entdecken und zu entwickeln, mußten Institutionen geschaffen, mußten Initiativen entfaltet werden. Aus diesem Grund betätigte sich Lewinski schon kurz nach seiner Rückkehr aus dem Exil im eben wieder erstehenden Kasseler Kunstbetrieb; er wurde Vorsitzender einer vom hessischen Kultusminister berufenen Kunstkommission für das Staatstheater, und wenig später gehörte er zu den Mitgründern des neuen örtlichen Kunstvereins.

Aus dieser Zeit datiert die Bekanntschaft mit Walter Nikusch. Der aus Leipzig stammende Künstler hatte sich in Kassel niedergelassen und gehörte mit Erich Lewinski, Herbert von Buttlar, Margret Heinemann und Ernst Mangold zu den Neugründern des Kasseler Kunstvereins, dessen Ausstellungsleiter Nikusch bis in die späten siebziger Jahre war. Um 1950 schuf er das Lewinski-Porträt wie es auf dem Einband dieser Lebensbeschreibung zu sehen ist – einen expressionistisch anmutenden Farbholzschnitt, der sich neben weiteren Arbeiten des Malers und Graphikers in den Staatlichen Museen in Kassel befindet.

Auf einem Gebiet der Kulturpolitik knüpfte Lewinski ganz direkt an seine Aktivitäten während der Weimarer Republik an. Nach dem Zweiten Weltkrieg unterstützte er, wie schon in den zwanziger Jahren, die Volksbühnen-Idee. Sie war im ausgehenden 19. Jahrhundert in der Berliner Arbeiterbewegung entwickelt worden und hatte 1925 zur Schaffung einer Volksbühne auch in Kassel geführt. Schon damals hatte Lewinski zu den Initiatoren der Organisation gehört, die ihren Mitgliedern in regelmäßigem Turnus künstlerisch wertvolle Theater- und Konzertaufführungen zu günstigen Preisen anbot. Nach der NS-Zeit, in der die kulturpolitische »Gleichschaltung« ein anspruchsvolles und vielseitiges Theaterprogramm völlig ausgeschlossen hatte, schien die Wiederbelebung des Volksbühnen-Gedankens mindestens so wichtig zu sein wie in den Jahren vor Beginn des Nazi-Regimes. Doch das Wagnis war groß in einer Zeit, in der den Menschen die Beschaffung von Nahrung, Kleidung, Wohnung vordringlich erschien. Es wurde größer im Sommer 1948, als mit der Währungsreform viele kleine Bühnen schließen mußten; die wertlose Reichsmark war gern für Kulturelles ausgegeben worden, mit der neuen knappen D-Mark wurde gegeizt.

Lewinskis theaterbegeisterter Freund Theo Hüpeden propagierte den Volksbühnen-Gedanken trotzdem; er war die treibende Kraft bei der 1949 erfolgten Wiedergründung der Institution. Hüpeden leitete sie bis zu seinem Tod im März 1959 und machte die Kasseler Volksbühne zur mitgliederstärksten und damals bedeutendsten kulturellen Vereinigung der Stadt. [3] Erich Lewinski gehörte auch hier dem Vorstand an.

Es erscheint ganz erstaunlich, was für eine beeindruckende Zahl von Aktivitäten Lewinski sich zumutete. Allein die Auffassung, die er von der Ausübung seines Berufs hatte, hätte ihn vollständig ausfüllen können. Aber er kümmerte sich zusätzlich nicht nur um verschiedene Bereiche der Kulturpolitik, sondern versuchte auch, junge Künstler zu fördern. Er betrieb die Rückkehr emigrierter Freunde, von deren Nutzen für die deutsche Gesellschaft nach Hitler er überzeugt war. Er hielt Vorträge, schrieb Zeitschriftenbeiträge, arbeitete mit in der wieder erstandenen SPD und hier besonders für die Einbringung Nelsonscher Ideale in die Sozialdemokratie der Nachkriegszeit. Darüber hinaus unterhielt er weiterhin eine ausgedehnte Korrespondenz, durch deren Lektüre so viele seiner Eindrücke nachvollziehbar sind – auch die vom Theater der frühen Jahre nach Kriegsende; denn Erich Lewinski fand auch damals immer Zeit, das »Schöne, Wahre« zu genießen. Das geschah übrigens oft auch in seiner Wohnung, wo sich immer viele Gäste einfanden; zuweilen versammelten sich dort alte und neue Freunde, um den von Erich und Herta Lewinski mit jungen Musikern arrangierten Hauskonzerten zuzuhören.

Unter den vielen Mitteilungen an Verwandte und Freunde in Übersee finden sich deshalb nicht nur Beschreibungen der Not und Analysen der politischen Zustände in Deutschland, sondern auch Passagen wie diese, kurz nach der Rückkehr geschriebene: »Wir haben in drei Monaten schon fast so viele Opernaufführungen gesehen wie in sechs Jahren in New York. Das Theater steht auf einem erstaunlich hohen Niveau. Die Einzelleistungen sind unterschiedlich und mitunter sehr anfechtbar. Das künstlerische Gesamtbild dagegen ist ausgezeichnet. Man geht mit ungeheurem

Der Präsident: Lewinski Anfang der fünfziger Jahre als Chef des Landgerichts Kassel.

Mut an die Arbeiten heran. Man stelle sich vor, daß wir auf der kleinen, primitiven Bühne während drei Monaten an Opern bereits sahen: *Così fan tutte, Ariadne, Aida.* Dazu hätten wir noch mehr sehen können, falls die Zeit gelangt hätte: *Hoffmann, Martha, Bohème* (...). Im Schauspiel sahen wir in der Zeit zwei amerikanische Stücke: *Our Town* von Thornton Wilder und *The Patriots* von Kingsley. Ausgezeichnete Aufführungen. Alle zwei Wochen gibt es ein Symphoniekonzert. (...) Das Ohr, das an die Bläser des *Conservatoire Paris* und an Klangschönheiten der Philharmonie in New York, der Bostoner, des NBC-Orchesters gewöhnt ist, wird oft verletzt. Aber insgesamt geht von der Darbietung ein solcher Ernst aus, daß man, wenigstens zuerst, jede Kritik beiseite und sich von der Lebensbejahung, die sich da offenbart, gefangennehmen läßt. So etwas gibt es neben den trüben Dingen des Alltags, und es ist wunderbar, daß es so etwas gibt.« [4]

Lewinski brauchte die Welt des Schönen – wie das Publikum, dessen hingegebene Versunkenheit an die Musik er während der Konzerte beobachtete. Er bezog daraus Kraft für den anderen, den größeren Teil des Alltags. Es ist dennoch bemerkenswert, daß und wie er die große Zahl von Selbstverpflichtungen bewältigte, zumal er schon seit den letzten Emigrationsjahren ein kranker Mann war, der auch nach seiner Rückkehr nie wieder wirklich gesund wurde. Immer wieder wurde er von Herzattacken gepeinigt; andere schwere Leiden kamen hinzu und zwangen ihn zu wiederholter Bettlägrigkeit und zu mehreren Erholungsaufenthalten.

Es war ein solcher, dringend nötig gewesener Erholungsaufenthalt im Schwarzwald, der Lewinski hinderte, einen seiner schönsten kulturpolitischen Erfolge selbst mitzuerleben – die europäische Erstaufführung eines in den USA entstandenen Werkes von Kurt Weill. Es war ausschließlich Lewinskis Verdienst, daß dieses Ereignis in Kassel stattfand und dadurch »der amerikanische« Weill anschließend auch in Deutschland bekannt wurde.

Kurt Weill war, wie die Lewinskis und so viele andere Verfolgte des Nazi-Regimes, 1933 zuerst nach Paris, dann nach New York emigriert. An den Ruhm, den Weill zuvor in Deutschland, besonders durch seine Zusammenarbeit mit Brecht, erlangt hatte, konnte er in den USA anknüpfen; mehrere seiner musikalischen

Werke entstanden erst dort. Erich Lewinski hatte Broadway-Aufführungen von Werken Weills in New York erlebt; denn er hatte – allen Belastungen des Exillebens zum Trotz – das reichhaltige kulturelle Angebot seiner Asylstadt zu schätzen und häufig zu nutzen gewußt. Irgendwann im Lauf der New Yorker Jahre hatten die Lewinskis Kurt Weill und dessen Frau Lotte Lenya auch persönlich kennengelernt. [5]

Die Heimkehr Erich Lewinskis nach Deutschland lag erst zehn Monate zurück, als er bereits Kurt Weill gegenüber die Aufführung eines seiner Werke in Kassel anregte. »Man hungert nach neuen Stücken, und man weiß fast nichts vom zeitgenössischen Schaffen außerhalb Deutschlands.« [6] Lewinski verhehlte nicht, in welchem Zustand sich die deutschen Städte und die in ihnen lebenden Menschen befanden. »Wir sehen die Situation sehr realistisch an, sehen sie mit all ihren Schrecken und Grauen, mit Zerstörung aller Arten, mit Hunger, TB und Kindersterblichkeit sondergleichen, mit all den grauenvollen Auswirkungen, die menschliche Unvernunft haben kann. Das alles haben wir von drüben her schon gesehen – hier wird es deutlicher, eindeutig und unausweichlich. Das hat sein Gutes, da scheiden sich die Geister. (...) Trotz alles Bitteren und Bösen – nichts ist hoffnungslos, und ich glaube nicht an den Schluß von *Mahagonny*.« [7]

Erich Lewinski blieb nicht im Allgemeinen. Er nannte dem Komponisten alternativ zwei seiner Werke, von denen er meinte, sie seien für eine deutsche Bühne besonders geeignet. Seine Auffassung war bestätigt worden durch den leitenden Kasseler Dirigenten, dem Lewinski Schallplattenaufnahmen von Weill-Werken aus Amerika vorgespielt hatte. An Weill schrieb er daraufhin: »Was ein Theater hier leistet, ist im Grunde phantastisch (...). Als wir das erste Mal in der Stadthalle saßen – das Haus hatte noch kein Dach, war zu drei Vierteln durch Bomben zerstört – und ein Konzert hörten von einer Qualität, die unter Anbetracht der Umstände erstaunlich war, packte uns wirkliche und echte Ergriffenheit.« [8]

Noch ehe es zu konkreten Vorbereitungen gekommen war, starb Kurt Weill, erst fünfzig Jahre alt, im April 1950 in New York. »Ich weiß nicht, was mich am Leben erhält«, schrieb seine Witwe Lotte Lenya kurz darauf. »Ein Gedanke kommt immer wieder. Seine

Musik. Da sind so viele Dinge, die ich für ihn tun kann – und besser als irgend jemand anders.« [9] Aus herzlichem Mitgefühl, doch auch aus künstlerischem Interesse griff Lewinski gern eine Bitte auf, die Lotte Lenya am Ende ihres Briefes äußerte. »Sie haben«, schrieb sie, »so viel Schmerz in Ihrem Leben gesehen, können Sie mir ein bißchen helfen und mir schreiben, ob ich das Richtige tue, für seine Musik weiterzuleben.« [10]

Es entspann sich ein freundschaftlicher Briefwechsel, in dessen Verlauf Lewinski sehr bald auf seine Anregung zurückkam, die deutsche – und damit gleichzeitig die europäische – Erstaufführung eines Weill-Werkes in Kassel zu betreiben. Paul Rose, den damaligen Intendanten des Staatstheaters Kassel, hatte er für *Lady in the Dark* gewonnen, ein *musical play,* das 1940 in New York uraufgeführt und dort vier Jahre lang gespielt worden war; im Deutschen erhielt es den Titel *Das verlorene Lied.* Es war ein für deutsche Verhältnisse außerordentlich ungewöhnliches Stück. Musikalisch war es dem vergleichbar, was damals hierzulande »Revue« genannt wurde; inhaltlich bot es einen Stoff, der in den USA ein Alltagsthema, in Deutschland jedoch fast noch ein Tabu war – eine Heilung durch Psychoanalyse.

Erich Lewinski begnügte sich nicht mit der Anregung dieses interessanten Theaterprojektes. Er kümmerte sich vielmehr auch um Fragen der Übersetzungsrechte, der Tantiemen, der Einstudierung und der Werbung für das Werk. Im Sommer 1950 schrieb er Lotte Lenya: »Nun habe ich eine große Bitte. Sie besitzen doch sicher Bildmaterial von der New Yorker Aufführung. Dieses Material würde ich gern haben, weil es eine große Hilfe für den hiesigen Regisseur sein kann. Ich habe ja die Aufführung in New York mehrere Male gesehen und werde gelegentlich in die Proben gehen. Vielleicht kann ich noch hier und da einen Tip geben. (...) Ob es wohl möglich wäre, mir einen Satz Schallplatten, die seinerzeit aufgenommen sind, zuzusenden? Ich wäre Ihnen dafür sehr dankbar, (...) weil man auch damit den Absichten von Weill am besten gerecht werden kann. Sein neuer Stil ist ja hier noch völlig unbekannt.« [11]

Lotte Lenya war dankbar für das Engagement, das Erich Lewinski dem Schaffen Kurt Weills entgegenbrachte; und sie war dankbar für das persönliche Interesse, das er an ihrem Ergehen und an ihren Plänen nahm. Gelegentlich bat sie ihn um Unterstützung, unter anderem als es um die Vorbereitung eines in den USA geplanten Buches über Kurt Weill ging. »Ist es möglich, von Deutschland Fotografien von Kurts verschiedenen Aufführungen zu bekommen? Wohin kann ich mich wenden? Auch alte Kritiken wären von Wert. Ich habe keine Ahnung, wohin ich mich wenden soll. Könnten Sie mir bitte einen Rat geben. Um ein erfolgreiches Buch zu schreiben, muß man es für hier mit Bildern überschwemmen. Und natürlich wäre es von großem Interesse, Bilder von seinen europäischen Werken zu zeigen. (...) Vielleicht können Sie mir jemand recomandieren, der für eine gewisse Summe *research* für mich machen würde.« [12] Lewinski vermittelte Lotte Lenya die geeigneten Persönlichkeiten und bemühte sich später darum, einige der von den Nazis nicht vernichteten Originalpartituren früherer Weill-Werke in europäischen Bibliotheken für das amerikanische Buchprojekt zu finden. Gleichzeitig kümmerte er sich um den Fortgang der Proben für *Lady in the Dark*.

Am 24. Mai 1951 war es so weit. In Kassel wurde erstmals im Nachkriegs-Europa ein in den USA entstandenes Weill-Werk aufgeführt. Lotte Lenya konnte oder mochte nicht kommen. Aber sie schrieb: »Ich freue mich riesig, daß nun *Lady in the Dark* bei Ihnen herauskommt. Ich wünschte, ich könnte es sehen. (...) Ich danke Ihnen auch tausendmal für das Interesse, das Sie haben in der Aufführung von *Lady*. Ohne Sie wäre das nie zustande gekommen.« [13] Doch die Premiere der deutschen Erstaufführung des *Verlorenen Liedes* am Kasseler Staatstheater konnte auch Erich Lewinski nicht sehen; er besuchte mit seiner Frau eine spätere Aufführung, denn »es ging mal wieder schlecht mit dem Herzen, und der Doktor verordnete sofortiges Ausspannen für mindestens sechs Wochen«. [14] Aber an seinen Erholungsort ließ er sich die Kritiken senden, und die waren, auch in der überregionalen Presse, außerordentlich positiv. Lewinski wußte, wie wichtig dies war; er selbst hatte – wie auch sein durch die Nazis ermordeter Kasseler Kollege Max Plaut – in den zwanziger Jahren gelegentlich Besprechungen von Theater- und Musikaufführungen für Kasseler Zeitungen geschrieben. [15]

Rhetorisch fragte eine große überregionale Zeitung danach, wen in Kassel das ungewöhnliche Thema des *Verlorenen Liedes* interessieren und wer dort den Mut des Intendanten zu schätzen wissen würde? Die Antwort schloß sich gleich an:»Jede Vorstellung ist ausverkauft. Besucher aus allen Bevölkerungsschichten kommen und sind begeistert. Das Tagesgespräch in Kassel ist die Schauspielerin, die die ›Liza Elliott‹ verkörpert: Vera Salvotti-Ström. 1930 entdeckte sie Max Reinhardt (...). Ich habe noch nie eine Schauspielerin gesehen, die eine Rolle mit derart weit gespannten Ansprüchen – schauspielen, singen, tanzen, überaus seriös und aufreizend erotisch – so überzeugend gespielt hat. Ich kann die Metzgerfrau gut verstehen, die Frau Ström an ihrem Laden vorbeigehen sah, ihr nachlief und ihr begeistert eine große Wurst in die Hand drückte. Blumen haben ihr die Kasseler ohnehin genug ins Haus geschickt.« [16]

Die deutsch-schwedische Künstlerin, die in dem schwierigen Stück auf der nur behelfsmäßig hergerichteten Kasseler Bühne die Hauptrolle verkörpert hatte, sorgte für zusätzliche Publizität. Dem Stockholmer *Aftonbladet* erklärte sie in einem Interview: »Es war ein Wagnis, gerade mit diesem Stück jetzt nach Deutschland zu kommen; aber es war ein Erfolg ohne Beispiel. (...) Ich habe etwas ähnliches noch nicht erlebt. (...) Kassel war das Ziel aller Theaterinteressierten.« [17] Tatsächlich hat die Kasseler Inszenierung des *Verlorenen Liedes* Theatergeschichte gemacht. »Mit der Aufführung dieses faszinierenden Werkes erschien erstmals in Europa ein ausgesprochenes amerikanisches *musical*. Man datiert diesen Markstein in der europäischen Theatergeschichte heute meist mit der Wiener Erstaufführung von *Kiss me Kate* (...); das ist geschichtlich unzutreffend. Das Verdienst, das damals sogar in der New Yorker Presse gewürdigt wurde, gebührt Paul Rose und dem Staatstheater Kassel.« [18] Daß es auch Erich Lewinski gebührte, steht in keiner Theaterchronik und in keiner Pressekritik.

»Ich möchte annehmen, daß die Bahn für Weill'sche Opern und Shows damit in Deutschland gebrochen ist«, [19] schrieb er an Lotte Lenya.»Sie können sich denken, wie glücklich ich darüber bin, daß mein Drängen und Bohren nun dazu geführt hat, daß Weill in Deutschland wieder so erfolgreich durch die Presse gegangen ist. Ich bin neugierig, was nun nachkommen wird.« [20] Erich Lewinskis musisches Hauptinteresse galt von früher

Kindheit an zweifellos dem Lied, der Oper, dem Konzert, gefolgt von einer ausgeprägten Neigung für das Sprechtheater. Doch er liebte auch die Bildende Kunst. Um auf diesem kulturpolitischen Feld ebenfalls Anstöße geben und Einfluß nehmen zu können, gehörte er 1948 zu den Hauptinitiatoren einer Wiedergründung des Kasseler Kunstvereins. »Sein Bestreben ging dahin, auf allen Ebenen der ganzen Palette des kulturellen Lebens Bürgervereine zu schaffen und zu fördern, damit diese Demokratie aktive Bürger gewann. Und deshalb«, so erinnerte sich Hans Mangold, ein späterer Vorsitzender des Vereins, »hat er mit einigen anderen Leuten den Kasseler Kunstverein, der völlig nationalsozialistisch durchseucht und verrottet gewesen war, als Verein wiedergegründet.« [21] Wie bei seinem Engagement für die Volksbühne und für das Musiktheater war Lewinski auch hier nie selbst künstlerisch Tätiger, sondern immer Anreger, Vermittler, insofern allerdings durchaus Akteur im Kasseler Kunstbetrieb. »Immer war er Förderer. Seine Funktion sah er darin, für eine Infrastruktur zu sorgen und Brückenglied zu sein zum Staat, zu den Verwaltungen, zur Landesregierung und zur SPD.« [22]

Das Hauptanliegen des Kasseler Kunstvereins bestand zur damaligen Zeit in der Unterstützung junger Maler, Graphiker, Bildhauer. Lewinski aber wollte noch etwas anderes. Ihm lag daran, in Deutschland die Werke jener Künstler bekannt zu machen, die zwölf Jahre lang als »entartet« diffamiert worden waren; ihm lag auch daran zu vermitteln, was sich in jenen zwölf Jahren auf dem Gebiet der Malerei außerhalb der deutschen Grenzen entwickelt hatte. Aus diesem Grunde zählte er zu den Initiatoren der Gesellschaft »Abendländische Kunst des XX. Jahrhunderts«, die am 28. April 1954 ins Vereinsregister beim Amtsgericht Kassel eingetragen wurde. Erich Lewinski, inzwischen Landgerichtspräsident, firmierte als Zweiter Vorsitzender [23]; der Vorstand mit dem Versicherungskaufmann Heinz Lemke an der Spitze war sechs Wochen zuvor gewählt worden. Er tagte häufig und in der Regel in der Wohnung eines der Vorstandsmitglieder, darunter auch bei Erich und Herta Lewinski in der Stahlbergstraße 1.

Die Organisation mit dem etwas hausbackenen Namen begründete schon im folgenden Jahr eines der weltweit interessantesten Ereignisse der internationalen Kunstszene: die *documenta*.

Die außerordentlich große Bedeutung, welche die *documenta* als Spiegelbild der zeitgenössischen, auch der avantgardistischen Kunstströmungen sehr bald erhielt, hatten die Mitglieder der Gesellschaft »Abendländische Kunst des XX. Jahrhunderts« nicht zu erhoffen gewagt. Ihre Pläne waren zunächst bescheiden und doch, angesichts der damaligen Verhältnisse, kühn.

Kassel, auch in der ersten Hälfte der fünfziger Jahre noch von Kriegszerstörungen gezeichnet, darüber hinaus durch die Teilung Deutschlands von der einst zentralen in die östliche Randlage der neuen Republik geraten, war in vieler Hinsicht Notstandsgebiet. Als die Stadt den Zuschlag zur Veranstaltung der Bundesgartenschau 1955 erhielt, hoffte sie als »zerschlagenes oder gefährdetes Gemeinwesen«, wie Bundespräsident Heuss es damals ausdrückte, »die arge Not fruchtbar zu machen«. [24] Die Veranstaltung der Gartenschau sollte die Stadt vor drohendem Absinken in die Provinzialität bewahren helfen, sollte die Aufmerksamkeit vieler Besucher erregen und ihr einen Schub geben zur Teilhabe am »Wirtschaftswunder«.

Mit der Leitung des Unternehmens Bundesgartenschau wurde Hermann Mattern betraut, Professor für Grünplanung an der Kasseler Werkakademie und Mitgründer der Gesellschaft »Abendländische Kunst«. Für ihn verstand es sich von selbst, in Garten- und Landschaftsgestaltung die Bildende Kunst einzubeziehen. Bei seinem Akademie-Kollegen Arnold Bode, gleichfalls Mitglied der neuen Kunst-Gesellschaft, traf er auf begeisterte Zustimmung, denn ein großes Ausstellungsprojekt hatte der Malerei-Professor ebenfalls längst erwogen. Die Erinnerung an die Kasseler Kunstschau ist durch Bode geprägt; er gilt als »Vater der *documenta*«. Doch in Wahrheit hatte der Erfolg viele Väter; und die nicht aktiv künstlerisch Tätigen, die »nur« engagiert Kunstinteressierten, waren nicht die schlechtesten unter ihnen.

Geplant war lediglich eine die Bundesgartenschau begleitende Kunstausstellung; deren »Vorbereitung und Durchführung« war nach der von Erich Lewinski mehrfach überarbeiteten Satzung der Vereinszweck der Gesellschaft »Abendländische Kunst des XX. Jahrhunderts«. [25] Dabei erwartete man auch handfeste politische und vor allem wirtschaftliche Vorteile für die Kommune, denn durch das Ereignis, so hofften die Initiatoren, »rückt die

Stadt in den Mittelpunkt der allgemeinen Aufmerksamkeit«, wobei man »mit einer Reihe von Veranstaltungen (...) die vielseitigen Interessen der deutschen und ausländischen Besucher möglichst lange an Kassel zu binden« hoffte. [26]

Die *documenta* – erst später erhielt sie das Anhängsel *1* – wurde ein ungeheurer Erfolg. Die Tatsache, daß der Bundespräsident die Schirmherrschaft übernommen hatte und einem eigens gebildeten Ehrenausschuß nicht nur drei Bundesminister, sondern auch zahlreiche in Bonn akkreditierte Botschafter angehörten, gab der Veranstaltung zusätzliches Gewicht; zudem wurden dadurch auch die großen Anstrengungen der Initiatoren gewürdigt, derer im späteren Presseecho wenigstens gelegentlich gedacht wurde: »Die persönliche Initiative eines kleines Freundeskreises stand am Beginn des großartigen Unternehmens«, das »nach Umfang und Bedeutung nur mit historischen Ausstellungsereignissen, wie der Kölner ›Sonderbund-Ausstellung‹ des Jahres 1913 oder der großen internationalen Schau zu Dresden im Jahre 1926 zu vergleichen« sei. [27]

Der im Krieg schwer beschädigte und auch zehn Jahre später erst provisorisch wiederhergestellte klassizistische Bau des Fridericianum in der Kasseler Innenstadt, noch heute Zentrum der *documenta*, war als Ausstellungsort gewählt worden. Er bildete einen interessanten, damals noch sehr ungewohnten Kontrast zu den etwa 700 Werken der Moderne, die an rasch hochgezogenen, getünchten Ziegelwänden und schlichten Platten hingen und zum großen Teil noch niemals in Deutschland gezeigt worden waren. Aber die Besucher lernten in jenen zwei Sommermonaten des Jahres 1955 nicht nur die Malerei und die Bildhauerei des Auslandes kennen, nicht nur Werke von Matisse, Marini, Mondrian oder Moore, sondern auch Bilder und Plastiken der in Deutschland ehemals verfemten Künstler, wie Max Beckmann, Ernst-Ludwig Kirchner, Franz Marc oder Paula Modersohn-Becker. »135 000 Menschen gingen lachend, verärgert und erschüttert durch die ›documenta‹«, resümierte der Berliner *Telegraf*, der der »Opferwilligkeit von Stadt, Land und privater Seite (...) rasch ein Blatt des frischesten Lorbeers« spendete. [28]. Das positive Echo, auch in der ausländischen Presse, war überwältigend. Die parallel veranstalteten Theateraufführungen boten, wie die Kunstschau,

Zeitgenössisches – und das war in Deutschland nach zwölf Jahren unterm Hakenkreuz absolut Neues.

Erich Lewinski erlebte die *documenta 1* und die sie begleitenden kulturellen Veranstaltungen noch mit. Aber an den Vorstandssitzungen der Gesellschaft »Abendländische Kunst des XX. Jahrhunderts« hatte er nach der Vorbereitungsphase zu der herausragenden Kunstschau – wahrscheinlich wegen seines äußerst angegriffenen Gesundheitszustandes – nur noch selten teilgenommen; und auch während des Jahres der ersten *documenta* war er immer wieder krank und leidend. Als die Ausstellung im Oktober 1955 geschlossen wurde, hatte er noch fünf Monate zu leben.

Damals, im Herbst 1955, kam seine Schwester Eva nach 22 Jahren zum ersten Mal nach Deutschland. »Wir beide und auch seine schöne, tapfere Herta wußten, daß er bald sterben würde. Und doch waren wir in der Lage, Freude und Dankbarkeit dafür zu empfinden, daß wir noch einmal zusammen sein konnten.« [29]

[1] Erich und Herta Lewinski an Minna Specht, Forest Hills, N.Y., 8. 1. 1946.   [2] Ebd.   [3] Vgl.: *Die Theatergemeinde*, herausgegeben von der Volksbühne Kassel e.V., Ausgabe April/Mai 1959, hier bes. die Beiträge *Aufschwung aus dem Nichts: Volksbühne Kassel besteht zehn Jahre*, S. 130 ff.; *Zum Tode von Theodor Hüpeden*, S. 126; *Abschied von Theodor Hüpeden*, S. 127 ff.   [4] Erich Lewinski gleichlautend an mehrere Freunde in den USA, Kassel, 23. 7. 1947.   [5] Die Bekanntschaft war höchstwahrscheinlich durch den gemeinsamen Freund Maurice de Abravanel vermittelt worden.   [6] Erich Lewinski an Kurt Weill, Kassel, 14. (?) 2. 1948.   [7] Ebd.   [8] Ebd.   [9] Lotte Lenya-Weill an Erich Lewinski, o. O., 11. 5. 1950.   [10] Ebd.   [11] Erich Lewinski an Lotte Lenya-Weill, Kassel, 31. 7. 1950.   [12] Lotte Lenya an Erich Lewinski, o. O., 6. 11. 1950.   [13] Lotte Lenya an Erich Lewinski, o. O., 23. 4. 1951.   [14] Erich Lewinski an Lotte Lenya, Freudenstadt, 16. 5. 1951.   [15] Information durch Zeitgenossen Lewinskis und durch dessen Sohn. Auch Erich Lewinski selbst hat darüber berichtet. »*I wrote critics for several newspapers about 15 years ago*«, notierte er 1944 in den USA in Zusammenhang mit der Bewerbung um einen Job. – Durchschlag des Schreibens und des anhängenden ausgefüllten Formularsatzes von Erich Lewinski an das *Office of Strategic Services* in Washington D.C., Forest Hills, NY, 8. 2. 1944.   [16] *Welt am Sonntag*, 17. 6. 1951.   [17] Übersetzt zitiert in den *Hessischen Nachrichten*, 24. 7. 1951.

[18] Christiane Engelbrecht u. a.: *Theater in Kassel – Aus der Geschichte des Staatstheaters Kassel von den Anfängen bis zur Gegenwart*, Kassel 1959, S. 205.   [19] Erich Lewinski an Lotte Lenya, Freudenstadt, 30. 5. 1951.   [20] Erich Lewinski an Lotte Lenya, Kassel, 22. 6. 1951. [21] Mündl. Mitteilung von Hans Mangold, Kassel, 29. 7. 1993.   [22] Ebd. [23] Eintrag Nr. 357 vom 28. 4. 1954, Amtsgericht Kassel, Vereinsregister, Documenta-Archiv Kassel, d 1, Mappe 8.   [24] *Kassel 1955 – Die Stadt im Jahr der ersten documenta*, Katalog einer Ausstellung im Stadtmuseum Kassel, bearbeitet von Christian Bromig u. Alexander Link, Marburg 1992, S. 95.   [25] § 2 der Satzung des Vereins »Abendländische Kunst des XX. Jahrhunderts«, Documenta-Archiv Kassel, d 1, Mappe 9.   [26] Unterlagen zum Plan einer »Europäischen Kunstausstellung des 20. Jahrhunderts« während der Bundesgartenschau 1955, unterzeichnet von Arnold Bode, Herbert von Buttlar, Fritz Hoch, Heinz Lemke, Erich Lewinski, Hermann Mattern, Documenta-Archiv Kassel, d 1, Mappe 8. [27] *Westfälische Nachrichten* vom 27. 7. 1955, auch im Documenta-Archiv, d 1, Mappe 2.   [28] *Telegraf* Berlin, 16. 10. 1955, auch im Documenta-Archiv, d 1, Mappe 5.   [29] Eva Lewinski-Pfister, Otto Pfister: *To Our Children*, unveröffentlichtes Manuskript, Canoga Park, Kalifornien, USA April 1979, S. 103.

DER POLITISCHE RICHTER

Lewinskis Tod bedeutete für viele, besonders für jüngere Menschen eine tiefe Erschütterung, einen Einschnitt in ihrem Leben. Es waren nicht nur die Pflege der vielfältigen Interessen, das außergewöhnliche Engagement, die Güte und Herzlichkeit, die ihn ausgezeichnet hatten und die nun fehlten; nein, Erich Lewinski war für die Jüngeren auch eine moralische Instanz gewesen, und als solche hatte er ihnen eine Richtschnur gegeben in einer an Orientierungsmöglichkeiten armen Zeit. Orientierung vermittelte er vor allen Dingen auch mit seinem Verständnis vom Richteramt.

Hans Mangold hat besonders eindringlich beschrieben, wie stark die Wirkung gewesen war, die Erich Lewinski auf ihn, den damals jungen Juristen, ausgeübt hatte. Geboren 1915, war Mangold im Krieg als Soldat eingezogen gewesen und erst nach 1945 dazu gekommen, sein juristisches Studium in Göttingen zu beenden. Dort wurde er, der als junger Mensch kurze Zeit der NSDAP angehört hatte, Mitglied der SPD. Daß die Partei gerade in dieser Stadt seinen Vorstellungen nahekam, lag an deren starker Prägung durch den dort einst entstandenen Internationalen Jugendbund und den Internationalen Sozialistischen Kampfbund.

»In Göttingen waren die meisten zurückgekehrten ›Feldgrauen‹ unter den Studenten und den Professoren parteiübergreifend darin einig: Das darf nicht wieder passieren! Ausdruck fand das in der Gründung (...) politischer Studentengruppen, von denen die liberal-demokratische und die sozialistische, die Peter von Oertzen leitete, am aktivsten waren; zur sozialistischen gehörte unter anderem auch ich.« [1] Einige unter diesen politisch aktiven Studenten der Nachkriegszeit begegneten später, als Referendare, Erich Lewinski in Kassel.

Lewinski wurde für die jungen Juristen, wie Hans Mangold sich erinnerte, »zum größten und nachhaltigsten Erlebnis: ein Menschenmagnet mit der Gabe, uns mit Herzlichkeit, ja mit offenen Armen zu empfangen – aber auch zu fordern, uns den ganzen Bildungshorizont zu öffnen, von Rechtsphilosophie über Musik (Prokofjew-Konzerte und Mahlers *Lied von der Erde* hörten wir zuerst bei ihm in der Stahlbergstraße) bis hin zum Theater und zu moderner Kunst. Er rüttelte uns aber auch auf, gegen die Trägheit des Herzens anzugehen, uns die Frage ›Was ist der Mensch?‹ immer neu zu stellen. Er gab uns Lehrer wie Fritz Werner und holte Adolf Arndt zu Diskussionen mit uns nach Kassel. So strenge Forderungen Erich Lewinski auch stellen konnte – er strahlte Wärme und Vertrauen in uns aus. Er, der so viel Grund zu Mißtrauen, Verbitterung gehabt hätte nach allem, was er nach 1933 erlebt hatte – vertraute uns! Das fand ich einfach hinreißend, und deshalb bin ich sehr schnell zu einem großen Bewunderer von ihm geworden.« [2]

Bewundert wurde Lewinski aber auch als Vortragender, als Lehrer. Da beeindruckte – was auch in seinen Briefen und hinterlassenen Aufzeichnungen erkennbar ist – die plastische, immer auf das Leben bezogene und an der juristischen Praxis orientierte Darstellungsweise von Problemen und Lösungsansätzen. »Erich Lewinski zu erleben, war für uns Referendare, die wir sonst schon glücklich waren, irgendwelche Brotmarken von Müttern oder Schwiegermüttern zugesteckt zu bekommen, ein Ereignis: Der Jude, der Deutsche ostpreußischer Provenienz, der Rechtsanwalt, der nun Richter war und uns die Gefährdungen des Rechts an dem Schicksal seiner eigenen Person sehr deutlich machen konnte, wurde zur entscheidenden Leitfigur.« [3]

Erich Lewinski verstand sich auch im Richteramt als ein politischer Mensch und wünschte, jeder deutsche Jurist möge die gleiche Auffassung von sich und seinem Beruf haben. Einem Vortrag, den er 1948 erstmals hielt, hatte er den Titel *Der politische Richter* gegeben. [4] Schon im Exil hatte er die Arbeit an dem Text begonnen. Die endgültige Fassung scheint ihm so wichtig gewesen zu sein, daß er sie später nicht nur vortrug, sondern, mit Widmung versehen, in Kopie auch mehrfach an Freunde verschenkte.

Weil »Politik etwas zu tun hat mit Rechtlichkeit und mit sittlichen Anforderungen an Menschen«, war nach Lewinskis Überzeugung der politische Richter dadurch gekennzeichnet, »daß für ihn Gesetzesanwendung und Berufsausübung bedeutet: bewußte

Teilnahme und Verantwortung an der vernünftigen Gestaltung des öffentlichen Lebens, d. h. an der auf die Herbeiführung von Rechtszuständen ausgerichteten Politik«. [5] Vor dem Hintergrund des Versagens der deutschen Justiz während der Nazi-Zeit mochte die Äußerung einer solchen Überzeugung geradezu blauäugig wirken. Und dennoch war es gerade dieses Fehlverhalten deutscher Juristen, das Lewinski zur besonderen Betonung der Bedeutung des »politischen Richters« veranlaßte.

In der Emigration hatte es Erich Lewinski als eines der schmerzlichsten Erlebnisse empfunden, »daß die Vertreter des deutschen Rechtslebens (...) schwiegen, intensiver schwiegen als die Menschen einer anderen Schicht oder Berufsgruppe in Deutschland. (...) Wie war so etwas möglich? – Ich meine, den tiefsten Grund dafür in folgendem Umstand zu sehen: Die meisten dieser Menschen hatten sich nicht hinreichend mit dem aller Justiz zugrunde liegenden Problem des Rechts und der Gerechtigkeit auseinandergesetzt (...). Die Erziehung, die diese Juristen und insbesondere auch die Richter erfahren hatten, war in erster Linie auf Wissensvermittlung ausgerichtet gewesen, und nur wenige waren so glücklich, in dieser dem Relativismus und dem Positivismus verschriebenen Zeit Lehrer gehabt zu haben, die das Verständnis dafür zu wecken wußten, (...) daß ›Recht‹ in das Gebiet der Ethik gehört und daß deshalb jeder Jurist sich mit den philosophischen Problemen der Ethik auseinandersetzen sollte – dieser Wissenschaft, die in ihrem praktischen Teil uns Regeln dafür aufzeigt, wie der Mensch sich verhalten soll, und zwar nicht nur der Mensch, der vor den Richter kommt, sondern auch derjenige, der hinter der Barriere als Richter tätig ist. Daran hat es in der Vergangenheit entscheidend gefehlt, und ich führe das Versagen großer Teile der deutschen Justiz vor 1945 weitgehend auf diesen Umstand zurück.« [6] Es waren also Juristen herangebildet und tätig geworden, die das Recht rein technisch ausgelegt und angewandt hätten – als »Hüter einer garantierten Ordnung, von der keineswegs feststeht, daß sie nicht im Grunde eine tiefe Unordnung war«. [7]

Erich Lewinski ging noch weiter, wurde noch grundsätzlicher. Er verlangte von der Richterschaft in einem erneuerten deutschen Staatswesen, daß sie aktiv dazu beitrage, rechtliche Zu-

Urteilsverkündung 1947 im ersten großen deutschen Wirtschaftsprozeß: »Konflikte können nur gelöst werden, wenn das Gesetz zurücktritt hinter der Idee der Gerechtigkeit.«

stände herzustellen. Was er darunter verstand, bezeichnete er mit einem einzigen Wort: Gerechtigkeit. Wo sie herrsche, würden Entscheidungen einzig »nach dem Gesetz der Gleichheit alles dessen, was Menschenantlitz trägt«, getroffen werden. [8] Weil jedoch die Negativbeispiele damals noch so furchtbar nahe waren, schien es Lewinski anschaulicher zu sein, Recht auf der Basis von Gerechtigkeit dadurch zu beschreiben, was es nicht ist. Recht sei nicht, »was dem deutschen Volke oder wem sonst immer in der Welt nützt. Die Geschichte der Jahre 1933 bis 1945 hat bewiesen, daß die konsequente Fortführung dieses Gedankens, daß Recht sei, was nütze, in direkter Linie zum Verbrechen führt und zur hemmungslosen Beseitigung aller moralischen und sittlichen Werte. Recht ist eine konstante Größe, die einzige Richtschnur für die Menschheit, will sie hinaus und hinüber über die Jahrhunderte und Jahrtausende von Kriegen, von organisiertem Mord, von nur technischen Fortschritten und gleichzeitig humanitären Rückschritten.« [9]

Lewinski hatte Verständnis dafür, daß die Menschen der frühen Nachkriegszeit staatlichen, auch gesetzgeberischen und gesetzvollziehenden Maßnahmen gegenüber tiefes Mißtrauen hegten. Es mußte deshalb zuerst Rechtssicherheit geschaffen werden – ein Ziel, dessen Verwirklichung damals der Quadratur des Kreises gleichzukommen schien.

Die Deutschen der Zeit nach Hitler waren verunsichert, nachdem sie eine verbrecherisch tätig gewesene Justiz erlebt hatten, die individuelle Rechte zugunsten des vermeintlichen Wohles eines diffusen Volksganzen abgeschafft hatte. Die Maßnahmen der NS-Justiz hatten, wie Erich Lewinski für eine frühe Ausgabe der von Willi Eichler herausgegebenen Zeitschrift *Geist und Tat* schrieb, dazu gedient, »dem nationalsozialistischen Richter die Handhaben zu geben, unter dem Deckmantel der Rechtsprechung die nationalsozialistische völkische Lebensordnung zu festigen und jeden unschädlich zu machen, der es wagte, gegen sie anzugehen«. [10] Der Begriff der Rechtsverletzung war durch den nach Gutdünken interpretierbaren Begriff der Pflichtverletzung ersetzt worden. »Als Verstoß gegen diese Pflicht wurde alles angesehen, was den angeblichen Belangen des deutschen Volkes zuwiderlief. Die Sicherung der Rechte des einzelnen hatte völlig in den

Hintergrund zu treten gegenüber dem Interesse des nationalsozialistischen Staates. (...) Oberste Erkenntnisquelle der Justiz wurde der autokratische Wille des Führers und das sogenannte ›gesunde Volksempfinden‹ (...). Das positive Gesetz (...) konnte vom Richter gebeugt und gedehnt werden, je nach völkischem Bedarf.« [11] Um so bedeutender war nach Niederschlagung des Regimes die Schaffung neuen Vertrauens. Lewinski sah in der »Wiederherstellung der ›Rechtssicherheit durch Vorausbestimmbarkeit‹ (...) eine der wichtigsten Aufgaben des neuen Deutschlands. Das Verschwinden der Furcht vor richterlicher Willkür ist eine der Voraussetzungen für den Aufbau einer gesunden Justiz.« [12]

Die Lösung dieser schwierigen Aufgabe wollte er nicht auf die Politiker abgewälzt wissen. Er, der selber Opfer der NS-Justiz geworden war, verlangte, daß die Richterschaft das Vertrauen der Menschen erarbeiten und erkämpfen müsse. »Daß nun aber zu diesem Zweck die ›Entpolitisierung‹ der Richter zu erfolgen habe, ist ein Fehlschluß, der auf dem Verkennen der Zusammenhänge beruht. Daß das Gesetz nicht willkürlich verletzt werde, daß es nicht auf Befehl von wirtschaftlichen und politischen Machthabern gebeugt, nicht heute so und morgen anders (...) angewandt werde, daß der Richter unabhängig sei, kurz: daß das Recht sicher sei, ist nichts anderes als eine Forderung des obersten Prinzips der Gerechtigkeit. Es ist eine politische Forderung, da sie sich auf die äußere Gestaltung des Verkehrs der Menschen bezieht.« [13]

Doch auch nach einem enger verstandenen Politik-Begriff, beispielsweise im Rahmen demokratisch funktionierender Parteien, sollten, nach Lewinskis Verständnis, Richter sich betätigen können. Als freier Bürger und als Individuum im gesellschaftlichen Geschehen müsse »der Richter, der (...) meint, daß seine Beschäftigung mit den Rechtsproblemen und seine Erfahrungen im Dienst der Rechtsprechung der Weiterentwicklung der gesetzgeberischen Bemühungen um den Rechtsstaat von Nutzen sein können, (...) die Freiheit haben, seine Mitarbeit in Parteien (...) zur Verfügung zu stellen, die die Verwirklichung des Rechtsstaates fordern und fördern«. [14]

Er selbst, Lewinski, handelte danach. Er betätigte sich politisch in der SPD, aber auch außerhalb der Partei; er hielt Vorträge über sein Verständnis von Gerechtigkeit und Richteramt; er lebte weiterhin nach den in jungen Jahren schon angenommenen Prinzipien des Jugendbundes mit seinem ethisch stringenten Gedankengebäude, das er nie in Frage stellte, und blieb, wie Hans Mangold es ausdrückte, »lebenslang ein strenger Schüler Nelsons.« [15] Im beruflichen und politischen Bereich, die bei ihm übrigens kaum zu trennen waren, bemühte sich Erich Lewinski zunächst vor allen Dingen um die Schaffung der Voraussetzung für eine Gesellschaft in Gerechtigkeit: um die Wiederherstellung des Vertrauens in die deutsche Justiz.

Er wußte, wie schwer das war; er machte sich keine Illusionen über die politische und moralische Verwilderung, die das Nazi-Regime hinterlassen hatte. Er sah mit Sorge den Mangel an Juristen, die willens und befähigt waren, Recht nach ethischen Maßstäben zu gestalten; er erlebte, daß selbst Gutwillige an der Vielfalt gesetzgeberischer Maßnahmen in einem noch zersplitterten Land mit verschiedenen Besatzungsregimes zu scheitern drohten. Aber er erblickte, besonders nach seinen Erfahrungen in den USA, in dem aufzubauenden demokratischen Staatswesen am ehesten die Möglichkeit, Recht und Gerechtigkeit nach seinen hohen moralischen Maßstäben zu schaffen.

Das war notwendigerweise ein längerer Prozeß – zu langwierig und für die Deutschen der Nachkriegszeit wohl auch zu abstrakt, um kurzfristig zur Wiederherstellung ihres Vertrauens in das Rechtswesen beitragen zu können. Deshalb erschien Lewinski die Anschauung besonders wichtig; die Menschen sollten eine an Gerechtigkeit orientierte Rechtsprechung unmittelbar erfahren können, zum Beispiel, indem sie erlebten, wie die Justiz mit örtlichen ehemaligen NS-Verbrechern umging.

Erich Lewinski wirkte in mehreren Prozessen gegen ehemalige Nazis als Vorsitzender Richter. [16] Die politische Atmosphäre, in der derartige Verhandlungen stattfanden, empfand er als bedrückend und besorgniserregend – ein Umstand, an dem seiner Auffassung nach die US-Militärbehörden nicht ganz schuldlos waren. »Ihr Demokratieverständnis hat die Amerikaner veranlaßt, Rechts-Parteien zu früh zuzulassen, und dadurch treten eine Menge alter Nazis recht dreist auf (...). Sie gebärden sich, als sei es ein Unrecht, sie für Verbrechen zu bestrafen, die sie in der

Nazi-Zeit ganz offen verüben konnten. Da müssen wir oft kühles Blut bewahren und diese Dinge mühsam herausarbeiten. In der Regel komme ich damit ganz gut zurecht; aber es gibt, wie ich gestehen muß, Augenblicke, in denen man sich ziemlich niedergedrückt fühlt. Aber wie könnte es anders sein? Die zwölfjährige verbrecherische Hölle hat notwendigerweise eine Menge Spuren in den Menschen hinterlassen.« [17]

Nicht immer gelang es Lewinski, während der Verhandlungen gegen frühere Nazis »kühles Blut« zu bewahren. In einem Fall hatte er vor Gericht sogar Zusammenstöße mit deren Verteidigern, ein Vorfall, bei dem er sich zwar nicht als ungerecht, jedoch selbstkritisch als schlechten Prozeßleiter beurteilte. Es war die gesamte Atmosphäre, die ihn hatte nervös, ungeduldig, ja unduldsam werden lassen. Deprimiert notierte er im Dezember 1948: »Ich glaube an einige Menschen, und ich glaube an die Möglichkeiten in den Menschen zum Guten. Deshalb gebe ich mich gern aus, verbrauche und verpulvere mich ohne Bedenken. Aber dann kommen doch gelegentlich solche Zeiten, (...) wo alles, was man tut, so völlig sinnlos und fast völlig hoffnungslos erscheint. In dem Prozeß ist (...) die Atmosphäre herunterziehend und deprimierend, diese Atmosphäre des Sich-Wieder-Aufreckens der alten Nazis, des weit über das Maß des Verteidigens hinausgehenden Sich-Identifizierens der Verteidiger mit den – ich will nicht sagen – Ideen der Nazi-Angeklagten, aber deren Versuch, alles, was damals geschah, als verhältnismäßig harmlos hinzustellen, ja belanglos. Gewiß werden mitunter die großen Worte laut, wie sehr man die furchtbaren Greuel von damals verurteile, wie schrecklich das alles gewesen sei, was – anderswo geschah.« [18] Und über die Verteidiger stellte er fest: »Nur wenige haben den Mut und die Verantwortung, ihren Mandanten eindeutig zu sagen, was für eine Schande die Feigheit sei, mit der sie um ihre Taten herumgingen, sie abstritten. Und noch weniger Anwälte haben die Courage, dann auf so ein Mandat zu verzichten.« [19] Schockiert war Lewinski besonders, wenn er erlebte, daß geleugnet wurde, welche Macht SA und SS gehabt hatten: »Das heißt, daß diese Leute heute noch nicht begriffen haben (oder sie haben es schon wieder vergessen), was historische Tatsache ist und was eine der Grundlagen für das Nazi-Terrorsystem gebildet hat.« [20] Anwälte, die weder die Situation unterm Nationalsozialismus beschönigten noch die Tat ihres Mandanten, die aber gleichwohl hervorragende Verteidiger waren, erlebte Lewinski als Richter höchst selten. Schon in den frühen Nachkriegsjahren machte er eine andere Beobachtung, die ihm sehr zu denken gab: »Obgleich ein Verteidiger nicht wagen würde (und sicher nicht, mir ins Gesicht hinein), den Terror der Nazis, ihre fortlaufenden Überfälle auf ihre politischen Gegner zu bestreiten, wird dieser Anwalt (und es ist nicht etwa ein Ausnahmeanwalt) immer versuchen, den linken Belastungszeugen jeder Art von Lügen zu bezichtigen und dessen Aussage durch die der Nazi-Angeklagten als widerlegt ansehen.« [21] Lewinski räumte ein, daß auch Belastungszeugen aus der politischen Linken gelegentlich unrichtige Aussagen machten, jedoch keineswegs in dem Ausmaß, wie ihnen »jede Art von Lügen« regelmäßig unterstellt wurde. Er sah klar und deutlich, daß Zeugen aus der politischen Linken in aller Regel als die weniger glaubwürdigen galten, daß andererseits Delikte ehemaliger Nazis weniger schwer eingestuft wurden als sie tatsächlich gewesen waren. Er fragte sich, wie Staatsanwälte sich verhielten, »wenn etwa Kommunisten die Greuel begangen hätten, heute auf den Anklagebänken säßen und von (...) Angehörigen der ›besseren‹ Kreise (...) belastet würden. Die Antwort ist klar – zum Verzweifeln klar. Steuern wir schon wieder mit der Jusitz in die Richtung, in der sie ab 1920 ging?« [22]

Eine der Ursachen für diese Entwicklung sah Erich Lewinski in der Art und Weise, in der die Entnazifizierungsverfahren stattfanden. In der amerikanischen Besatzungszone wurden sie am schärfsten gehandhabt. Es mußten Formulare mit weit über hundert Fragen beantwortet werden – nach Dienstverhältnissen, Mitgliedschaften, Auslandsreisen, Vorträgen, Veröffentlichungen, Einkommensverhältnissen, Adressenwechseln seit dem Jahr 1923. Im März 1946 übertrugen die US-Militärbehörden den Deutschen die Aufgabe der sogenannten Entnazifizierung. In Städten und Kreisen wurden Spruchkammern eingerichtet, die jeden Bürger über 18 Jahren erfassen, befragen sowie nach den Kategorien »Hauptschuldige«, »Belastete«, »Minderbelastete«, »Mitläufer«, »Entlastete« beurteilen und gegebenenfalls bestrafen sollten.

In den Westzonen, in denen mehr als sechs Millionen Fälle behandelt wurden, endete die Aktion erst, nachdem die Bundesrepublik Deutschland bereits entstanden war. Doch wirklich zufrieden war kaum jemand; das Verfahren hatte schon im Ansatz zu viele Mängel. Erich Lewinski beurteilte in erster Linie viele der Spruchkammervorsitzenden als inkompetent, andere als zu großzügig gegenüber früheren Mitgliedern nationalsozialistischer Organisationen. Eine beachtliche Zahl der Verfahren diente, so fand er, »statt der Denazifikation der Renazifikation«. [23]

Im übrigen stellte er schon ein Vierteljahr nach seiner Rückkehr aus den USA fest, kein früherer Nationalsozialist wolle »ein echter Nazi gewesen sein. Manchmal hat man das Gefühl, außer Hitler, Himmler und den 24 Gauleitern hat es in Deutschland keine Nazis gegeben. Vor den Spruchkammern suchen sich jedenfalls die Betroffenen zu entschuldigen, und jeder versucht, möglichst viele Bescheinigungen darüber beizubringen, daß er doch einmal einen Juden auf der Straße gegrüßt hat.« [24] Bitter-ironisch berichtete er weiter: »An dem Putsch vom 20. Juli 1944 haben offenbar sämtliche Einwohner Deutschlands teilgenommen. Jedenfalls tauchen vor der Spruchkammer nicht viele auf, die nicht durch irgendwelche Beziehungen damit verbunden sein wollen. Das ist natürlich ein bißchen übertrieben; aber tatsächlich ist es ziemlich erschütternd, mitanzusehen, wie wenige Menschen aufrecht und ehrlich dazu stehen, daß sie einmal Nazis waren. So werden einem schließlich noch diejenigen sympathisch, die offen erklären, daß sie wirklich einmal (...) in die Partei gegangen sind.« [25]

Mit dem Ansinnen, »Persilscheine« zum Reinwaschen von der eigenen NS-Vergangenheit zu erhalten, hatten verschiedene Personen auch bei Erich Lewinski vorgesprochen. Er schämte sich, soviel Würdelosigkeit bei Mitmenschen feststellen zu müssen. »Man muß mitunter über die Unverfrorenheit staunen, mit der die Leute an einen herantreten und Hilfe erwinseln wollen. (...) Im wesentlichen sind es dieselben Leute, die Anfang 1933 in das nächste Haus gingen, um einem auf der Straße auszuweichen.« [26]

Der Prozeß, dessen Verlauf Lewinski im Atmosphärischen so

sehr bedrückte und dessen Gegenstand ihm im Stofflichen als schwierig erschien, war Anfang Dezember 1948 eröffnet worden; Lewinski notierte wenige Tage nach Verhandlungsbeginn darüber: »1933, im März, kurz vor der Wahl, fand in einem Dorf in der Nähe von Kassel ein Zusammenstoß zwischen SA und SS und führenden Nazis, die Polizei zur Hilfe hatten, einerseits und Dorfbewohnern, zum größten Teil Sozialdemokraten, und einigen Kommunisten andererseits statt. Noch im März 1933 hatte die Strafverhandlung gegen die Linken stattgefunden, und ein Urteil mit entsetzlich hohen Strafen war gefällt worden: Sieben Angeklagte bekamen je acht Jahre Zuchthaus wegen Aufruhrs – ein Urteil, so angreifbar wie ein Urteil nur sein kann. (...) Fest steht (...), daß die damaligen Angeklagten, selbst wenn alles stimmte, was in dem Urteil gegen sie festgestellt ist, mangels Beweises hätten freigesprochen werden müssen. – Heute stehen die damaligen Zeugen, sieben Nazis, vor Gericht; die damaligen Angeklagten sind Zeugen. Die erste Schwierigkeit ist, bei einer solchen Situation die Wahrheit festzustellen oder wenigstens etwas, das sich ihr annähert. Es ist klar, daß die Angeklagten, die sich ja heute zu verteidigen haben, was ihr gutes Recht ist, nicht die Wahrheit sagen. Es ist ebenso klar, daß die Zeugen in zahlreichen Punkten objektiv die Unwahrheit sagen, obgleich ich bisher bei keinem den Eindruck habe, daß auch nur einer etwas anderes sagt als das, wovon er ehrlich überzeugt ist. Aber das Leiden von acht Jahren Zuchthaus, die Erbitterung wegen eines – wie sie von der ersten Minute an und wahrscheinlich mit Recht meinten – ungerechten, präjudizierten Urteils, machen es fast menschlich unmöglich, subjektiv gerecht zu sein...« [27]

Trotz der Enttäuschungen im Politischen und im Menschlichen war Erich Lewinski gern Richter. Nie vergaß er den Augenblick, in dem er zum ersten Mal in dieser Funktion einen Gerichtssaal betreten hatte. Ganz seltsam war es ihm vorgekommen, in schwarzer Robe, das Barett auf dem Kopf, begleitet von seinen Beisitzern, den Saal zu betreten, in dem die Menschen aufstanden und sich erst setzten, nachdem er dies getan hatte. »Ich fühlte mich sehr eigentümlich und hatte etwas wie einen Kloß im Hals. Alles schwamm mir vor den Augen, und ich fühlte in großer Feierlichkeit die Verantwortung, die mir nun gegeben worden war.

Meine Stimme mußte erst wieder fest werden, und ich brauchte wirklich einige Minuten, bis ich wieder ruhig und sicher war. (…) Auch jetzt empfinde ich noch – und ich hoffe, ich werde dieses Gefühl niemals verlieren, solange ich Richter bin –, daß es eine der verantwortungsvollsten Aufgaben überhaupt ist, ein Richter zu sein, der versucht, fair, gerecht, weise, unabhängig zu sein, und der täglich neu versucht, fairer, weiser und unabhängiger zu werden.« [28]

Außerhalb des Gerichtssaals aber gab es keine Insignien des Amtes, und ein Richter unterschied sich in den frühen Jahren nach Kriegsende wenig von seinen Mitmenschen. Allerdings hatte er es unter Umständen schwerer; denn ihm als Beamten war es verwehrt, das karge Kontingent der auf Marken ausgegebenen rationierten Lebensmittel durch Tauschgeschäfte etwas aufzubessern. Deshalb erlebte Erich Lewinski Kollegen, die sich einige Tage frei nahmen, um im Wald Brennholz für den Winter zu sammeln, und andere, die auf Stoppelfeldern Ähren zur Verbesserung ihrer miserablen Ernährungssituation auflasen; denn Richter hatten als Geistesarbeiter, anders als körperlich tätige Menschen, auch bei einem Zwölfstundentag keinen Anspruch auf Zusatzrationen und mußten täglich mit den 1000 ihnen zugebilligten Kalorien auskommen.

Für derartige Hamstertouren hatte Lewinski Verständnis. Dagegen lehnte er mit einer Entschiedenheit, die in der Rückschau realitätsfern erscheinen mag, jede Art von Tauschgeschäften ab. Was damals für viele die Vermeidung hungerbedingter Mangelerkrankungen, für andere allerdings auch gewinnbringendes Geschäft bedeutete und im übrigen gang und gäbe war, lag nach Auffassung Lewinskis völlig außerhalb des Tolerierbaren. Der Handel, den er in diesem Zusammenhang beispielhaft nannte, dürfte ihm selbst oder seiner Frau Herta angetragen worden und kein Einzelfall gewesen sein: ein Eimer voller Blaubeeren gegen ein Päckchen Kaffee. Rhetorisch fragte er, der derartige Geschäfte »unter keinen Umständen« [29] zu machen bereit war, in einem seiner Berichte aus dem Trümmerland: »Wieso soll jemand, der Kaffee geschickt bekommen hat, ihn nicht eintauschen gegen Heidelbeeren, um sich dann aus den Heidelbeeren eine Marmelade zu kochen, die über den Winter reicht? Aber so fängt es an, und wo ist dann die Grenze? Man nennt diese Tauschgeschäfte jetzt ›Kompensationsgeschäfte‹, und wenn bis vor kurzem das populärste Wort in Deutschland das Wort ›Kalorien‹ war, so ist es jetzt das Wort ›Kompensationsgeschäft‹. (...) Das fängt mit Heidelbeeren an, und jemand, der so etwas tauschen will, hat nicht das Gefühl, etwas Unrechtes zu tun. Aber das hört bei der Industrie auf, und so verschwindet unter Umständen der größte Teil der produzierten Konsumptionsgüter, und die Menge der Verbraucher sieht in den Mond. Für die innerdeutsche Wirtschaft ist dieses Problem zu einem der brennendsten geworden.« [30]

Als Erich Lewinski diese Zeilen im Hochsommer 1947 an Freunde in den USA schrieb, war er bereits intensiv mit den Vorbereitungen zu einem Prozeß beschäftigt, der in der Öffentlichkeit auf ein außergewöhnliches Maß an Interesse stieß. Es ging um ein Unternehmen in Kassel; und es ging um »Kompensationsgeschäfte« großen Stils.

Die vollständige Reglementierung des Wirtschaftsgeschehens in den drei Westzonen war mit Schaffung der Bi-Zone ein wenig gelockert worden. Ab Jahresbeginn 1947 sollten das amerikanische und das britische Besatzungsgebiet als wirtschaftliche Einheit behandelt werden; Ziel war deren ökonomische Selbständigkeit bis Ende 1949. Aber Deutschland befand sich auf einem so niedrigen Stand, wie er ein ganzes Jahrhundert lang in der westlichen Welt nicht mehr festgestellt worden war. An Produktions- und Handelsfreiheit war zunächst auch innerhalb der Bi-Zone nicht zu denken; Zwangsbewirtschaftung wurde weiterhin als erforderlich angesehen. Sie schien die einzige Möglichkeit zu sein, die Wirtschaft unter den damaligen Gegebenheiten wieder in Gang zu bringen und wenigstens einen Teil der Versorgung der Bevölkerung sicherzustellen – ein schwieriges Unterfangen angesichts der vielen kriegszerstörten Industrieanlagen, der von den Siegermächten verlangten Reparationsleistungen und der Demontage zahlreicher intakt gebliebener Produktionsstätten. Zusätzlich zu den durch die Besatzungsmächte angeordneten Reglementierungen waren zum Teil noch jene Beschränkungen in Kraft, die das NS-Regime als Wirtschaftsverordnungen während der Kriegsjahre erlassen hatte.

Bei dem Prozeß, der am 25. August 1947 unter Vorsitz von Erich

Lewinski eröffnet wurde, saßen zwar Personen auf der Anklagebank; doch Thema der Verhandlung vor der dritten Strafkammer des Landgerichts Kassel war auch die Reglementierung der Wirtschaft durch Verordnungen und Direktiven in einer Zeit, in der unternehmerische Phantasie und Initiative besonders guter Entfaltungsmöglichkeiten bedurft hätten.»Mit anderen Worten«, so kommentierte damals kritisch eine Zeitung,»was Lenkungsstellen und Sachverständigen nicht gelungen ist, nämlich der Wirtschaft einen gangbaren Weg zu weisen, soll jetzt einer juristischen Urteilsfindung anvertraut werden.« [31]

Da es sich um den bis dahin bedeutendsten Prozeß wegen Wirtschaftsvergehen im Nachkriegs-Deutschland handelte, war das Interesse der Öffentlichkeit, und zwar weit über Kassel hinaus, besonders groß. Der»Wilhelmshöher Hof«, für den Eintrittskarten ausgegeben worden waren, bildete die Kulisse für die mit Spannung erwartete Verhandlung, denn geeignetere Räumlichkeiten gab es damals in der zerstörten Stadt noch nicht.

Hauptangeklagter war Dr. Erich Reimann, ein später in der Bundesrepublik für seine unternehmerische Tatkraft mit zahlreichen Ehrungen und Auszeichnungen bedachter Mann; er leitete die Zellwolle herstellende Kasseler»Spinnfaser AG«, deren Produktion von hundert Tonnen täglich in Vorkriegszeiten nach 1945 auf zehn Tagestonnen geschrumpft war. Mit Reimann standen mehrere seiner Leitenden Angestellten sowie ein Wuppertaler Firmenchef vor Gericht, der gleichzeitig Vorstandsmitglied der»Spinnfaser AG« in Kassel war. Die Angeklagten wurden»der Verbrechen und Vergehen gegen die Kriegswirtschaftsverordnung, die Verbrauchsregelungsstrafverordnung, die Textilanordnung vom 1. 7. 1946, die Verordnung über wirtschafliche Lenkungsmaßnahmen und die Verordnung über den Besitz von Gegenständen amerikanischen Ursprungs beschuldigt«. [32]

Zellwolle unterlag der Zwangsbewirtschaftung, nahezu jedes Geschäft des Herstellers bedurfte besonderer Genehmigungen; die waren jedoch nicht in allen Fällen eingeholt worden. Ware wurde zum Teil in großem Stil verschoben, zuweilen in Dreiecksgeschäften getauscht, und zwar offenbar nicht immer, wie behauptet wurde, ausschließlich zur Aufrechterhaltung der Produktion. Mit Geschenken und großzügigen Lieferbedingungen hatte man sich Lieferanten und Prüfstellen gewogen gemacht; auch wurde der Kasseler Firma vorgeworfen, Zellwollflocken tonnenweise an Genehmigungsbehörden vorbei gegen Fertigprodukte getauscht zu haben. Die aber landeten nicht direkt auf dem Markt, sondern wurden für bessere Zeiten aufgehoben; daß eine Währungsreform in absehbarer Zeit stattfinden würde, war 1947 in Kreisen der Geschäftswelt schließlich kein Geheimnis.

So wurde Zellwolle aus Kassel gegen Schwefelkohlenstoff nach Thüringen geliefert, zuweilen mit, gelegentlich auch ohne Genehmigung durch die zuständige Behörde; »Spinnfaser«-Produkte landeten bei einem Lederwarenhersteller, der seinerseits Benzin lieferte; Zellwollflocken gingen in großzügigen Mengen an Textilfabriken, die sich mit Stoffen und Fertigkleidung revanchierten. Ein Teil dieser Ware wurde, ohne daß dafür Bezugsberechtigungen existierten, an Firmen und an einzelne Personen verkauft; als besonders verwerflich galt jedoch der Umstand, daß erhebliche Kontingente dieser textilen Fertigwaren aus veredelter Zellwolle gehortet und damit den Verbrauchern entzogen wurden. Daß bei Durchsuchung der Kasseler Firma auch eindrucksvolle Mengen von Bestechungsgeschenken gefunden wurden, wirkte da vergleichsweise harmlos. Reimann wurde zu 20 000 Mark Geldstrafe verurteilt, einige seiner führenden Angestellten zu Gefängnishaft.

Eine alte Bekannte, Kollegin und Genossin Erich Lewinskis, die Kasseler Anwältin Elisabeth Selbert, Mitglied des hessischen Landtags, später des Parlamentarischen Rates, hatte zu den Verteidigern des »Spinnfaser«-Chefs gehört. Sie brachte neue Beweismittel bei und beantragte eine Revision des gegen ihren Mandanten ergangenen Urteils. Da wegen eines Formfehlers Revision auch Ziel der Staatsanwaltschaft war, erfolgten noch im gleichen Jahr die Aufhebung des unter Vorsitz von Erich Lewinski ergangenen Urteils und die Zurückverweisung des Falles an das zuständige Gericht. Alle Beteiligten jedoch, sowohl der durch Lewinski verurteilte Firmenchef, als auch seine Anwältin und der Vertreter der Anklage, zollten der Verhandlungsführung Lewinskis ausdrückliches Lob.

Ganz unabhängig vom weiteren Verlauf der Sache, über die Dokumente nicht erhalten sind, war der durch Erich Lewinski geführte und am 8. September 1947 abgeschlossene Prozeß unter verschiedenen Aspekten besonders interessant.

Zunächst hatte er sogenannte Kompensationsgeschäfte unter gewissen Umständen für zulässig erklärt, was manche, die ihn kannten, überrascht haben mochte; ja, Lewinski sagte sogar, derartige Geschäfte »müssen sein, um Wiederaufbau und Sicherung des Wirtschaftsablaufs zu gewährleisten«. [33] Dies entsprach etwa dem Argument, mit dem die Angeklagten ihre Handlungsweise zu rechtfertigen versucht hatten. »Wir haben nicht lange überlegt, ob wir das durften; wir haben an die Weiterbeschäftigung von 1000 Arbeitern und Angestellten gedacht.« [34] Zudem habe das Werk »ein Vielfaches von dem für die Versorgung geschaffen, was bei strikter Beobachtung der Instanzenwege und bei Abwarten von Zuteilungen durch die behördliche Regelung jemals möglich gewesen wäre«. [35] Erich Lewinski aber bewertete nur solche Kompensationsgeschäfte unter strengen Kontrollen als zulässig und wünschenswert, die zwingende Voraussetzung für die Weiterführung der Produktion eines Betriebes waren.

Diese Entscheidung hatte ein überwiegend positives Echo, stieß aber auch auf Kritik. »Die Produktion muß unbedingt weiter! (...) Die Firmen pflegen vor der Wahl zu stehen, sich durch Kompensationen die Mittel zur Weiterführung der Betriebe zu verschaffen, auch wenn Gesetze und Verordnungen dagegen stehen, oder die Gesetze zu respektieren und die Arbeiter zu entlassen. Gegenüber einer Wirtschaftskrise erscheint dem Richter die Rechtskrise als das kleinere Übel.« [36]

Aus der Sicht Erich Lewinskis war »das kleinere Übel« ein anderes. Es bestand in dem Umstand, daß bei der Urteilsfindung im »Spinnfaser«-Prozeß geschriebenes Recht, hier besonders die damals völlig überholte Kriegswirtschaftsverordnung und jüngere behördliche Maßnahmen, dem höheren Gut der Gerechtigkeit weichen mußte. »Eingetretene Konflikte können nur dann gelöst werden, wenn das Gesetz zurücktritt hinter der Idee der Gerechtigkeit, weil der Widerspruch zwischen dem noch bestehenden Gesetz und der Wirklichkeit so unerträglich geworden ist, daß ein unrichtiges Gesetz um der Gerechtigkeit willen weichen muß.« [37] Dieser Gedanke, lange schon in Lewinskis rechtstheoretischen Überlegungen herangereift und hier von ihm erstmals in der Praxis angewandt, wurde von verschiedenen Kommentatoren als äußerst interessant angesehen, aufgegriffen und ausführlich zitiert – sicher ein Hinweis auf das starke Bedürfnis nach Orientierung, an der es in jenen Jahren des Umbruchs so sehr mangelte.

Der für die damalige Zeit so typische »Spinnfaser«-Prozeß wurde aber auch als ein Appell an den Gesetzgeber verstanden, der es hingenommen hatte, daß Behörden per Verwaltungsakt Gesetze außer Kraft gesetzt und damit nicht nur gegen Grundregeln der Demokratie verstoßen, sondern beiläufig auch die Unübersichtlichkeit im Durcheinander wirtschaftslenkender Direktiven vergrößert hatten.

In der veröffentlichten Meinung wurde der Urteilsspruch Erich Lewinskis überwiegend als »salomonisch« bewertet. [38] Allerdings hatte er Rechtssicherheit nicht hergestellt. Zwar war durch das Urteil ein klarer Trennungsstrich zwischen Tauschgeschäften zur Aufrechterhaltung einer Produktionsstätte in Krisenzeiten einerseits und dem Schwarzen Markt andererseits gezogen worden; doch was geschähe, wenn ein anderes Gericht in einem der vielen vergleichbaren Fälle anders urteilte? »Das Fazit des Prozesses (...) ist, daß Landtag und Regierung beschleunigt die Wirtschaftsgesetze ändern und der Notlage der Wirtschaft anpassen müssen.« [39]

Diese kommentierende Bemerkung in einem Zeitungsbericht sprach Erich Lewinski aus dem Herzen. Ganz offensichtlich war es ihm nicht ausschließlich auf die Aburteilung und Bestrafung der Angeklagten angekommen; es bedeutete ihm weit mehr, durch den von ihm geführten Prozeßverlauf und durch seine Urteilsbegründung etwas in Bewegung gesetzt zu haben: Er hatte den »Spinnfaser«-Prozeß unter anderem auch genutzt, um Mißstände anzuprangern, die nicht in der Verantwortung der Angeklagten lagen, Mißstände, die ihre Ursache zum guten Teil in der reichlich unübersichtlichen und unzeitgemäßen Gesetzeslage hatten, andererseits aber auch auf wenig kompetente Mitarbeiter in einer allzu schwerfälligen Bürokratie zurückzuführen waren.

Zu einem Zeitpunkt, da Lewinski bereits wußte, daß sein Urteil angefochten worden war, weil Verteidigung und Staatsanwaltschaft Revision beantragt hatten, feierte er deshalb den Prozeß dennoch als einen großen, auch persönlichen Erfolg. Freunden in den USA berichtete er acht Tage nach der Urteilsverkündung von diesem »größten und wahrscheinlich wichtigsten Nachkriegs-Prozeß in Deutschland. Es war wunderbar (...): Mehr als zwei Wochen lang hatten wir einen schrecklich interessanten Fall zu ergründen und zu beurteilen, eine Sache mit ganz neuen Aspekten, ein Strafprozeß gegen einige Großindustrielle, die angeklagt worden waren, weil sie gegen die neuen Wirtschaftsgesetze, die wir hier haben, verstoßen hatten. (...) Ich hatte eine sehr gute Presse. Aber was wichtiger ist: Ich war in der Lage, mir selbst zu beweisen, daß ich ein recht nützlicher Richter bin. Sogar die Landesregierung fand, daß wir ein ausgezeichnetes Urteil gefällt haben, welches es erforderlich machen wird, daß einige Gesetze novelliert werden müssen. Du verstehst sicherlich, daß ich sehr froh über diesen Erfolg bin. Er bestätigt mir wieder, wie richtig es war, daß wir nach Deutschland zurückgegangen sind; hier können wir Hilfe leisten. In den Staaten gibt es Hunderttausende von Leuten, die die Arbeit tun, die ich dort machen könnte. Aber hier gibt es kein halbes Dutzend Menschen, die mich ersetzen könnten.« [40]

Erich Lewinski – seit seiner Rückkehr nach Deutschland Landgerichtsdirektor, seit August 1949 Landgerichtspräsident, zudem seit Herbst 1948 Mitglied des Hessischen Staatsgerichtshofes und zeitweilig dessen Vizepräsident [41] – blieb der intensiv, gleichermaßen mit Verstand und mit Herz an seiner Arbeit teilnehmende Richter. Er erlebte früh, daß eine solche Einstellung zur beruflichen Aufgabe nur wenige seiner Kollegen besaßen; um so glücklicher war er, wenn er jemandem begegnete, der sich durch eine ähnlich starke innere Beteiligung an berufsbezogenen Fragen, an juristischen Themen und an menschlichen Problemen auszeichnete. Ein solcher Mann war Karl Hemfler. Der Jurist, später Bürgermeister und Kämmerer der Stadt Kassel, schließlich Landesjustiz- und hessischer Bundesratsminister, war zu Lewinskis Zeit ein noch junger Richter am Landgericht Kassel.

»Lewinski und ich, wir waren nie in derselben Kammer tätig; aber wir verstanden uns gut. Einmal habe ich seinen Rat gesucht, mehr einen menschlichen als einen juristischen. Ich war im

Schwurgericht, und wir hatten ein Verfahren gegen zwei Polizeibeamte. Die hatten im Frühjahr 1945, kurz bevor die amerikanischen Truppen nach Kassel kamen, aber nachdem die deutschen Soldaten schon alle weg waren, damals hatten die beiden Polizisten zwei fremdländische Plünderer erschossen. Tausende von Zwangsarbeitern, Italiener, Polen und andere, lebten zu dem Zeitpunkt noch in Kassel. Und in dieser Situation, als der Krieg formell noch nicht beendet war, kam es durch sie zu Plünderungen und vielen, auch körperlichen Gewalttätigkeiten gegen die Zivilbevölkerung; vor allem die Frauen waren dem praktisch wehrlos ausgeliefert. Ich mußte nun, ein paar Jahre danach, die beiden Polizeibeamten verurteilen, die damals zwei von den Fremdländischen erwischt und erschossen hatten. Ich hatte damit große Probleme. Ich überlegte mir als Richter: Wenn ich Polizeibeamter gewesen wäre und in der damaligen schwierigen Situation die Verantwortung für die vielen Frauen und Kinder getragen hätte, wie hätte ich reagiert? Hätte ich nicht dasselbe getan? Ich ging zu Lewinski und sagte: ›Herr Präsident, ich komme, weil mein Gewissen mich so sehr belastet. Ich werde jemanden wegen einer Tat verurteilen, die ich unter den damaligen Umständen vielleicht selbst begangen hätte; jedenfalls hätte ich im Interesse des Schutzes von Frauen und Kindern wahrscheinlich ähnlich gehandelt.‹ Ich sagte Lewinski, wie sehr mir das Sorgen macht und daß ich deswegen schon seit Tagen nicht mehr schlafen könne. Da traten ihm Tränen in die Augen, und er rief aus: ›Gibt es sowas?, ein Richter, der nicht mehr schlafen kann! Gibt es tatsächlich sowas!?‹ – Ich weiß nicht mehr, was für einen Rat er mir damals gegeben hat. Ich weiß nur noch, wie sehr bewegt er wegen meiner Sorgen war.« [42]

Die Bewältigung derartiger innerer Schwierigkeiten hielt Lewinski für ein im Prinzip unabänderliches Charakteristikum des Berufs und gleichzeitig für das größte Problem des Richters auf seinem Weg zu wirklicher Unabhängigkeit. Auf diesem Weg hätten Richter einen »permanenten inneren Kampf« zu bestehen [43] – allerdings wohl nur dann, wenn ihr Berufsethos den anspruchsvollen Maßstäben entsprach, die Lewinski für das Richteramt als verbindlich ansah. Fragen, Selbstzweifel, Klärungsprozesse gehörten aus seiner Sicht zu den normalen, ja wünschenswerten Vorgängen. »Ich halte jeden als Richter für ungeeignet, der nicht vor oder nach einem Urteilsspruch, den er zu fällen hat, gelegentlich – vielleicht sehr häufig – schlaflose Nächte hat und bereit ist, diese schlaflosen Nächte in Kauf zu nehmen.« [44]

Bei vielen Gelegenheiten, insbesondere auf Schulungsveranstaltungen für Referendare, versuchte Lewinski, seine Maßstäbe zu vermitteln. Er bemühte sich auch, bei jungen Juristen keine Illusionen über den Beruf des Richters aufkommen zu lassen. Es handelte sich, so sagte er, um einen »Beruf ohne Dank (...), jedenfalls der dankensloseste unter den Berufen der Juristen«. [45] Der Richter werde »immer eine Partei unzufrieden lassen und keinen Dank ernten (...). Der Mensch, der auf Anerkennung und Zustimmung rechnet, sollte nicht Richter werden.« [46] Richter solle zudem nur werden, wer »mit dem Kopf fühlen, mit dem Herzen denken« könne [47], wer also den Täter soweit verstehe, daß auch ein Begreifen der Tat möglich werde. Nur so, meinte Lewinski, könne gerecht geurteilt werden.

Auch vor der Einsamkeit des Richters warnte Erich Lewinski seine angehenden jungen Kollegen. Man könne einen schwierigen Fall mit Kollegen besprechen, man könne Kommentare zu Rate ziehen; aber »die Entscheidung (...) hat jeder Richter in seiner Brust zu fällen. Er ist völlig auf sich selbst gestellt, und wenn er ein guter Richter ist, steht nur sein Gewissen ihm gegenüber.« [48]

Erich Lewinski war kein Mensch, der sich darauf beschränkt hätte, ausschließlich die schwierigen Seiten seines Berufs darzustellen, zumal er nicht abschrecken, sondern dazu beitragen wollte, junge engagierte Juristen heranzuziehen. Deshalb stellte er den schonungslos geschilderten Problemen, vor denen seiner Auffassung nach verantwortungsbewußte Richter stehen, jene Freude gegenüber, die er selbst durch die Mitgestaltung für eine menschenwürdige Gesellschaft empfand. Daß er dabei ganz in der Tradition der Nelsonschen Ethik stand, war ihm möglicherweise kaum noch bewußt; jedenfalls erwähnte er den Namen des Philosophen bei derartigen Gelegenheiten selten – so verinnerlicht war, was er bei ihm in den zwanziger Jahren gelernt und ein Leben lang praktiziert hatte.

Da Erich Lewinski – vieler, überwiegend politischer und man-

Dr. Erich Lewinski zum Gedenken

Der frühere Präsident des Landgerichts Kassel verstarb am Donnerstag im Alter von 57 Jahren

Kassel (HN). Der frühere Präsident des Landgerichts Kassel und Vizepräsident des Hessischen Staatsgerichtshofes, Dr. Erich L e w i n s k i, ist am Donnerstagnachmittag an den Folgen eines schweren Leidens, das er sich in den entbehrungsreichen Jahren der Emigration nach 1933 zugezogen hatte, im Alter von 57 Jahren in Kassel gestorben. Dr. Lewinski war Ende 1955 auf eigenen Wunsch in den Ruhestand getreten, nachdem sein Gesundheitszustand sich bereits damals erheblich verschlechtert hatte.

Dr. Erich Lewinski (Aufn. Archiv)

Dr. Erich Lewinski stammt aus einer ostpreußischen Arzt-Kaufmann-Familie und nahm nach der Reifeprüfung in Königsberg am ersten Weltkrieg teil. Nach dem Studium der Rechts- und Staatswissenschaften an den Universitäten Königsberg und Breslau promovierte er 1920 als 21jähriger an der Universität Königsberg zum Dr. jur. et. rer. pol.

Von 1924 bis 1933 wirkte Dr. Lewinski, der in dieser Zeit auch führend in der hessischen SPD tätig war, als Rechtsanwalt in Kassel. Schon damals hatten seine engen Bindungen an Theater und Kunst fruchtbare Auswirkungen in der Oeffentlichkeit: Neben seiner aufreibenden Tätigkeit als Anwalt in einer gutgehenden Praxis wurde Dr. Lewinski auch durch seine verständnisvollen Musikkritiken im „Tageblatt" und in den „Kasseler Neuesten Nachrichten" bekannt. Aus diesen für das Kasseler Kulturleben so ungemein fruchtbaren Jahren datieren auch seine freundschaftlichen Beziehungen zu den inzwischen zu Weltgeltung gelangten Komponisten Kurt Weill und Ernst Krenek, der noch 1954 im Hause Lewinski zu Gast war.

Ende März 1933 mußte Dr. Erich Lewinski schweren persönlichen Bedrohungen durch den Nationalsozialismus weichen. Er flüchtete zunächst in die Schweiz und nach Frankreich und mußte dann, nach dem Einmarsch deutscher Truppen in Frankreich, über den noch unbesetzten Süden des Landes, über Spanien und Portugal nach den USA fliehen.

In den schweren Jahren der Emigration wurde seine Gesundheit entscheidend erschüttert. 1947 kehrte er als erster der Kasseler Emigranten, die nach 1933 aus politischen Gründen Deutschland verlassen mußten, nach Kassel zurück, um am Aufbau einer neuen, demokratischen Ordnung an verantwortlicher Stelle mitzuwirken.

Als Landgerichtsdirektor und — ab August 1947 — als Präsident des Landgerichts Kassel war er maßgeblich am Wiederaufbau der hessischen Justiz nach dem Kriege beteiligt. Sein menschliches Vorbild, seine beispielhafte Toleranz und sein trotz schwerer persönlicher Verfolgungen ungebrochener Idealismus wirkten über sein hohes Richteramt hinaus in viele Bereiche des öffentlichen und vor allem des kulturellen Lebens der Stadt. Intendanten und Künstler des Staatstheaters, Musiker, Maler, Bildhauer, Leiter kultureller und volksbildender Institutionen verdankten ihm manchen sachkundigen und verständnisvollen Rat und manche hilfreiche Unterstützung. Dr. Erich Lewinski war auch einer der Initiatoren der „documenta".

Die Hoffnung, daß sich seine Ideen und Anregungen auch nach dem Eintritt in den Ruhestand weiterhin fruchtbar zum Wohle der Stadt auswirken könnten, hat nun der unerbittliche Tod zerstört. Sein weiser Rat, seine menschliche Güte, seine aus enger Vertrautheit mit den Künsten und dem geistigen Leben gewachsene universale Bildung ließen ihn zu einem menschlichen Vorbild von patriarchenhafter Größe werden.

Kennzeichnend für seine von hohem Ethos geprägte geistige und menschliche Haltung sind die nebenstehend wiedergegebenen Sätze, die Dr. Erich Lewinski vor Jahren einmal an die HN richtete und die in dem Bekenntnis gipfeln: „Nichts ist so wichtig, wie die Arbeit für den lebendigen Menschen."

Hessische Nachrichten vom 17. Februar 1956.

cher menschlicher Enttäuschungen zum Trotz – ein unerschütterlicher Optimist war und zudem ein ausgeprägtes Selbstbewußtsein besaß, blieb ihm bis zum Ende seiner beruflichen Tätigkeit und seiner politischen Aktivitäten die Überzeugung, einen Beitrag für eine bessere, eine menschenwürdige Welt leisten zu können und nach seinen Möglichkeiten auch geleistet zu haben. Allerdings wußte er auch, daß es zu wenige Menschen seines Schlages gab. Doch trieb ihn diese Feststellung nicht in die Resignation; sie war ihm, ganz im Gegenteil, Ansporn. Gerade deshalb aber litt er in besonderem Maße unter der Beschränkung seiner Möglichkeiten durch immer wiederkehrende Ausbrüche verschiedener seiner Krankheiten. Er zog daraus schließlich – ganz wesentlich auch auf Betreiben seiner Frau Herta – die Konsequenzen und beantragte im Herbst 1955 die vorzeitige Versetzung in den Ruhestand. Sie wurde ihm zum 1. Januar 1956 bewilligt [49]; es war der Tag, an dem er 57 Jahre alt wurde.

Ein erholsamer Ruhestand, gewohnheitsgemäß als »wohlverdient« bezeichnet, wäre Erich Lewinski in ganz besonderer Weise zu wünschen gewesen. Doch er dauerte für ihn kaum mehr als sechs Wochen. Erich Lewinski starb am Donnerstag, dem 16. Februar 1956.

Herta Lewinski, die ihren Mann um 23 Jahre überlebte, bewahrte die Dokumente der Trauer – Todesanzeigen, Nachrufe, Zeitungsartikel. Sie lassen erkennen, daß den Verfassern ein an Lebenseinstellung und Einsatzbereitschaft im Wortsinn unersetzbarer Verlust entstanden war. Georg August Zinn, inzwischen in Personalunion Justizminister und Ministerpräsident des Landes Hessen, betonte die »verstehende menschliche Güte« Lewinskis. [50] Willi Eichler, der alte Freund, sprach von den Wurzeln dieser Haltung: der Lehre Nelsons von einem ethisch begründeten Sozialismus der Tat. Lewinski hatte ihn umgesetzt in einen »Kampf gegen die Lauheit, gegen die Trägheit des Herzens und gegen eine opportunistische Gesinnung«. [51]

Ein bewegender Nachruf in den *Hessischen Nachrichten* endet mit faksimilierten Zeilen in Erich Lewinskis Handschrift; er hatte sie für die Zeitung einige Jahre zuvor notiert, möglicherweise in Vorbereitung eines Porträts aus Anlaß seiner Ernennung zum Landgerichtspräsidenten. [52]

Was ich werden wollte, als ich jung war?
Schriftsteller, Dichter.
Das Schicksal nahm mir ab,
Geschichten und Dichtungen zu erfinden,
indem es sie mich erleben ließ
und indem es mir zeigte,
daß letztenendes nichts so wichtig ist
wie die Arbeit für den lebendigen Menschen.

[1] Schriftl. Mitteilung von Hans Mangold, Kassel, 25. 11. 1993. [2] Ebd. und mündl. Mitteilung von Hans Mangold, Kassel, 29. 7. 1993. [3] Mündl. Mitteilung von Hans Mangold, Kassel, 29. 7. 1993. [4] Erich Lewinski: *Der politische Richter – Ein im Jahre 1948 gehaltener Vortrag*, unveröffentlichtes Manuskript. [5] Ebd. [6] Ebd. [7] Ebd. [8] Ebd. [9] Ebd. [10] Erich Lewinski: *Rechtssicherheit und Pflichtverletzung* in: *Geist und Tat – Monatsschrift für Recht, Freiheit und Kultur*, 2. Jg., Nr. 1, Januar 1947, S. 12. [11] Ebd., S. 13. [12] Ebd., S. 14. [13] Erich Lewinski: *Der politische Richter…*, a. a. O. [14] Ebd. [15] Hans Mangold, a. a. O. [16] Prozeßunterlagen sind nicht erhalten, lt. schriftl. Mitteilungen der Präsidentin des Landgerichts Kassel vom 23. 9. 1993, des Leitenden Oberstaatsanwaltes der Staatsanwaltschaft beim Landgericht Kassel vom 11. 10. 1993 und des Hessischen Staatsarchivs Marburg vom 7. 10. 1993. [17] Erich Lewinski an Dorothy Hill und Grace Osgood, Kassel, 5. 12. 1948. [18] Private Aufzeichnungen von Erich Lewinski, 3. 12. 1948. [19] Ebd. [20] Ebd. [21] Ebd. [22] Ebd. [23] Ebd. [24] Erich Lewinski an Maurice de Abravanel, Eva Lewinski-Pfister, Erna Blencke u. a., Kassel, 23. 7. 1947. [25] Ebd. [26] Ebd. [27] Private Aufzeichnungen von Erich Lewinski, a. a. O. [28] Erich Lewinski an Dorothy Hill und Grace Osgood, Kassel, 25. 5. 1947. [29] Erich Lewinski an Maurice de Abravanel, Eva Lewinski-Pfister, Erna Blencke u. a., a. a. O. [30] Ebd. [31] *Hessische Nachrichten*, 2. 9. 1947. [32] *Hessische Nachrichten*, 26. 8. 1947 – Die Prozeßunterlagen sind nicht erhalten. Auskunft der Gerichte wie unter 16. Nur das Revisionsurteil des Kasseler Strafsenats des Oberlandesgerichts für Hessen vom 28. 11. 1947 ist verfügbar, Staatsarchiv Marburg, AZ: 4KLS 5/47. [33] *Hessische Nachrichten*, 9. 9. 1947. [34] Erich Reimann lt. *Hessische Nachrichten*, 26. 8. 1947. [35] *Hessische Nachrichten*, 31. 7. 1947. [36] *Frankenpost*, 10. 9. 1947. [37] *Hessische Nachrichten*, 9. 9. 1947. [38] *Kasseler Zeitung*, 10. 9. 1947. [39] Ebd. [40] Erich Lewinski an Dorothy Hill, Kassel, 16. 9. 1947. [41] Ernennungsurkunden des Hessischen Ministers der Justiz, Wiesbaden, 23. 4. 1947 und 6. 8. 1949, sowie Schreiben Erich Lewinskis an Dorothy Hill und

Grace Osgood, Kassel, 5. 12. 1948. [42] Mündl. Mitteilung von Karl Hemfler, Kassel, 18. 9. 1993. [43] Erich Lewinski: *Vom Beruf des Richters*, unveröffentlichtes Manuskript, Vortrag im Referendarverein Kassel, gehalten am 26. 11. 1952. [44] Ebd. [45] Ebd. [46] Ebd. [47] Ebd. [48] Ebd. [49] Der Hessische Minister der Justiz, Urkunde über die Versetzung Erich Lewinskis in den Ruhestand, Wiesbaden, 14. 11. 1955. [50] *Hessische Nachrichten*, 21. 2. 1956. [51] Ebd. und Willi Eichler: *Erich Lewinski zum Gedenken* in: Volksbühne Kassel e. V. (Hg.): *Die Theatergemeinde*, Heft 7, März 1956, S. 114 ff. [52] *Hessische Nachrichten*, 17. 2. 1956. – Bei der *Hessischen/Niedersächsischen Allgemeinen*, dem Nachfolgeorgan, konnte der genaue Anlaß für die Übergabe der Zeilen nicht ermittelt werden; auch das Original war nicht mehr auffindbar.

Familienübersicht Lewinski / Voremberg

Erich Lewinski hatte einen ausgeprägten Familiensinn und unterhielt zu nahezu allen Verwandten gute Kontakte. Da die Familie weit verzweigt war und einige ihrer Mitglieder später ihre Namen wechselten, werden in dieser Übersicht die nächsten Angehörigen genannt und in ihrer Beziehung zu Lewinski kurz erläutert.

Die Großväter von Erich Lewinski:

Um 1860 kamen die beiden Freunde Marcus Lewinski und Borowski (Vorname unbekannt) als etwa zehnjährige Söhne armer in Polen lebender Familien nach Ostpreußen. Sie ließen sich im dortigen Wormditt nieder und blieben lebenslang Freunde. Marcus Lewinski heiratete Minna Bernstein; der Name der Borowski-Ehefrau ist nicht überliefert.

Die Eltern von Erich Lewinski:

Das älteste der sechs Kinder von Marcus und Minna Lewinski war Louis Lewinski, geb. 1876 in Wormditt/Ostpreußen, gest. 1917 in Goldap/Ostpreußen. Er heiratete die älteste der vier Borowski-Töchter, Hulda Borowski, geb. 1877 in Wormditt, gest. 1906 in Goldap. *Erich Lewinski, geb. am 1. 1. 1899 in Goldap, gest. am 16. 2. 1956 in Kassel,* war das erste Kind von Louis und Hulda Lewinski.

Der Bruder:

Aus der Ehe von Louis und Hulda Lewinski ging als zweites Kind Ernst Lewinski hervor, geb. 1901 in Goldap, gest. 1955 (?) in Johannesburg/Südafrika. Ernst Lewinski nannte sich in späteren Jahren Ernest Lenning.

Die Tanten und Onkel Erich Lewinskis:

Louis Lewinski, Erich Lewinskis Vater, hatte fünf jüngere Geschwister: Max, Robert, Arthur, Fritz und Wanda. Hulda Lewinski, Erich Lewinskis Mutter, hatte drei jüngere Schwestern: Fanny starb um 1930; Grete und Bertha wurden deportiert und, wie auch weitere Verwandte Lewinskis, in den vierziger Jahren umgebracht.

Die Stiefmutter:

Nach dem frühen Tod seiner ersten Frau, Erich Lewinskis Mutter, heiratete Louis Lewinski 1909 Charlotte Rosenkranz, geb. am 23. 8. 1878 in Tilsit, gest. am 16. 10. 1944 in Johannesburg/Südafrika. Die Stiefmutter wurde für Erich Lewinski zur eigentlichen Mutter, der er sich stets stark verbunden fühlte. Charlotte Lewinski hatte zwei Geschwister, Rahel und Adolf, die von Erich Lewinski in die Reihe seiner Tanten und Onkel integriert wurden.

Die Halbgeschwister von Erich Lewinski:

Aus der Ehe von Louis Lewinski mit seiner zweiten Frau Charlotte Lewinski gingen vier Kinder hervor, Erich Lewinskis wesentlich jüngere Halbgeschwister:

Eva Lewinski, später verheiratete Pfister, geb. am 2. 4. 1910 in Goldap, gest. am 9. 5. 1991 in Los Angeles/Kalifornien; Hans Lewinski, später John Martin genannt, geb. am 15. 7. 1911 in Goldap, gest. am 27. 3. 1953 in Tadworth bei London; Rudi Lewinski, später Rudi Martin genannt, geb. am 12. 8. 1915 in Königsberg, gest. am 17. 3. 1988 in Johannesburg/Südafrika; Ruth Lewinski, später verheiratete Lewy, geb. am 6. 2. 1918 in Goldap, gest. am 13. 2. 1991 in Johannesburg/Südafrika.

Die Familie von Erich Lewinskis Ehefrau:

Erich Lewinski heiratete 1925 Herta Voremberg, geb. am 9. 10. 1897 in Grebenstein/Hessen, gest. am 16. 11. 1979 in Kassel.

Die Eltern von Herta Lewinski waren: Herz Voremberg, geb. am 19. 9. 1863 in Meimbressen/Hessen, gest. am 11. 6. 1930 in Grebenstein, und Caroline Voremberg, geb. Mayer, geb. am 5. 2. 1871 in Zierenberg bei Kassel, gest. 9. 10. 1952 in Paris.

Herta Lewinski hatte drei Geschwister: Dina Voremberg, geb. am 9. 7. 1895 in Grebenstein, gest. 8. 7. 1973 in Paris; Bob Voremberg, eigentlich Jakob, geb. am 3. 7. 1896 in Grebenstein, gest. am 31. 10. 1973 in Trier; Ernst Voremberg, geb. am 18. 6. 1900 in Grebenstein, gest. 1966 in Gometz-la-Ville bei Paris.

Der Sohn:

Aus der Ehe von Erich Lewinski und Herta Lewinski, geb. Voremberg, ging ein Sohn hervor: Theodor Ludwig Lewinski, genannt Theoluz Lewinski, geb. am 21. 2. 1926 in Kassel. Er war nach dem Freund seines Vaters, Theodor Hüpeden, und nach seinem Großvater, Louis Lewinski, benannt worden, änderte im englischen Exil jedoch seinen Vornamen und heißt seither Tom Lewinski. Mit seiner Frau Edna Lewinski, geb. Briggs, hat er zwei Kinder, Glenn und Kay, die durch Heirat bzw. Umbenennung den Familiennamen aufgaben.

NOTIZ

Wo bei dem hier herangezogenen Informationsmaterial kein Fundort angegeben wird, stammen die zitierten Aufzeichnungen, Briefe, Briefdurchschläge, Erinnerungen und sonstigen Texte Erich Lewinskis sowie die Dokumente und die Briefe vieler seiner Freunde und Verwandten aus dem Besitz von Tom Lewinski, Holland-on-Sea, Essex, England (siehe Vorwort); das betrifft auch die von Eva Lewinski-Pfister und Otto Pfister angefertigten und hier verwendeten Aufzeichnungen für ihre Kinder (*To Our Children*) sowie Tom Lewinskis eigene Aufzeichnungen für seine Kinder (*What happened to the Lewinskis?*). Alle anderen herangezogenen Quellen werden nachgewiesen; belegt werden in der Regel jedoch nur Zitate.

Zahlreiche schriftliche Äußerungen Erich Lewinskis und anderer sind in englischer, einige in französischer Sprache abgefaßt; sie wurden von der Autorin übersetzt, ohne daß im einzelnen die Originalsprache des jeweiligen Textes genannt wird.

BILDNACHWEIS

Umschlagseite (vorne): Walter Nikusch, Bildnis Dr. Erich Lewinski (1950). Farbholzschnitt, 277×330 mm. Staatliche Museen Kassel/Graphische Sammlung. Foto: Brunzel (1994).

Tom Lewinski (Seite 15, 27, 54, 105, 130); Archiv der sozialen Demokratie/Friedrich-Ebert-Stiftung (Seite 36, 86); Bilderdienst Süddeutscher Verlag (Seite 146); Foto: Nehrdich (Seite 218); Foto: Binder (Seite 232); Hessische Nachrichten (Seite 249).

Umschlagseite (hinten): Foto: Fred Stein.

PERSONENREGISTER

(Erich Lewinski wurde nicht in das Register aufgenommen)